KB198192

집 사주는 회계사의 부동산 세금 비밀파일

복잡한 주택세금정책의 내용을
상세하고 알기 쉽게 해설!

송 재근 (Song Jaegun)
gcapcpa@naver.com

현) AP부동산중개사무소 대표 공인중개사

　　센텀택스 세무회계 대표 공인회계사

　　베델자산관리대부 (NPL투자전문) 사외이사

　　한국공인중개사협회 과천시 부림동 분회장

　　과천시 선거관리위원회 위원

　　과천시 도시분쟁조정위원회 위원

　　과천시 지식정보타운 심의위원회 위원

전) 경기도 과천시 결산검사위원 (2022년)

　　경제전파사 부동산 칼럼 연재 (2021년)

　　반포 디에이치 라클라스 일반분양 자문회계사 (2019~2021년)

　　코레이트자산운용 NPL투자운용팀 (2015년~2017년)

　　KPMG삼정회계법인 (2008~2015년)

저서

· 청약 부린이를 위한 125문 125답 공저 (2022년)

· 회계사 어떻게 되었을까
　청소년 직업소개 도서 인터뷰 진행 (2022년)

집사주는 회계사

자격사항

· 2008년 한국공인회계사 (세무사) 자격취득

· 2016년 투자자산운용사 자격취득

· 2017년 공인중개사 자격취득

강의

· 과천 8.9단지 재건축 조합원을 위한 절세 특강

· 충북 제천 도시재생사업 영세사업자를 위한 세무 특강

· 양주 덕정상인대학 상권활성화사업 세무 강의

· 과천정보과학도서관 '이달의 사람책' 절세 특강

· 청약 당첨자를 위한 세금 구출 세미나

· 과천지식정보타운 청약 세미나 다수 진행

· 신규 사업자를 위한 창업세무 강의 다수 진행

집 사주는 회계사의

부동산 세금 비밀파일

1판 1쇄 인쇄 | 2025년 1월 10일
1판 1쇄 발행 | 2025년 1월 15일

지은이 | 송재근
펴낸이 | 최성준
펴낸곳 | 나비소리
책임편집 | 나비
교정교열 | 배지은
전자책 제작 | 모카
종이책 제작 | 갑우문화사
등록 | 제2021-000063호
주소 | 수원시 팔달구 효원로 249번길 46-15
전화 | 070-4025-8193
팩스 | 02-6003-0268
ISBN | 979-11-92624-74-7(03320)

스토어 | www.nabisori.shop
인스타그램 | @nabisoribaby
메일 | nabi_sori@daum.net

책 값은 뒤표지에 있습니다.
파본은 구입처에서 교환해 드립니다.

검인생략

집 사주는 회계사의
부동산 세금 비밀파일

Question

85

들어가면서

우리나라에서 부동산 세무 상담을 가장 많이 하는 직업은 무엇일까요? 공인회계사? 세무사? 장담컨대 공인중개사일 것입니다. 공인중개사 사무실은 대부분 아파트 단지 상가 또는 입지가 좋은 상가 1층에 위치하고 있습니다. 공인회계사나 세무사에 비해 전문성은 부족할 수 있지만 상담 건수 자체는 압도적으로 많을 것입니다.

필자는 공인회계사면서 공인중개사입니다. 자격증만 보유한 것이 아니라 일선에서 중개업무를 하고 있으며 심지어 한국공인중개사협회 분회장까지 맡고 있습니다. 사무실을 개업하고 지금까지 수백, 수천 건 이상의 상담을 하고 수백 건의 부동산 세금을 신고하였습니다.

서점에 세금 책과 부동산 책은 많습니다. 주위에 공인중개사와 공인회계사, 세무사도 많을 것입니다. 하지만 부동산 중개를 하는 회계사가 쓰는 세금 책은 이 책뿐입니다.

부동산 양도소득세는 세법, 재개발재건축은 도시및주거환경정비법, 아파트 청약은 주택법, 임대주택은 민간임대주택특별법, 상속 및 증여는 상증세법을 알아야 합니다. 반복은 전문성을 길러줍니다. '수년간 현장에서 수천 명이 넘는 사람의 부동산 상담을 한 나만이 할 수 있는 이야기가 있지 않을까? 또 그 이야기와 정보가 누군가에겐 도움이 되지 않을까' 하는 기대감으로 책을 쓰게 되었습니다.

이 책의 주요 특징은 다음과 같습니다.

첫째, 현장에서 필자에게 가장 많이 물어보는 질문들과 그 답에 대해 다음과 같이 분류하였습니다. 집을 사기 전, 집을 보유할 때, 집을 팔 때, 집을 다시 지을 때(재개발/재건축), 상가, 증여세, 상속세 등으로 나누어 정리하였습니다.

둘째, 질의응답 형식으로 내용을 구성하되 답변은 예시를 들어 최대한 쉽게 표현하고자 하였고, 추상적이지 않게끔 구체적인 숫자를 들어 설명하였습니다.

셋째, 2025년 현재 기준 가장 유용한 상생임대인 제도, 신혼출산공제 등 최신 내용을 상세하게 설명하였습니다.

부동산 세금 관련 내용이 도통 어렵기만 한 이 땅의 부린이들에게 이 책을 권합니다. 이 책을 다 읽고 난 후에는 어렵게만 느껴지던 부동산 세금이 조금이나마 친숙하게 느껴지기를, 세금을 알지 못해 억울하게 세금 폭탄을 맞는 일이 줄어들기를, 그리하여 우리 집의 가장 큰 자산인 부동산을 지키고 키우는 데 도움이 되었으면 하는 바람입니다.

마지막으로 책을 출간하기까지 응원해주고 격려해주신 나비소리 출판사 최성준 대표님께 감사드리며, 책 쓴다는 이유로 휴일에도 함께 시간을 보내지 못한 바쁜 남편이자 아빠인 저를 넓은 마음으로 이해해준 사랑하는 아내 안은정과 삶의 이유 건희, 사랑이에게 감사를 전합니다.

과천에서

집 사주는 회계사 송 재 근

03 집 살 때 주택 취득세_5선 | 050 |

집을 살 때는 집 값 외에도 취득세, 채권매입 등 비용이 발생하며, 자금조달계획서도 제출해야 합니다.

04 집 가지고 있을 때 주택 임대소득세_13선 | 074 |

집을 보유하고 있을 때는 종합소득세 및 재산세, 종합부동산세가 부과됩니다.

05 집 팔 때 **주택 처분 양도세_21선** | 126 |

양도소득세는 부동산을 매도할 때 발생하는 세금입니다. 규제지역 여부, 관련법령 변화에 따라 세금 차이가 크므로 각별히 유의하여야 합니다.

06 집 다시 지을 때 주택 재건축_7선 | 194 |

재건축 재개발이 진행될 때 조합원이 반드시 알아야 할 사항을 정리하였습니다.

07 상가 세금 투자 기초 임대사업자_11선 | 216 |

건물주의 꿈을 이루기 위한 부동산 임대업 세무 FAQ

08 증여세 증여세_12선 | 258 |

증여세는 무상으로 재산을 이전받을 때 내는 세금으로, 받는 사람이 납부하여야 합니다.

09 상속세 상속세_8선 | 304 |

상속순위, 상속지분, 상속시 유의사항 등을 정리하였습니다.

CHECK MARK

📅 주택과 관련된 연중 세무 일정

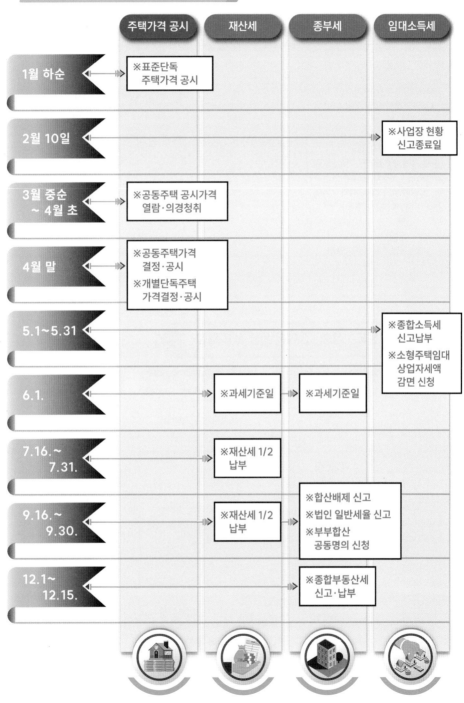

	주택가격 공시	재산세	종부세	임대소득세
1월 하순	※표준단독 주택가격 공시			
2월 10일				※사업장 현황 신고종료일
3월 중순 ~ 4월 초	※공동주택 공시가격 열람·의경청취			
4월 말	※공동주택가격 결정·공시 ※개별단독주택 가격결정·공시			
5.1~5.31				※종합소득세 신고납부 ※소형주택임대 상업자세액 감면 신청
6.1.		※과세기준일	※과세기준일	
7.16.~ 7.31.		※재산세 1/2 납부		
9.16.~ 9.30.		※재산세 1/2 납부	※합산배제 신고 ※법인 일반세율 신고 ※부부합산 공동명의 신청	
12.1~ 12.15.			※종합부동산세 신고·납부	

주택의 취득시 세금 신고 일정

 계약체결   중도금 납부   잔금청산

30일 이내

① 지자체에 부동산 거래신고
 (공인중개사/양도 · 양수인)

② 자금조달계획서 제출
(실제 거래가격 6억원 이상, 투기
과열지구 · 조정대상지역 모든주
택, 법인매수의 경우 지역 · 거래
가격 관계없이 모든 주택)
+
증빙자료 첨부
(투기과열지구 모든 주택)

60일 이내

① 지자체에 취득세 신고 · 납부
 (상속은 6개월 이내,
 증여는 3개월 이내)

② 등기소에 등기 신청

 주택의 양도 · 상속 · 증여시 세금 신고 일정

	양도소득세	상속세	증여세
기준일	양도일 (잔금청산일)	상속개시일(사망일)	소유권 이전등기 접수일
신고 · 납부 기한	예정신고 양도일이 속하는 달의 말일부터 2개월 이내 (부담부증여 3개월 이내) ━━━━━━━━━━ 확정신고 양도한 연도의 다음연도 5.1~5.31까지	상속개시일이 속하는 달의 말일부터 6개월 이내	증여받은 날이 속하는 달의 말일부터 3개월 이내
필요 서류		• 상속인 간 협의분할서 • 제적등본 및 가족관계 기 록 사항에 관한 증명서 • 채무사실을 입증할 수 있 는 서류 등	• 증여계약서 • 가족관계기록사항에 관한 증명서 등

1세대 1주택 등 요건 · 혜택 및 주택수 계산 주요 내용 비교

① 1세대(가구) 1주택 비과세 등 요건 및 혜택

구분		1세대(가구) 1주택 등 요건 및 혜택		
		요건	혜택	관련 조문
양도소득세 (1세대1주택)		• (주택수) 양도시 1주택, 세대별 계산 • (보유) 2년 • (거주) 취득 당시 조정지역 : 2년 　　　취득 당시 조정지역 외 : 없음 • (가액) 12억원('21.12.7.이전 9억원) 이하	12억원이하 비과세 장기보유특별공제 최대 80%	소득법 §89, §95
취득세	매매취득 (1세대1주택)	• (주택수) 취득시 1주택, 세대별 계산	1~3%	지방법§11①8
	상속취득 (1가구1주택)	• (주택수) 상속시 1주택, 가구별 계산	취득세율 2.8%가 아닌 0.8% 적용	지방법§15①2, 지방령§29
	생애최초 취득주택	• (주택수) 취득일 현재, 본안 · 배우자가 주택 취득 사실없음 • (가액) 12억원 이하 유상 취득(부담부 증여 제외)	최대 200만원 감면	지특법§36의3
종합부동산세 (1세대1주택자)		• (주택수) 과세기준일(6.1.) 현재 본인 1주택, 다른세대원 무주택	12억원 공제, 세액공제 (최대 80%), 납부유예 적용	종부세법§8①, §9⑤, §20의2①
재산세 (1세대1주택)		• (주택수) 1주택, 세대별로 계산 • (가액) 시가표준액 9억원 이하	표준세율(0.1%~0.4%)보다 0.05%p 낮은세율 적용	지방법§111의2
상속세 (동거주택상속공제)		• (주택수) 상속개시 당시 1주택, 세대별로 계산 • (1주택기간) 10년이상 1세대로 하나의 주택에 동거	주택가액(부채차감) 상속공제(6억원 한도)	상증법§23의2
종합소득세 (1주택자 비과세)		• (주택수) 1주택, 부부합산 계산 • (가액) 기준시가 12억원이하	주택임대소득 비과세	소득법§12

② 일시적 2주택 비과세 특례 등 요건

구분			종전주택 처분 등 요건				
양도 소득세*	처분 기한	조정	3년 (~'18.9.13)	2년 ('18.9.14~'19.12.16)	1년 ('19.12.17~'22.5.9)	2년 ('22.5.10~'23.1.11)	3년 ('23.1.12~)
		비조정		3년			
	주택가격			9억원(~'21.12.7)		12억원('21.12.8~)	
	거주 기간	조정	–	2년('17.8.3~)			
		비조정	–				
	보유기간		2년				
취득세	처분 기한	조정	–		1년 ('20.8.12~'22.5.9)	2년 ('22.5.10~'23.1.11)	3년 ('23.1.12~)
		비조정			3년		
종합부동산세	처분기한		–			2년 ('22.6.1~'23.2.27)	3년 ('23.2.28~)

Chapter

01
intro

시작하며

01 부동산 세금이
가장 중요한 이유는 무엇인가요?

"NOTHING IS CERTAIN EXCEPT DEATH AND TAXES"
- *Benjamin Franklin*

살면서 절대 피할 수 없는 2가지가 바로, 죽음과 세금이라고 합니다. 누구 말처럼 피할 수 없다면 즐길 수라도 있어야 할 텐데 죽음과 세금은 즐기기도 어렵습니다. 절대 피할 수 없다는 죽음과 세금. 우리는 어떻게 대해야 할까요?

혁신의 아이콘인 스티브 잡스는 유명한 스탠퍼드 대학교 연설에서 "죽음은 인생 최고의 발명품" 이라고 말했습니다. 그는 모든 사람이 결국 죽는다는 사실을 직면함으로써, 삶의 많은 변화를 이끌어 낼 수 있었기 때문입니다.

세금도 마찬가지입니다. 피하기보단 바라보려고 해야 합니다. 왜냐고요? 내 통장은 소중하기 때문입니다.

다들 세금은 너무 어렵다고 합니다. 심지어 쓰는 단어조차 생소합니다. 정책에 따라 매년 바뀌는 세금을 쫓아가며 공부하기도 힘듭니다. 그럼에도 불구하고 우리가 세금을 반드시 알아야만 한다면 '선택과 집중' 이 필요하지 않겠습니까? 세법은 매우 광범위한 내용을 담고 있지만, 가장 중요하면서도 꼭 알아야 할 중요할 부분만 먼저 알아두는 거죠.

해설

그렇다면 어떤 세금이 중요한 세금일까요?

정답은 부동산 세금입니다. 그 이유는 2가지 정도로 말씀드릴 수 있습니다.

첫째, 내가 가진 자산 중 부동산 자산이 제일 많기 때문입니다.

통계청에서 발표한 가계금융복지조사 데이터에 따르면, 2022년 기준 우리나라 전체 가구의 평균 부동산 자산 비중은 73.7%입니다. 우리 집, 옆집 모두 합쳐서 평균을 내보니 재산의 3/4이 부동산에 몰려 있다는 겁니다. 좋은 대학에 가기 위해 출제 비중이 높은 국어, 영어, 수학 위주로 수능을 공부하는 것처럼, 자산 비중이 가장 높은 부동산과 관련된 세금을 먼저 아는 것이 순서입니다.

둘째, 부동산 세금은 한 번에, 많이 내기 때문입니다.

종합소득세와 대표적인 부동산 세금인 양도소득세는 과세기간이 다릅니다. 종합소득세는 무조건 1년 단위입니다. 매년 1월 1일부터 12월 31일까지 번 돈에 대해서 세금을 냅니다. 1년씩 끊어서 세금을 내기 때문에 세금이 쌓이지 않습니다. 매년 정산하기 때문에 세금으로 내는 돈도 상대적으로 적습니다. 그런데 양도소득세는 대부분 오랜 기간에 대한 세금입니다. 집을 샀다면 팔기 전까지 세금을 내지 않습니다. 집값이 1억이 올라도, 10억이 올라도 내가 팔기 전까지는 집값이 오른 것에 대한 세금을 내지 않습니다. **집을 팔기 전까지 세금이 한 해 한 해 쌓여가는 셈입니다.** 가령, 20년 동안 10억이 올랐다면 매년 5천만 원씩을 번 셈이지만 세금은 1원도 내지 않은 것입니다. 하지만 집을 팔 때 그간의 차익에 대한 세금을 한 번에 내야 합니다. 그러니 세금이 얼마나 크겠습니까? 이것이 바로, 부동산 세금을 반드시 공부해야 하는 이유입니다.

> "부동산 절세는 중요한 몇 가지 원칙으로 완성된다."

내셔널지오그래픽 같은 자연 다큐 프로그램을 보다 보면 수천 마리 물고기 떼가 상어를 피해 가지각색의 기이한 형태로 움직이는 모습을 볼 수 있습니다. 포식자인 상어가 예고하고 움직이는 것도 아닐 텐데 지능이 높지 않은 물고기들이 어떻게 저렇게 일사불란하게 움직일 수 있을까 싶은데요, 컴퓨터 과학자 크레이그 레이놀즈의 1986년 연구에 따르면 물고기의 움직임은 단 3가지 규칙만 있으면 컴퓨터로 재현이 가능하다고 합니다.

① 주변에 있는 다른 구성원과의 충돌을 피한다.
② 주변 구성원의 방향과 같은 방향을 유지한다.
③ 다른 물고기와 거리를 가깝게 유지해 멀리 떨어지지 않는다.

물고기 떼의 복잡한 움직임을 만들어 내는 3가지 핵심 규칙처럼, 언뜻 봤을 때 복잡해 보이는 **부동산 세금도 비과세, 명의 분산 같은 중요한 몇 가지 원칙**이 있습니다. 작은 멸치까지 잡으려 세금 그물망을 좁히지 말고 다랑어와 같은 큰 생선만 잡겠다는 마음으로 이 책을 읽는다면 부동산 세금에 대한 부담감도 줄이면서 동시에 절세에도 성공할 수 있을 것입니다.

02 부동산 세금에는 어떤 것이 있고, 각 세금은 언제 내는 건가요?

책을 쓰기 위해 제가 처음 한 일은 목차를 작성하는 것이었습니다. 부동산 세금도 큰 틀에서 시작하면 이해하기 쉽습니다. 어느 단계의 세금인지 구분해서 생각하는 습관을 들여봅시다. 부동산 세금은 '취득, 보유, 처분'의 3단계로 나누어서 생각해볼 수 있습니다.

해설

첫 번째, 부동산을 취득할 때 내는 취득세

취득세는 부동산을 취득하는 사람이라면 누구나 내야 하는 세금입니다. 부동산은 돈을 주고 매수할 수도 있지만, 증여나 상속처럼 무상으로 받을 수도 있습니다. 이때도 취득세는 무조건 내야 합니다. 취득세는 잔금일로부터 60일 이내에 납부하며, 납부 장소는 해당 부동산이 있는 시청이나 구청의 세무과입니다. 잔금일로부터 60일 이내에 납부하면 되지만 통상적으로는 잔금일에 납부를 합니다. 취득세를 내야지만 등기부등본상 소유권 이전을 신청할 수 있기 때문입니다.

신축 분양 아파트는 잔금 이후 소유권보존등기(최초 등기)가 1~3개월 후에 이뤄집니다. 이때는 잔금 시에 등기할 수 없기 때문에 잔금일부터 60일 이내에 취득세를 납부하면 됩니다.

두 번째, 부동산을 보유할 때 내는 보유세, 소득세

부동산을 소유하고 있는 것만으로 내야 하는 보유세가 있고, 월세 등 수입이 생겼을 때 내는 소득세가 있습니다. 보유세는 국내 부동산을 소유하는 사람이 내는 세금으로 재산세와 종합부동산세라는 두 가지 세금으로 구분됩니다. 가지고 있던 부동산을 올해 7월에 팔았다면 1월부터 6월까지의 6개월분 보유세만 내는 것이 맞겠지만, 행정 편의상 6월 1일 기준 소유자에게 1년 치에 해당하는 보유세를 전액 부과하고 있습니다. 잔금일이 6월 1일 근처일 때 파는 사람은 잔금일을 5월 말로 하자, 사는 사람은 6월 2일로 하자며 은근한 신경전이 벌어지는 이유기도 합니다. 재산세는 건물분과 토지분이 각각 부과되며, 건물분은 7월 16일~31일, 토지분은 9월 16일~30일에 납부합니다. 건물과 토지를 합쳐 공시가격을 산정하는 주택은 위 기간에 각각 1/2씩을 납부합니다. 한편, 토지와 주택에만 부과되는 종합부동산세 또한 6월 1일 기준 소유자에게 부과되며, 매년 12월 1일~15일 사이에 납부합니다.

부동산에서 월세를 받는 임대인이라면 임대소득에 대한 소득세를 내야 합니다. 1월 1일부터 12월 31일까지 받은 월세가 그 대상이며, 다음 연도 5월에 세무서에 직접 소득세를 신고합니다. 이때 부동산 임대소득 외에 다른 소득이 있었다면 합산해서 종합소득세 신고를 해야 합니다.

세 번째, 부동산을 처분할 때 내는 양도소득세

소득세는 소득이 있을 때 내는 세금입니다. 만일 부동산을 **팔 때 산 가격보다 낮은 금액**으로 **손실**을 보며 파는 경우라면 당연히 **양도소득세도 납부하지 않습니다.** 양도소득세는 판 가격과 산 가격의 양도차익을 기준으로 하되, 장기간 가지고 있었다면 물가 상승률을 고려하여 장기보유특별공제를 적용하고 있습니다. 특별히 **1세대 1주택**이라면 요건 충족 시 **12억 까지 비과세**됩니다. 양도소득세는 부동산을 처분한 달의 마지막 날로부터 2달 안에 납부를 해야 합니다. 9월 12일에 잔금을 받고 처분했다면 양도소득세는 9월 30일로부터 2달 뒤인 11월 30일까지 납부합니다.

부동산이 주택이 아닌 상가라면 각 단계별로 부가가치세가 발생합니다. 부가가치세는 내용이 어려울 수도 있기 때문에 상가 챕터에서 별도로 다루도록 하겠습니다.

이외에도, 돈을 받고 부동산을 파는 것이 아니라 부모님 등으로부터 증여를 받는다면 받는 자녀가 증여받는 부동산에 대한 증여세를 내야 합니다. 증여세는 받은 달의 말일로부터 3개월 이내에 납부합니다. 사망으로 인해 상속이 된다면 상속인이 연대하여 상속세를 납부하게 됩니다. 상속세는 상속개시일(사망일)이 속한 달의 말일로부터 6개월 이내에 납부해야 합니다.

03 부동산 세금은 어디에 물어봐야 하나요?

"저 간단한 거 하나만 여쭤볼게요. 우리 집 팔면 세금 얼마나 나오나요?"

"자녀가 대학교 졸업하고 일 시작했는데 집 사면 2주택자예요?"

"세금 많이 나오나요?"

"저 이번에 오피스텔 분양받았는데, 사업자 내도 세금 많이 나오나요?"

해설

공인회계사와 공인중개사 업무를 함께 하다 보니 여러 부동산 세금이 반죽된 질문을 받는 경우가 많습니다. 세무사나 회계사들은 고객이 지나가면서 던지는 이런 질문에 대답을 잘 하지 않습니다. 오해를 막기 위한 부연 설명을 드리자면, 모르거나 귀찮아서가 아닙니다. 섣불리 답변하는 것이 위험하기 때문입니다.

고객의 질문에 답하기 위해서는 우선 정확한 사실관계를 확인해야 합니다. 고객이 말하는 '세금'이 정확히 양도세, 취득세, 증여세, 상속세, 재산세, 종합부동산세, 종합소득세 중 어떤 것을 말하는 건지, 양도세나 취득세라고 한다면 현재 고객의 세대는 어떻게 구성되어 있는지, 자녀 나이는 어떻게 되는지, 자녀가 일은 하는지, 배우자 등에게 주거용 오피스텔이나 상속받은 시골 주택은 없는지 등 짚어봐야 할 내용이 한두 가지가 아닙니다. 문제는 사실관계만 확인하려 해도 30분이 훌쩍 넘어간다는 사실입니다. 그러다 보니 가벼운 마음으로 물어보시는 질문에 가볍게 답을 드리기는 어렵습니다.

부동산 전문 회계사나 세무사를 찾아가서 돈을 내고 상담을 받을 정도로 궁금하진 않지만, 그래도 부동산 세금을 미리 확인해봐야 할 것 같다면 어떻게 하는 것이 좋을까요?

2003년에 개봉한 박찬욱 감독의 영화 〈올드보이〉의 유명한 대사를 기억하시나요?

"자꾸 틀린 질문만 하니까 맞는 대답이 나올 리가 없잖아."

우선 내가 궁금한 것을 확실히 알고 싶다면 질문부터 정확하게 해봅시다.

가장 먼저는, 어떤 세금이 궁금한지 생각해봅시다. 이때도 취득, 보유, 처분 3단계로 나눠 생각하는 것이 좋습니다. 부동산을 살 때는 취득세, 가지고 있을 때는 재산세와 종합부동산세, 월세가 나온다면 소득세가 부과됩니다. 부동산을 팔 때는 양도세, 자녀에게 무상으로 넘겨줄 때는 증여세, 소유주가 사망한 경우에는 상속세가 부과됩니다.

취득세와 재산세는 지자체 세무과에서

그다음은 담당하는 곳을 확인해봅니다. **취득세**는 지방세입니다. **취득세 중과세**가 궁금하다면 **관할 시청 혹은 구청의 세무과**로 직접 전화하시면 됩니다. **재산세**도 지방세이므로 어설픈 검색보다는 **관할 구청 세무과**로 직접 문의하시는 것이 가장 빠릅니다.

국세는 관할 세무서에서

종합소득세, 종합부동산세, 양도소득세, 증여세, 상속세는 국세입니다. 나의 주소지 관할 세무서가 담당 부서입니다. 하지만 관할 세무서 담당 조사관은 대부분 업무로 바쁩니다. 그렇기에 저희가 전화를 해서 이것저것 물어본다면 답변하느라 더욱 업무를 하기가 힘들겠죠? 그래서 일선 세무서의 조사관은 상담을 하지 않습니다. 국세와 관련된 문의는 모두 **국세청 콜센터(126번)에서 상담**을 진행하고 있습니다.

국세상담센터

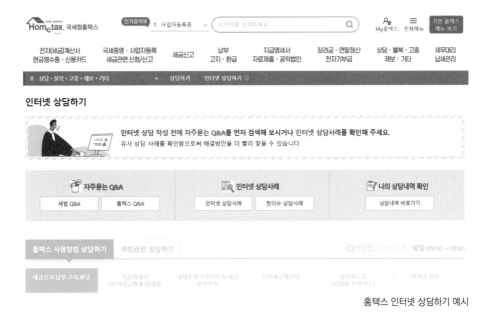

홈택스 인터넷 상담하기 예시

전화 연결이 어렵다면 **국세청 홈택스 사이트의 '인터넷 상담하기'를 통해 확인**해볼 수 있습니다.

다만 인터넷 상담하기를 통해 회신을 받는다고 하더라도 **법적 효력은 없으니 참고만** 하도록 합니다.

이렇게 해도 잘 모르겠다면?

자본주의 사회에서 시간은 곧 '돈'입니다. 돈으로 전문가의 시간을 사면 됩니다. 부동산 전문 회계사나 세무사를 찾아가서 유료로 상담을 받는 것을 추천드립니다. 상담 비용은 아까워하지 마세요. 상담료는 비싸 봐야 10~30만 원 내외일 것이지만, 절세금액은 수백, 수천만 원이 될지도 모릅니다.

여기에도 유의사항이 있습니다. 의사도 내과, 외과, 피부과 등 전문분야가 있듯 세무사와 회계사도 세무기장, 양도세, 상속세, 증여세, 세무조사 대응 등 각자의 전문분야가 있습니다. 세무회계 사무실은 개인사업자, 법인사업자의 장부 기장, 소득세 신고를 주업으로 하는 곳이 대부분입니다. 그러니 **부동산 세금을 전문으로 하는 곳**인지에 대한 **확인을 미리 한 후에 방문**하는 것이 좋습니다. 먼저 상담을 받아본 지인이 있다면 추천을 받는 것도 좋은 방법입니다.

집 사기 전
자주 묻는 질문

01 부동산 계약 시 주의 사항은 어떤 것들이 있을까요?

 부동산은 그 자체로 금액이 큽니다. 주식이나 코인과 비교해도 숫자 뒤에 0이 몇 개 더 붙는 경우가 많습니다. 그래서 대부분의 사람들은 부동산 계약을 자주 하기 어렵습니다. 전문성은 반복하는 과정에서 생겨나는데, 반복할 수 없는 부동산 계약은 할 때마다 낯섭니다. 그러니 부동산 사장님이 하자는 대로, 상대방이 하자는 대로 계약을 하게 됩니다. 그럼에도 지금껏 별문제가 없었다면 다행이지만, 부동산은 금액이 크다 보니 한 번 사고가 터지면 크게 터집니다. 피해액이 어마어마합니다.

해설

현직 공인중개사로서, 부동산 사고를 피하고 싶다면 이 '3가지'만 명심하길 바랍니다.

믿을만한 공인중개사를 통해 계약하기

부동산 가격 상승과 함께 중개수수료도 오르다 보니 당사자와 직접 거래를 하는 직거래가 늘고 있습니다. 고객 입장에서도 공인중개사를 통해 거래하는 것이 편하고 좋지만 그럼에도 불구하고 **직거래를 하는 이유는 중개수수료 때문**입니다. 직거래를 하면 쉽고 간편하고 중개수수료 부담이 없습니다. 하지만, 최근 직거래로 인한 피해 사례가 늘고 있다는 점, 알고 계신가요? 허위매물 게재는 물론, 가짜 집주인이 보증금이나 계약금을 가로채는 일도 발생하고, **계약서 작성 시 필수 사항을 누락해 피해를 보는 사례**도 부지기수로 존재합니다.

중개수수료를 원가 개념으로 접근해보면, 그 안에는 임차료, 인건비, 광고비 등과 함께 보험료가 포함되어 있습니다. 중개사가 중개업무를 하려면 반드시 중개사고 발생을 대비한 업무보증보험을 들어야 하기 때문입니다. 개업공인중개사가 개인이라면 2억, 법인이라면 4억에 대한 보증보험을 의무적으로 가입해야 합니다. 보험(保險)은 한자로 '보호할 보, 험할 험'입니다. **위험을 보호**한다는 것입니다. 거래금액이 큰 부동산 거래는 만에 하나라도 위험을 철저히 대비할 필요가 있기 때문에 **공인중개사를 통해 거래**하는 것이 좋습니다.

최근에는 중개수수료를 할인해주는 부동산도 많이 생겼으니 중개수수료가 부담된다면 공인중개사와 수수료를 최대한 협의해서 계약하는 것이 낫습니다.

> 믿을만한 공인중개사인지는 어떻게 알 수 있을까요?

가까운 지인의 추천만큼 확실한 건 없겠지만, 관련 정보가 전혀 없다면 먼저, 등록된 공인중개사가 맞는지 확인해봅시다. **국토교통부에서 운영하는 브이월드 서비스**에서 전국 지자체에 등록된 공인중개사, 소속 공인중개사, 중개보조원을 모두 조회할 수 있습니다.

Tiper

브이월드 서비스 웹사이트

또한 공인중개사가 같은 자리에서 몇 년째 중개업을 하고 있는지, **해당 지역에 실제 거주하고 있는지** 등을 함께 확인할 수 있다면 더욱 좋습니다. 삶의 기반이 있는 지역에서 오랫동안 중개업을 하고 있다면 본인도 조심스러울 수밖에 없으므로 믿을만한 부동산으로 봐도 무방합니다.

소유자와 계약하고, 소유자 계좌로 입금하기

IT 강국인 우리나라는 대한민국 법원 인터넷 등기소(http://www.iros.go.kr/)에서 누구나 등기부등본 열람을 통해 부동산 소유자를 확인할 수 있습니다. 실무에서 실소유자와 등기부등본상 소유자가 다른 명의신탁은 거의 발생하지 않으니 어지간하면 등기부등본상 소유주를 실제 소유주라고 봐도 됩니다.

부동산 계약은 반드시 **등기부등본상의 소유주와 계약**하여야 합니다. 소유주와 일정이 맞지 않아 계약하기 힘든 상황이라면 1차적으로 계약 일자를 변경해서라도 소유주와 계약하는 것이 우선입니다. 만약 해외 체류나 출장 등의 사정으로 인해 소유주가 단기간 내 계약을 체결할 수 없는 상황이라면 **대리인과 계약을 체결**해야 합니다. 대리인으로는 부모님이나 배우자 등에게 위임을 하는 경우가 많은데, 이때 확인해야 할 사항이 **위임장과 인감증명서**입니다. 위임장에는 부동산 계약을 수임자에게 위임한다는 내용을 기재하고, 위임장 하단에 위임인의 도장을 찍습니다. 그런데 위임장에 찍힌 도장이 막도장인지, 위임인의 도장인지 제3자는 알 수가 없습니다. 그렇기 때문에 **위임장에는** 위임인이 직접 행정기관에 신고한 **인감도장을 찍고**, 인감도장이 맞다는 것을 입증하는 '**인감증명서**'를 **첨부**하는 것으로 **위임인의 의사를 간접적으로 확인**하는 절차를 가집니다.

참고로 인감증명서는 대리발급이 가능하기 때문에 안전한 거래를 위해서는 인감증명서가 본인 발급인지 확인하고, 계약하기 전에 소유자와 직접 통화하여 소유자 본인이 맞는지, 계약 내용을 인지하고 있는지 확인해야 합니다. 무엇보다도 **계약금, 중도금, 잔금, 보증금은 반드시 소유자의 계좌에 직접 입금**해야 합니다. 중개사고의 상당수가 소유주가 아닌 중개보조원, 또는 소유주가 아닌 이해관계인에게 입금함으로 인해 발생한다는 사실을 꼭 명심하도록 합시다.

대금 지급 시마다 등기부등본 확인하기

부동산 매매계약은 계약금, 중도금, 잔금으로 나눠서 지급합니다. 단계별 대금은 임차인의 보증금, 대출 등을 차감한 순이체금액을 기준으로 하여 10%, 40%, 50% 순으로 지급합니다. 계약서를 쓰고 **계약금을 입금할 때는 반드시 등기부등본을 확인**해야 합니다. 또한 계약 시에는 등기부등본상 아무 문제도 없었으나, 중도금, 잔금 지급 시에는 압류나 가압류, 근저당 등 권리변동이 있을 수 있기 때문에 **중도금, 잔금 입금 전에도 등기부등본을 다시 한번 확인**해야 합니다. 만약 문제가 있다면 중도금, 잔금 지급을 보류하고 권리 하자가 없어질 때까지 입금을 하지 않아야 합니다.

드물게는 신탁등기가 있는 물건을 계약하는 경우도 있습니다. 신탁물건은 복잡할 수 있기 때문에 가급적 거래를 하지 않는 것이 좋습니다. 그럼에도 불구하고 계약을 해야 한다면 신탁원부를 확인해야 합니다. **신탁원부**는 인터넷 등기소에서는 발급이 불가능하고 가까운 등기소에 직접 방문을 해야 합니다. 신탁원부를 들여다보면 **위탁자인 소유주와 수탁자인 신탁사가 어떤 내용**으로 신탁계약을 **체결**했는지 자세히 알 수 있습니다. 신탁계약의 내용 및 실권리자가 누구인지 확인하고, 매매나 임대차계약을 체결할 수 있는 상황인지 꼼꼼하게 체크한 뒤에 계약을 체결해야 합니다.

02 부동산 계약 시 준비물은? 인감도장은 꼭! 필요한가요?

인감증명법 제3조(인감 신고 등)
① 인감증명을 받으려는 사람은 미리 그 주소 또는 「주민등록법」 제10조3제1항 단서 및 제19조제3항 에 따른 행정상 관리주소(이하 "행정상 관리주소"라 한다)를 관할하는 증명청에 인감을 신고하여야 한다. 다만, 미성년자는 법정대리인의 동의를 받아 신고하여야 하고, 피한정후견인은 한정후견인의 동의를 받아 신고하여야 하며, 피성년후견인은 성년후견인이 신고하여야 한다.

해설

"이번 주 토요일 10시에 계약서 작성하기로 했습니다."

"감사합니다. 그런데 토요일 계약할 때 제가 뭘 가져가야 하나요? 인감도장을 꼭 가져가야 하나요?"

부동산 계약 시 인감도장 준비 여부에 대해 많이들 물어보십니다. 심지어 인감도장을 아예 등록한 적도 없는데 어떻게 하면 좋겠냐고 물어보시는 분도 계십니다.

> 결론부터 말씀드리면, 부동산 계약을 할 때 인감도장은 필요 없습니다

매매 계약이든, 전세나 월세 계약이든 관계없이 계약 시점에서는 인감도장이 필요하지 않습니다. 신분증만 있으면 됩니다. 매수인이 추가로 준비할 사항은 이체 한도 체크입니다. 요즘은 계약서 작성 후 계약금을 스마트폰으로 송금하는 경우가 많은데 이체 한도를 미리 늘려놓지 않아 당황하는 경우가 많이 있기 때문입니다. 계약서에 찍을 도장은 막도장을 가져가도 괜찮습니다. 그런데 이 또한 서명으로 대체할 수 있기 때문에 도장은 있어도 그만, 없어도 그만입니다.

매도인이라면 계약을 할 때 본인 신분증과 본인 명의 통장이 필요합니다. 원칙대로

하자면 계약 전 본인이 실제 부동산 **소유주임을 증명할 수 있는 등기권리증**도 가져가야 합니다. 등기권리증은 어디까지나 실제 소유주가 맞는지 검증하기 위한 것인데, 지역에서 오랫동안 중개업을 해온 사장님이라면 그 집 밥상에 숟가락을 몇 개 얹는지까지도 잘 알고 있기 때문에 생략하는 경우가 많습니다.

인감도장은 뭐고, 인감증명서는 뭘까요?

인감이란 국가 행정기관 등에 '자신의 도장'이라고 사전에 신고한 도장을 의미합니다. 인감증명서는 이 도장이 사전에 신고한 도장이라는 것을 입증하는 서류로 법적 구속력이 있는 모든 계약에서 효력을 발휘합니다. 인감도장과 인감증명서는 함께 움직입니다. 중요한 서류에 인감도장을 찍고, 찍힌 도장이 본인 인감이라는 것을 인감증명서로 증명하는 식입니다.

인감도장 등록은 관할 주민센터에서만, 발급은 어디서나

인감증명서 발급을 위해서는 인감도장이 먼저 등록되어 있어야 합니다. 최초 인감도장 등록은 주민등록상 주소지 관할 주민센터에서만 가능합니다. 인감도장을 변경하는 것도 주민등록 주소지에서만 할 수 있습니다. 일단 인감을 등록했다면 인감증명서를 발급하는 것은 전국 모든 주민센터에서 가능합니다. 우리나라 정부24 사이트의 민원서류 발급 서비스가 워낙 잘되어 있다 보니 인감증명서도 인터넷으로 발급할 수 있는 것으로 아시는 분도 계시는데요. 인감증명서는 중요한 서류라서 인터넷 발급은 불가능했으나, 24.9.30. [인감증명서 인터넷 발급 서비스]가 도입되면서 매도용이 아닌 일반용 인감증명서는 인터넷 발급이 가능해졌습니다. 다만, 일반용 인감증명서도 법원이나 금융기관 제출 목적이라면 전과 동일하게 주민센터에서만 발급받을 수 있으니 발급 전에 인감증명서 사용 목적을 잘 확인하셔야 합니다.

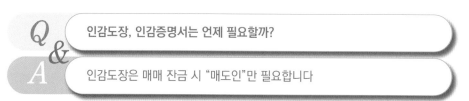

Q 인감도장, 인감증명서는 언제 필요할까?

& A 인감도장은 매매 잔금 시 "매도인"만 필요합니다

부동산 등기를 처리하는 등기소 직원은 오직 제출된 서류만 보고 소유권 이전 업무를 처리하고 있습니다. 재산가액이 큰 부동산, 자동차 등은 서류 위조의 가능성이 있기 때

문에 일반적인 서류로만 처리해주기엔 위험 부담이 큽니다. 그래서 **등기소에서는 부동산, 자동차 등의 소유권 이전** 시에는 반드시 '**매도용 인감증명서**'를 **제출**하도록 하고 있습니다. 매도용 인감증명서를 발급받기 위해서는 부동산 매매계약서를 가지고 주민센터에 방문해야 합니다. 인감증명서 하단부에 매수자의 인적사항과 주소지를 기재하고 매도자의 확인서명을 받아야 합니다. 등기소 직원도 부동산 매도용 인감증명서에 매수인 정보가 기재되어 있다면 소유자의 의사를 확인한 것으로 보고 등기를 처리해주는 것입니다.

인감증명서 유효기간은 얼마나 될까?

인감증명서 유효기간을 3개월로 알고 계신 분이 많은데, **원칙적으로 인감증명서에는 유효기간이라는 개념이 없습니다.** 다만, 인감증명서를 부동산매매 등으로 등기소에 제출해야할 때는 법령에 따라 발급일자가 "3개월 이내의 것"이어야 합니다.

🎤 | Search... 잔금 시 필요한 서류 | 🔍

※ 매도인

- ☑ 1. 부동산 매도용 인감증명서(본인 발급, 매수인 인적사항 기재)
- ☑ 2. 인감도장
- ☑ 3. 주민등록초본 1통(과거 주소이력 및 주민등록번호가 표시되게)
- ☑ 4. 등기권리증(정식명칭은 '등기필정보 및 등기완료통지서'임. 분실시 10만원 확인서면 비용 발생)
- ☑ 5. 신분증
- ☑ 6. 계정별 원장(법인인 경우)

※ 매수인

- ☑ 1. 부동산 매매계약서(원본)
- ☑ 2. 신분증
- ☑ 3. 도장(막도장도 가능)
- ☑ 4. 주민등록등본(주민등록번호 표시되어야 함)
- ☑ 5. 가족관계증명서(다주택자 확인 목적, 주민등록번호 표시되어야 함, 공동명의인 경우 본인 기준으로 1부씩)

[질문 있어요!]

Q & A

인감증명서도 유효기간이 있는지요?

인감증명서의 유효기간은 없지만, 부동산 매매 거래 시 인감증명서는 발급일자가 '3개월 이내'여야 합니다.

🔊 **법령**

▶ **부동산등기규칙 제62조(인감증명 등의 유효기간)**

◎ 등기신청서에 첨부하는 인감증명, 법인등기사항증명서, 주민등록표등본 · 초본, 가족관계등록사항별증명서 및 건축물대장 · 토지대장 · 임야대장 등본은 발행일부터 3개월 이내의 것이어야 한다.

 알아두면 통아요

본인서명사실 확인서 사용?

인감 제도는 일제강점기 시절에 도입이 되어 이후로 공 · 사 거래 시 본인의 의사를 확인하는 목적으로 사용되고 있습니다. 하지만 도장 위 · 변조 및 분실 등으로 인한 불편함이 있으며 효율성 또한 떨어진다는 단점이 있습니다. 단점이 많다 보니 현재 인감 제도는 한국, 일본, 대만 등 아주 일부 국가에서만 사용하고 있는 게 사실입니다.

우리나라에서도 2012년 12월부터 **인감증명서 대신 본인서명사실확인서를** 도입하여 사용을 권장하고 있습니다. **"본인서명사실확인서는 본인이 증명청을 방문하여 서명하였다는 것을 확인하는 증명"**이기 때문에 대리발급 자체가 불가능합니다. **주민센터 업무 중 주민등록증 발급과 함께 절대로 위임이 불가능한 업무 중 하나**라고 하니 그만큼 안전하다는 의미겠죠? 아직까지는 익숙한 인감증명서를 많이 사용하고 있지만, 앞으로는 사고 방지를 위해 보다 안전한 본인서명사실확인서를 사용하는 것이 좋겠습니다.

등기권리증이란?

부동산 관련 업무가 처음이라면 '등기권리증이 무슨 서류인가?'라는 생각이 드실 것 같습니다. **등기권리증은** 바로 속칭 '**집문서**'입니다. 옛날 드라마에 보면 술과 도박에 빠진 아버지가 집에 와서 "집문서 어디 놔뒀어? 빨리 가져오란 말이야!" 하고 행패 부리던 장면 기억하실 텐데요. 숨겨둘 정도로 중요한 집문서가 바로, '등기권리증'입니다.

등기권리증에는 소유자, (주민)등록번호, 부동산고유번호, 부동산소재지 등이 적혀 있으며, 가운데 영문과 아라비아숫자를 조합한 일련번호 4자리 비밀번호 50개가 스티커로 덮여 있습니다. 부동산 등기를 할 때마다 번호 1개씩 사용하는 방식인데, 은행 공인인증서 비밀번호만큼 아주 중요한 것이니 등기할 일이 생겨도 비밀번호 전체를 사진 찍어서 보내는 등의 행위는 하지 않도록 합시다.

또한 한번 사용한 번호는 다시 쓸 수 없으니 볼펜으로 표시해두면 다음에 사용할 때 기억하기 쉽습니다.

일련번호 : PDN7-88AS-W2JV
비밀번호 (기재순서 : 순번-비밀번호)

01-3562	11-3562	21-3562	31-3562	41-3562
02-3562	12-3562	22-3562	32-3562	42-3562
03-3562	13-3562	23-3562	33-3562	43-3562
04-3562	14-3562	24-3562	34-3562	44-3562
05-3562	15-3562	25-3562	35-3562	45-3562
06-3562	16-3562	26-3562	36-3562	46-3562
07-3562	17-3562	27-3562	37-3562	47-3562
08-3562	18-3562	28-3562	38-3562	48-3562
09-3562	19-3562	29-3562	39-3562	49-3562
10-3562	20-3562	30-3562	40-3562	50-3562

(샘플로 만든 무작위 번호)

03 부동산 중개수수료를 아끼고 싶은데 어떻게 하면 좋을까요?

"중개사님, 저희가 이번에 집을 사고팔면서 돈이 많이 들었어요.
그러니 중개수수료 좀 싸게 해주세요!"

"하하하. 사장님, 복비 깎으면 복이 달아난대요. 좋은 집 구하셨으니까
아까워하지 마시고 복비는 잘 주세요~!"

부동산 사무실에서 중개보수를 협의할 때 흔히 마주하는 모습입니다. 월급을 받
으며 회사를 다닐 때와 가장 큰 차이가 있는 부분입니다. 기업 간의 거래라면 계
약을 문서화하고 계약서대로 수수료를 지급하니 추가로 논의할 필요가 없습니다.
하지만 중개보수는 개인인 고객과 개인인 공인중개사가 최대 상한선 내에서 협의
를 통해 결정하는 것입니다.

거래금액이 큰 매매계약은 불과 몇 분 만에 백만 원 단위로 수수료가 조정되기도
합니다. 고객도 한 푼이라도 아끼기 위해 실랑이하는 과정이 불편하겠지만, 조금
이라도 비용을 더 받고자 마음을 졸이는 것은 공인중개사도 매한가지입니다.

해설

중개보수를 아끼는 방법을 얘기하기 전에 우선 중개보수가 어떻게 계산되는지부터
알아보겠습니다. 서울시에 소재한 주택이나 아파트의 경우 '서울특별시 주택중개보수에
관한 조례 제2조, 별표1'을 따르고 있습니다. 다른 지자체들도 서울시에서 결정한 아래
의 요율표를 준용하고 있기 때문에 사실상 전국에 있는 모든 주택에는 다음페이지에 있
는 요율이 적용됩니다. 중개보수는 물건(주택/ 오피스텔/ 그 외)이 무엇인지, 무슨 거래
(매매/ 임대차)인지, 거래금액은 얼마인지에 따라 상한요율과 한도금액이 정해집니다.

중개보수 계산해보기

아파트를 5억 원에 매매한다면 상한요율은 0.4%이므로 5억×0.4%=200만 원이
중개보수 상한이 됩니다. 부가가치세는 별도이므로 고객이 최대로 지급해야 하는 금액
은 220만 원입니다.

서울특별시 부동산 중개보수 요율표

• 주택(주택의 부속토지, 주택분양권 포함) (서울특별시 주택중개보수 등에 관한 조례 제2조 별표1) (2021. 12. 30 시행)

거래내용	거래금액	상한요율	한도액
매매·교환	5천만원 미만	1천분의 6	25만원
	5천만원 이상 ~ 2억원 미만	1천분의 5	80만원
	2억원 이상 ~ 9억원 미만	1천분의 4	없음
	9억원 이상 ~ 12억원 미만	1천분의 5	없음
	12억원 이상 ~ 15억원 미만	1천분의 6	없음
	15억원 이상	1천분의 7	없음
임대차등 (매매·교환 이외)	5천만원 미만	1천분의 5	20만원
	5천만원이상 ~ 1억원미만	1천분의 4	30만원
	1억원 이상 ~ 6억원 미만	1천분의 3	없음
	6억원 이상 ~ 12억원 미만	1천분의 4	없음
	12억원 이상 ~ 15억원 미만	1천분의 5	없음
	15억원 이상	1천분의 6	없음

• 오피스텔 (공인중개사법 시행규칙 제20조제4항) (2015. 1. 6 시행)

적용대상	거래내용	상한요율
전용면적 85㎡ 이하, 일정설비(전용입식 부엌, 전용 수세식 화장실 및 목욕시설 등)를 갖춘 경우	매매·교환	1천분의 5
	임대차 등	1천분의 4
위 적용대상 외의 경우	매매·교환·임대차 등	1천분의 9

• 주택·오피스텔 외(토지, 상가 등) (공인중개사법 시행규칙 제20조제4항) (2015. 1. 6 시행)

거래내용	상한요율
매매 · 교환 · 임대차 등	거래금액의 1천분의 9

부동산 중개보수 적용기준

1 중개보수는 거래금액 × 상한요율 이내에서 중개의뢰인과 개업공인중개사가 서로 협의하여 결정 (단, 한도액 초과 불가)
◉ 「공인중개사법 시행규칙」 제20조제1항, 제4항
2 중개보수의 지급시기는 개업공인중개사와 중개의뢰인간의 약정에 따르되, 약정이 없을 때에는 중개대상물의 거래대금
지급이 완료된 날로 함 ◉ 「공인중개사법 시행령」 제27조의2
3 보증금 외 차임이 있는 거래금액 : 보증금 + (월차임×100) 단, 합산한 금액이 5천만 미만일 경우 : 보증금 + (월차임×70)
◉ 「공인중개사법 시행규칙」 제20조제5항
4 건축물 중 주택 면적이 1/2이상인 경우 주택의 중개보수, 주택 면적이 1/2 미만인 경우 주택 외의 중개보수 적용
◉ 「공인중개사법 시행규칙」 제20조제6항
5 분양권 거래금액 : 거래 당시까지 불입한 금액(융자 포함) + 프리미엄
6 중개보수의 부가가치세는 별도임.
7 개업공인중개사는 주택 외의 중개대상물에 대하여 중개보수 요율의 범위 안에서 실제 자기가 받고자 하는 공인중개사법
시행규칙 제10조제2호에 따른 중개보수, 실비의 요율 및 한도액표를 게시하여야 함 ◉ 「공인중개사법 시행규칙」 제20조제7항

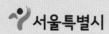
서울특별시

Tiper

시 · 도별 중개보수 요율 (한국공인중개사협회)

4억 원의 전세를 계약하는 경우에는 상한요율이 0.3%입니다. 4억×0.3%이므로 120만 원이고, 부가가치세를 포함할 경우 132만 원입니다.

월세(보증금액이 크고 월세 비율이 작은 경우 반전세라고도 함)는 수수료가 어떻게 될까요? 보증금 2억, 월세 150만 원으로 계약을 한다고 가정해 봅시다. 우선 월세를 보증금으로 환산합니다. 환산 시 배수는 100입니다. 보증금 2억 원과 월세 환산금 150만 원×100=1.5억 원을 합하여 거래금액을 3.5억 원으로 환산합니다. 3.5억 원에 해당되는 요율구간은 0.3%이니, 3.5억×0.3%=105만 원이 되고, 부가가치세를 포함하면 115.5만 원이 됩니다.

중개보수는 2021년 10월 한차례 개정되었습니다. 개정 전에는 9억 원 이상의 매매가 이루어질 때는 0.9% 이내에서, 6억 원 이상의 전·월세 거래가 이루어질 때에는 0.8% 이내에서 **"중개의뢰인과 개업중개사가 서로 협의하여 결정"**하라고 되어 있었습니다. '협의해서 결정한다'라고 하니 자율적이고 민주적으로 느껴지지만, 고객은 잔금 전까지 중개사가 수수료를 어떻게 얘기할지 몰라 불안하고, 중개사는 수수료를 꺼낼 때마다 고객과 한바탕 실랑이를 해야 하는 상황이 불편했습니다.

중개보수 요율표가 개정된 후에는 협의 구간이 사라지고, 전체적으로 요율도 떨어지면서 고객의 부담이 줄었습니다. 상한요율이 0.1%밖에 줄지 않았는데 부담이 줄어봤자 얼마나 줄었겠냐고 반문하실 수도 있겠습니다. 아파트 매매 6~9억 원 구간의 요율은 개정 전의 0.5%에서 개정 후 0.4%로 변경됐습니다. 0.1% 감소라고 하지만 0.5% 중 0.1%는 1/5에 해당하는 금액입니다. 금액을 넣어 계산해 보면 수수료가 20%나 줄어듭니다. 종전에 비해 고객 부담이 줄어든 건 사실입니다.

서울특별시
서울부동산 정보광장
중개보수 계산하기

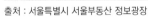

물건유형과 거래유형을 선택하십시오.		
물건유형	○주택　○오피스텔(85㎡이하 등)　○그외의 부동산	
거래유형	○매매/교환　○전세　○월세	
거래가액 중개보수(요율)	[　　　　] 원　[　　] % 협의보수요율(상한요율 이내)	
	수수료계산　다시계산	

출처 : 서울특별시 서울부동산 정보광장

02

중개보수는 사전에 협의하기

그럼에도 불구하고 중개보수가 부담이 된다면, 이를 예방할 수 있는 최선의 방법이 있습니다. 처음 해당 부동산을 방문했을 때 바로 수수료를 협의하는 것, 혹은 늦어도 계약서를 쓰기 전에는 반드시 협의를 마치는 것입니다. 협의가 안 되거나 생각한 금액보다 너무 비싸다면 다른 중개업소를 찾으면 됩니다.

기업과 거래를 할 때 일을 시작하기 전 실무자들이 서로의 조건을 맞춰보며 최종 계약 여부를 결정합니다. 업무 범위가 맞지 않거나 생각해둔 예산보다 수수료가 비싸다면 계약은 체결되지 않을 것이고, 업무 또한 애초에 시작하지 않습니다. 음식점이나 커피점에 갈 때도 마찬가지입니다. 방문한 곳의 메뉴판을 보고 금액이 비싸면 "다음에 올게요" 하면서 발걸음을 돌리는 경우, 종종 있지 않으신가요?

중개업소 또한 마찬가지입니다. 중개는 하나의 서비스 '상품'이기 때문에 가격은 사전에 협의를 하는 것이 좋습니다. 사전에 중개보수를 물어보면 계약하기도 전에 중개보수부터 얘기한다고 화내는 중개사도 있다고 하는데, 이럴 땐 마음 상해하지 말고 바로 그곳을 나오면 됩니다. 중개업은 서비스업종이며, 서비스업종은 늘 경쟁을 합니다. 제가 있는 과천뿐만 아니라 강남, 송파, 판교 어디를 가도 아파트가 즐비한 지역의 반경 3km에는 수십 개의 중개업소가 있습니다. 최종결정권은 소비자 본인에게 있습니다. 어차피 지불해야 할 돈이라면 저렴하거나, 친절하거나, 전문성이 있는 중개업소를 찾아가서 거래하면 됩니다. 음식점도 마찬가지 아닌가요? 우리는 비슷한 맛이라면 가격이 저렴하거나, 조금이라도 더 친절한 곳에 가기 마련입니다. 특정 요리를 전문으로 하는 맛집은 비싸더라도 제값을 합니다.

그렇다고 해서 공인중개사의 수수료를 너무 낮게 부르지는 맙시다. 공인중개사가 집 한번 보여주고 수수료를 너무 많이 받는다는 생각이 든다면 스타벅스를 한번 떠올려 봅시다. 스타벅스 아메리카노의 원두값이 500원이라고, 커피를 500원에 파는 건 아니지 않습니까? 커피값에는 임대료, 인건비, 관리비, 마진 등이 포함됩니다. 중개업소도 동일합니다. 대부분의 중개업소는 상가의 1층에 위치하기 때문에 원가율이 높을 수밖에 없습니다. (손에 잡히는 경제 이진우 기자가 쓴 '거꾸로 보는 경제학'에서는 모든 중개업소를 2층으로 올리면 어떨까 하는 재밌는 화두도 다루고 있습니다.)

또한 중개사도 사람인지라 중개보수가 클수록 더 일을 열심히 합니다. 상대와 열심히 협의해서 중개수수료 이상으로 매매금액을 낮춰 매수자에게 이득을 안겨주는 경우도 많습니다.

사전에 중개보수 협의를 하지 못했다 하더라도 반드시 상한요율의 금액 그대로를 줘야 하는 건 아닙니다. 간혹 공인중개사가 확인설명서 4페이지의 중개보수란에 기재된 상한요율을 가지고 "당신이 확인설명서에 직접 도장을 찍지 않았냐"며 막무가내로 상한요율을 요구하는 경우도 있다고 하는데, 정확하게 알아두도록 합시다.

확인설명서의 중개보수 요율은 상호 간에 협의된 중개보수를 적는 란이긴 하지만, 실무상 동일한 확인설명서로 임대인-임차인 혹은 매도인 – 매수인에게 설명하기 때문에 개별적으로 협의된 중개보수를 기재하기는 어렵습니다(중개보수를 다르게 받을 수 있으므로). 확인설명서의 중개보수란은 계약서 작성 시 부동산 중개 프로그램상 자동으로 상한이 기재되는 것에 불과합니다. 공인중개사가 이를 근거로 최대 상한치를 요구할 때에는 "협의한 적이 없다"라고 말하면 됩니다. 법률적으로도 중개보수에 대한 공인중개사 일방의 청약은 있으나 상대(나)의 승낙이 없었기 때문에 확인설명서 중개보수는 유효하지 않습니다.

quick tips

> ▶ **중개수수료로 세금 줄이기**

부동산 중개업은 현금영수증 의무발행 업종입니다. 공인중개사는 고객으로부터 10만 원 이상의 중개수수료를 받을 시 고객의 의사와 무관하게 반드시 현금영수증을 발행해야 합니다. 설령 고객이 원하지 않는다고 하더라도 국세청 코드(010-000-1234)로 발급하는 것이 원칙입니다.

매매수수료로 현금영수증을 발급받는다면 나중에 집을 처분할 때 필요경비로 인정되어 양도소득세를 줄일 수 있고, 전 · 월세 수수료로 현금영수증을 발급받는다면 근로자의 연말정산 신용카드 소득공제를 적용받을 수 있습니다. 당연한 권리이므로 놓치지 않도록 합시다.

05 신혼부부가 부동산 계약 시 자주 묻는 5가지 질문

 "여기에 들어갈까 저기에 들어갈까." 아파트 앞 수많은 부동산 사무실 앞에서 속 닥속닥 의견을 나눕니다. 조심스럽게 부동산 문을 열고 들어옵니다. 잡은 손을 놓 지 않은 채 살 집을 알아보고 있다고 씩씩하게 말하는 두 사람은 누가 보아도 결 혼을 앞둔 예비부부입니다.

해설

너무 늦은 결혼이 아니라면 지금까지 살면서 한 번도 부동산 사무실에 들어가 본 적 이 없었을 겁니다. 궁금한 것이 많을 법도 한데, 오히려 아는 것이 없으니 부동산 사장 님이 하자는 대로 흘러가는 경우가 많습니다.

저는 신혼부부에게는 사소한 설명도 최대한 자세히, 이해하기 쉽게 하려고 합니다. 그렇게 하나둘 쌓여가는 지식이 부동산 자산을 키워갈 밑거름이 되길 바라는 마음이 있 기 때문입니다. 맘에 드는 집을 골라 부동산 계약을 하고 도장까지 찍고 나니 계약 내내 괜스레 마음을 졸인 예비 신부가 한마디 합니다.

"아. 이제 진짜 어른이 된 거 같아!"

결혼식이 아니라 결혼 이후의 삶을 준비하는 첫걸음을 뗄 신혼부부가 자주 하는 질 문을 모아봤습니다.

Q&A

1. 계약서 명의는 누구로 하는 게 좋을까요?

세법 측면에서 보면 매매 계약이든 전·월세 계약이든 계약자는 실제 돈을 내 는 사람으로 해야 합니다. 돈을 내는 사람과 명의자가 다르면 증여 이슈가 생길 수 있기 때문입니다. 몇 년간 집값이 급등하면서 무조건 남자가 집을 해와야 한 다는 마인드는 올드해졌습니다. 신혼집과 혼수 모두 양가에서 반씩 부담하고, 집 계약도 공동명의로 진행을 하는 경우가 많아지고 있습니다.

Q
&
A

2. 부모님이 돈을 보태주시는데 신고를 해야 하나요?

양가 부모님이 부동산 자금을 지원해 주시는 경우가 있습니다. 부모님이 돌려 받을 생각이 없다면 증여, 돌려받기로 했다면 차용입니다. 증여라면 돈을 받은 시점으로부터 3개월 이내에 증여세 신고를 하여야 하고, 차용이라면 차용 시점에 만기일, 이자율을 명시한 차용증을 작성하는 것이 원칙입니다.

세무서에서 모든 국민의 통장 이체 내역을 실시간으로 확인할 수 없으니 증여 신고를 하지 않는다고 해도 당장 문제는 생기진 않겠지만 혹시라도 조사를 받게 되면 증여세뿐만 아니라 가산세까지 추징될 수 있으니 유의하여야 합니다.

Q
&
A

3. 부동산 계약을 공동명의로 하면 돈도 각각 송금해야 하나요?

공동명의로 계약하기로 했다면 대금을 송금할 때도 매도인(임대인)에게 각각 송금하는 것이 좋습니다. 하지만 예비 배우자에게 먼저 송금하고, 예비 배우자가 매도인(임대인)에게 한 번에 이체한다고 해도 거래 편의를 위함이 명백하기 때문에 예비 배우자에게 보낸 돈을 증여로 보진 않습니다.

Q
&
A

4. 거래신고, 확정일자, 전입 신고는 언제 하나요?

2006년 부동산 실거래가 신고 도입에 이어 2021년 6월 전월세 신고제도가 도입되면서 매매 계약, 전·월세 계약 모두 계약일로부터 30일 이내에 거래 신고를 해야 합니다. 매매 계약은 공인중개사가 신고해주지만, 직거래 시에는 본인이 실거래 신고를 해야 합니다. 전·월세 계약은 대부분 임차인이 거래 신고를 하고 있으며, 계약일로부터 30일 이내에 부동산 소재지 관할 주민센터에 방문해 신고를 합니다. 주민센터 방문이 어렵다면 **인터넷 부동산거래관리시스템***에 공인인증서 로그인 후 신고를 할 수 있습니다.

확정일자는 전·월세 신고를 하면서 함께 진행합니다. 예전에는 주민센터에서 임대차계약서에 날짜가 적힌 도장을 찍어줬지만, 지금은 임대차 계약 신고와 동시에 확정일자가 자동 부여되기 때문에 임대차신고가 완료되었다는 신고필증을 받습니다.

Q&A

5. 세대주는 두 사람 중 누구로 해야 하나요?

세대주는 한 집의 반장 개념입니다. 호주제가 있던 과거에는 연령이 많은 남편으로 정했지만, 최근에는 아내로 정하기도 합니다. 주민등록표상 제일 처음에 세대주가 표시된다는 것 말고는 세대주와 세대원 간 체감할 수 있는 차이는 없습니다. 이는 부동산이 누구 소유인지, 임대차계약서를 누구 명의로 체결했는지와도 무관하기 때문에 두 사람이 합의해서 정하면 됩니다.

다만, 청약을 생각하고 있다면 청약과열지역에서는 무주택 세대주만 1순위 청약을 할 수 있으니 두 사람 중 청약통장 가입 기간이 길거나 무주택 기간이 긴 사람으로 정하는 것이 좋습니다. 세대주는 주민센터나 정부24 사이트를 통해 손쉽게 변경할 수 있으며, 세대주를 변경한다고 하더라도 별다른 불이익은 없으니 걱정하지 않으셔도 됩니다.

국토교통부
부동산거래관리시스템

*부동산거래관리시스템(RTMS)은 전국에서 발생하는 부동산거래 신고, 검인, 전월세 확정일자 관련 업무를 전자적으로 처리하고 이를 통해 수집된 데이터를 관리·운영하는 시스템('06.1.1 도입, https://rtms.molit.go.kr/)

06 등기사항전부증명서(등기부등본) 그것이 알고 싶다

 공인중개사에게 부동산 거래에 있어 가장 중요한 서류를 하나 뽑으라면 백이면 백 '등기사항전부증명서'를 꼽습니다. 흔히 '등기부등본'이라고 부르는 문서의 정식 명칭입니다.

이는 부동산의 소유주나 권리 현황을 확인할 수 있는 무척 중요한 서류지만 인터넷 등기소 사이트나 스마트폰에서 누구나 발급할 수 있습니다. 발급 비용은 열람용은 700원, 발급용은 1,000원입니다. '열람용'은 법적 효력 없이 확인 용도 로만 사용할 수 있고, '발급용'은 법적 효력이 있는 공문서로 제출이 가능 합니다. 내용은 동일하기 때문에 부동산 중개 실무에서는 대부분 열람용으로 확인합니다.

해설

우선, 등기사항전부증명서가 어떻게 구성되는지부터 살펴보겠습니다.

초등학교 때 곤충이 머리, 가슴, 배 3마디로 구성된다는 걸 배우셨을 것입니다. 등기사항전부증명서도 3마디입니다. 표제부, 갑구, 을구로 구성됩니다. 표제부는 해당 부동산이 어떤 건물인지, 갑구는 부동산 소유자가 누구인지, 을구는 어떤 권리관계가 얽혀있는지가 기재되어 있습니다.

표제부 (부동산의 표시)

표제부는 부동산의 물리적 정보, 즉 부동산 지번, 건물명칭, 건물번호 등이 표시됩니다. 아파트를 예로 들면 몇 층 건물인지, 어떤 구조로 지어졌는지, 거주할 수 있는 전유면적은 얼마나 되는지, 대지권 비율은 얼마인지가 기재됩니다. 대지권 비율은 토지 지분을 의미합니다.

단독주택이나 다가구주택은 1부동산 1등기부용지의 원칙에 따라 토지와 건물이 각각 별도의 등기사항전부증명서로 관리됩니다. 토지와 건물의 소유자가 다를 수도 있고 건물에 없는 대출이 토지에만 설정되어 있을 수도 있습니다. 하지만 아파트와 같은 집합건물은 토지와 건물을 분리해서 팔 수 없기 때문에 등기사항증명서도 토지와 건물을 1개의 등기부로 관리합니다. 그래서 아파트와 같은 집합건물 등기사항전부증명서 표제부에는 건물 정보뿐만 아니라 토지 정보가 있는 것입니다. 토지를 모든 세대가 공동소유하고 있기 때문에, 토지도 지분으로 표시되어 있습니다. 전체 토지가 10,000m²이고, 대지권 비율이 10,000분의 33으로 표시되어 있다면 해당 호수의 토지 지분은 33m²라는 뜻입니다.

표제부는 건축물대장에서 정보를 가져오는데, 잘못 표기되는 경우는 거의 없기 때문에 참고로 봐두시면 충분합니다. 다만, 대지권에 별도등기가 있다면 이는 건물에 없는 제한사항이 토지에만 설정되어 있다는 의미이므로 반드시 '토지 등기부등본'까지 확인해봐야 합니다.

(표제부 예시_ 집합건물)

【 표 제 부 】 (1동의 건물의 표시)				
표시번호	접 수	소재지번,건물명칭 및 번호	건 물 내 역	등기원인 및 기타사항
1	1994년10월17일	경기도 수원시 권선구 경수대로302번길 22	철근콘크리트 피.씨조 슬래브지붕 13층 아파트 1층 803.76㎡ 2층 767.04㎡ 3층 767.04㎡ 4층 767.04㎡ 5층 767.04㎡	도로명주소 2012년10월5일 등기

(대지권의 목적인 토지의 표시)				
표시번호	소 재 지 번	지 목	면 적	등기원인 및 기타사항
1	1. 경기도 수원시 권선구 권선동 1188	대	25850.9㎡	1994년10월17일

【 표 제 부 】 (전유부분의 건물의 표시)				
표시번호	접 수	건 물 번 호	건 물 내 역	등기원인 및 기타사항
1	1994년10월17일	제6층 제609호	철근콘크리트 피.씨조 84.9450㎡	도면편철장 3책512장

(대지권의 표시)			
표시번호	대지권종류	대지권비율	등기원인 및 기타사항
1	1 소유권대지권	25850.9분의 46.3047 1/4	1994년8월26일 대지권 1994년10월17일

등기부등본 갑구 (소유권에 관한 정보 표시)

갑구에서는 소유권을 확인할 수 있습니다. 현재 소유자의 이름, 생년월일, 주소를 확인할 수 있으며 과거 소유자의 이력까지 모두 확인할 수 있습니다. 부동산을 매매로 취득했다면 얼마에 샀는지까지 확인할 수 있지만, 2006년 이전에 취득했거나 매매가 아닌 증여, 상속 등으로 취득한 경우라면 금액은 표시되지 않습니다. 2006년 이후의 취득인데, 취득금액 표시 없이 '매매목록'이라고 나온다면 등기사항전부증명서 발급 시 매매목록을 포함하여 발급하면 별지로 금액과 매매목록을 함께 확인할 수 있습니다.

갑구의 등기목적에는 소유권보존등기, 소유권이전등기, 압류, 가압류, 가처분, 가등기, 경매신청 등이 기재되며, 이들 등기의 변경, 말소, 회복 등에 관한 내용이 표시됩니다. 각각의 의미는 다음과 같습니다.

 갑구 각각의 의미

- **소유권보존등기** : 건물이 처음 지어질 때 소유자가 부동산에 대한 소유권을 보존하기 위해 최초로 설정하는 등기
- **소유권이전등기** : 부동산 소유권이 매매, 증여, 상속 등으로 변경될 때 이뤄지는 등기
- **압류** : 국가기관이 세금을 체납한 부동산 소유자가 임의로 부동산을 처분하는 것을 막기 위해 설정하는 등기. 주로 부가가치세, 재산세 등 세금 체납 시 발생함.
- **가압류** : 금전채권(돈을 받을 수 있는 권리)에 관하여 소송 결과가 나오기 전까지 채무자가 임의로 처분하지 못하도록 설정하는 등기
- **가처분** : 금전채권이 아닌 청구권을 가지고 있을 때 본안판결이 확정되기 전까지 처분되거나 멸실 등을 금지시키는 등기
- **가등기** : 본등기 전에 본등기의 우선순위를 확보하기 위해 미리 해두는 예비등기
- **경매신청** : 경매에는 임의경매, 강제경매 2가지 형태가 있는데 임의경매는 근저당권, 전세권 등을 설정한 담보권자의 신청으로 진행되고, 강제경매는 판결을 받아 진행하는 경매로 채권자가 받지 못한 돈이 있다는 집행권원을 법원으로부터 확보하여 진행함.

부동산 거래 시 갑구에서 제일 중요한 사항은 매매계약서상 매도인=등기부등본상 갑구 소유자=매도인 신분증 3개가 반드시 일치해야 한다는 것입니다. 입금 또한 매도인 본인 계좌로 이체해야 합니다. 매매계약서의 주소와 등기사항증명서상 주소는 달라도 무방합니다. 등기사항증명서의 소유자 주소는 등기할 때마다 업데이트하는 개념이라 최근에 등기할 일이 없었다면 구주소로 표시가 됩니다.

(갑구 예시_ 집합건물)

【 갑 구 】 (소유권에 관한 사항)				
순위번호	등 기 목 적	접 수	등 기 원 인	권리자 및 기타사항
1	소유권이전	1994년12월6일 제92418호	1994년10월31일 매매	소유자 김갑동 ******-******* 수원시 권선구 권선동 1188 한양아파트 003동 009호
2	소유권이전	2009년12월9일 제119047호	2009년10월20일 매매	소유자 홍길동 ******-******* 경기도 수원시 권선구 권선동 1188 한양아파트 003동 009호 거래가액 금555,000,000원

을구 (소유권 이외의 권리에 관한 사항)

을구는 소유권 이외의 각종 권리사항이 표시됩니다. 근저당권, 전세권, 임차권 등이 대표적입니다. 가장 쉽게 볼 수 있는 것이 근저당권입니다. 주택담보대출을 받을 때 은행에서는 담보로 주택을 잡게 되는데 이때 설정하는 것이 근저당권입니다. 빌린 사람이 채무자이고, 근저당권자는 은행입니다. 등기부에는 채권최고액이 표시되는데, 채권최고액은 실제 빌린 돈이 아니라 빌려준 돈(채권)으로 받을 수 있는 최고금액, 한도액을 의미합니다.

대출 이자를 내지 못하여 경매로 넘어가면 은행은 그동안 못 받은 이자와 경매 기간 동안의 이자까지 모두 받아야 손해가 없기 때문에 빌려준 돈보다 큰 한도액을 설정합니다. 통상 1금융권에서는 대출금의 110%, 2금융권에서는 120%, 대부업체 등 3금융권에서는 130~150%로 설정하고 있습니다.

근저당권은 소유자의 채무이기 때문에 매매계약을 체결할 때는 반드시 잔금 이전이나 잔금 수령과 동시에 말소하는 조건으로 계약합니다. 임대차계약도 마찬가지로 잔금 지급 시 근저당권을 말소하는 것이 제일 좋습니다. 하지만 임대인의 사정으로 근저당권을 전액 말소하지 못한다고 하더라도 채권최고액과 보증금의 합계가 주택 매매가격의 60% 이하라면 통상 경매로 넘어간다고 하더라도 보증금을 전액 회수할 수 있는 안전한 물건으로 보고 있습니다.

(을구 예시_ 집합건물)

【 을 　 구 】 （ 소유권 이외의 권리에 관한 사항 ）				
순위번호	등 기 목 적	접 　 수	등 기 원 인	권리자 및 기타사항
1	근저당권설정	1998년5월14일 제75859호	1998년5월14일 설정계약	채권최고액 금33,000,000원정 채무자 김갑동 　　수원시 권선구 권선동 1188 한양아파트 　　003동 009호 근저당권자 농업협동조합중앙회 　　　110136-0000018 　　서울 중구 충정로 1가 75

인포케어 옥션 전국 평균 낙찰가율 정보 (주택/ 아파트/ 오피스텔)

INFOCARE 법원경매전문 인포케어　　　　통계 • 실시간결과　　　법원경매　　　테마경매　　　부동산 공매　　　부가서비스　　　☰

용도별 통계

전국 ▾ | 시군구전체 ▾ | 2024년 ▾ | 1월 ▾ | ～ | 2024년 ▾ | 11월 ▾ | 검색

🏠 › 통계·실시간결과 › 낙찰통계 › 용도별

구분		낙찰율(기준:낙찰가)			낙찰율(기준:낙찰건)			미진행건
		총감정가	총낙찰가	낙찰율(%)	총건수	유찰건수	낙찰건수(율)	
□ 주택		2,065,551,193,694원	1,375,740,235,812원	66.6%	11,662건	8,492건	3,170건(27.2%)	2,165건
- 근린주택		548,638,573,534원	403,658,612,825원	73.6%	1,354건	942건	412건(30.4%)	295건
- 다가구		310,343,595,560원	201,552,290,872원	64.9%	1,174건	875건	299건(25.5%)	230건
- 단독주택		1,206,569,024,600원	770,529,332,115원	63.9%	9,134건	6,675건	2,459건(26.9%)	1,640건
□ 집합건물		7,430,918,964,210원	5,974,139,797,748원	80.4%	79,031건	55,749건	23,282건(29.5%)	10,104건
- 다세대		1,617,122,463,190원	1,188,376,421,382원	73.5%	29,762건	22,686건	7,076건(23.8%)	3,224건
- 아파트		4,523,114,050,270원	3,873,931,285,377원	85.6%	28,330건	17,151건	11,179건(39.5%)	3,965건
- 연립		272,667,022,530원	186,606,424,159원	68.4%	3,734건	2,688건	1,046건(28.0%)	465건
- 오피스텔		203,022,154,700원	132,328,053,177원	65.2%	3,020건	2,208건	812건(26.9%)	280건
- 오피스텔(주거)		508,616,523,520원	367,975,196,624원	72.3%	10,638건	8,427건	2,211건(20.8%)	1,486건
- 주상복합(주거)		306,376,750,000원	224,922,417,029원	73.4%	3,547건	2,589건	958건(27.0%)	684건

Chapter

03

집 살 때

01 집 살 때도 세금을 내야 한다고요?

"집값이 5억이고, 임차인이 전세 3억에 살고 있으면 2억만 있으면 집 살 수 있어요?"

취득세는 집값과 별도로 주택을 취득할 때 반드시 내야 하는 세금입니다. 취득세는 매매금액, 주택 수, 부동산 소재 지역, 주택 면적에 따라서 수백만 원에서 많게는 수억 원까지 부과될 수 있습니다. 또한 국민주택채권 매입, 인지세, 법무사 수수료 등도 수백만 원 이상 나올 수 있으므로 이 부분 또한 반드시 예산에 포함해야 합니다. 먼저 취득세에 대해 알아보겠습니다.

해설

취득세 – 일반세율

취득세는 과세표준×세율로 계산됩니다. 매매거래 시 과세표준은 매매금액이고, 세율은 주택 수, 지역, 면적에 따라서 1~3%로 적용됩니다. 먼저 일반세율은 무주택자가 집을 사거나 1주택자가 비조정대상지역의 1주택을 구입할 때 적용되는 취득세율입니다.

※주택 취득세율

금액	면적	취득세	농어촌특별세	지방교육세	부담세율
6억 이하	85m² 이하	1.0%	–	0.1%	1.1%
	85m² 초과	1.0%	0.2%	0.1%	1.3%
6억 이하~ 9억 이하	85m² 이하	매매가×2/3-3	–	취득세×10%	1.1~3.3%
	85m² 초과	매매가×2/3-3	0.2%	취득세×10%	1.1~3.5%
9억 초과	85m² 이하	3.0%	–	0.3%	3.3%
	85m² 초과	3.0%	0.2%	0.3%	3.5%

매매금액이 6억 원인 아파트 34평(전용면적 85m² 이하)을 산다면 취득세율은 취득세 1%와 지방교육세 0.1%를 합한 1.1%입니다. 취득세는 6억×1.1%＝660만 원입니다. 매매금액이 10억 원인 50평대 아파트를 산다면 취득세는 10억×3.5%＝3,500만

원입니다. 주택 전용면적 85m² 이하는 농어촌특별세가 비과세지만, 30평대라도 전용면적이 85m²가 넘는 경우도 있는데 이때는 농어촌특별세 0.2%를 추가로 납부해야 합니다.

계산이 다소 복잡한 것은 6~9억 원의 주택을 살 때입니다. 지방세법을 개정하기 전에는 이 구간의 취득세가 일률적으로 2%였습니다. 6억 원에 집을 사면 취득세가 1.1%가 적용되어 660만 원을 내지만, 6억 100만 원이라면 2.2%가 적용되어 1,322만 원을 납부해야 했습니다. 매매가 100만 원 차이로 인해 700만 원의 세금을 더 내는 셈입니다. 매매금액이 9억 원일 때도 마찬가지입니다. 9억 원은 2.2%지만, 9억 100만 원에는 3.3%가 적용되었습니다. 상황이 이렇다 보니 파는 사람, 사는 사람 모두 매매가격을 낮춰 계약하려는 요인이 발생했고, 실제 **6억 원과 9억 원에 주택 거래가 몰리는** 이른바 **'문턱효과'**가 발생하였습니다. 이에 따라 지방세법이 개정되어 2020년 1월부터는 해당 구간은 비례율로 세율을 계산하고 있습니다.

매매금액이 8억 원인 43평 아파트를 매수한다고 합시다. 취득세는 [8(억)×2/3-3]×1/100=0.02333입니다. 소수점 이하 5자리에서 반올림하므로 0.0233, 즉 2.33%가 됩니다. 전용면적 85m² 초과이므로 농어촌특별세 0.2%가 더해지고, 지방교육세는 취득세의 10%인 0.233%이므로 총 부담세율은 2.763%, 취득세로 22,104,000원을 내야 합니다. **부부 공동명의로 취득**한다면 취득세 계산은 동일하고 **각각 지분에 해당**하는 만큼 22,104,000원×50%로 신고 및 납부합니다.

취득세 - 중과세율

정부는 2020년 8월 주택 투기 수요를 막기 위해 취득세 중과세율을 도입하였습니다. 주택 수요가 몰리는 곳을 조정대상지역으로 지정하여 조정대상지역 내에서 2번째 주택을 취득하거나, 비조정대상지역 내에서 3번째 이상 주택을 취득할 때는 중과세율을 적용하고 있습니다. 2022년 12월 정부에서 취득세율 완화안을 발표하였지만 야당의 반대로 2024년 말까지 시행하지 못하고 있습니다.

※주택 중과세율

금액	면적	취득세	농어촌특별세	지방교육세	부담세율
1세대 2주택(조정) 1세대 3주택(비조정)	85m² 이하	8.0%	–	0.4%	8.4%
	85m² 초과	8.0%	0.6%	0.4%	9.0%
1세대 3주택(조정) 1세대 4주택(비조정)	85m² 이하	12.0%	–	0.4%	12.4%
	85m² 초과	12.0%	1.0%	0.4%	13.4%
무상 취득(주택 & 조정 & 공시가 3억 이상)	85m² 이하	12.0%	–	0.4%	12.4%
	85m² 초과	12.0%	1.0%	0.4%	13.4%
법인	85m² 이하	12.0%	–	0.4%	12.4%
	85m² 초과	12.0%	1.0%	0.4%	13.4%

취득세 신고 시 주택 수 계산하기

주택 수는 세대 전체 합산입니다. 세대인지 아닌지는 실제 거주와 상관없이 주민등록표를 기준으로 합니다. 주의하실 부분은 자녀입니다. 혼인한 자녀, **만 30세 이상 자녀**는 **주소가 달리 되어 있으면 별도 세대**로 봅니다. 하지만 자녀가 미혼이고 만 30세 미만이라면 다른 곳에 살아도 같은 세대로 봅니다. 단, 취직을 하여 **경제력을 갖춘 경우**에는 **별도 세대로 간주**하는데 이때 경제력 판단의 기준은 '중위소득*의 40% 이상'입니다.

주택 수에 포함되는 것은

주택은 취득 예정 주택까지 포함하여 계산합니다. 이외에도 주택에 포함되는 것은 다음과 같습니다.

- 주택 분양권 (2020년 8월 12일 이후 취득분)
- 상속받은 주택 (5년간 주택 수 제외, 5년 후부터 포함)
- 주거용 오피스텔 (재산세 납부 기준)
- 임대주택 (임대사업자 등록과 무관하게 포함됨)
- 주택 공유 지분
- 주택 부수 토지 　　• 조합원입주권 　　　　　• 신탁주택

---

*2023년 1인 가구의 중위소득은 약 207.8만 원이며, 40%는 약 83만 원입니다.

1. 주택 분양권

청약에 당첨되었거나 분양권을 매수한 경우에는 2020년 8월 12일 이후의 취득분부터 주택 수에 포함이 됩니다. 주택 분양권은 계약이 아니라 잔금 시점에 취득세를 납부하게 됩니다. 그런데 취득세를 계산할 때는 잔금 시점이 아니라 분양권 계약 체결 시점의 주택 수로 계산합니다. 만약 **2주택인 상태에서 분양권을 계약**했다면, 이후 2주택을 처분하고 잔금 시점에 다른 주택의 분양권이 없다 하더라도 **3주택의 취득세율로 계산**이 되니 유의하도록 합시다.

2. 상속받은 주택 등

상속받은 주택이나 조합원입주권 등은 본인의 의사와 무관하게 받은 주택이기 때문에 피상속인이 돌아가신 날로부터 **5년 동안 주택 수에서 제외**합니다. 지방세법 개정 전에 상속받은 주택은 시행일인 2020년 8월 12일부터 5년 뒤인 2025년 8월 12일까지 주택 수에서 제외합니다.

단독상속이 아닌 공동상속으로 주택을 취득했다면 해당 주택은 주된 상속인의 주택으로 봅니다. 주된 상속인은 '상속 지분이 가장 큰 자 → 당해 주택에 거주한 자 → 최연장자' 순으로 판정합니다. 주된 상속인이 아닌 나머지 공동상속인에게는 상속주택이 주택 수에 포함되지 않습니다.

3. 주거용 오피스텔

업무용으로 사용되는 오피스텔은 주택 수에서 제외합니다. 주거용 오피스텔만 주택 수에 포함합니다. 정확하게는 오피스텔의 재산세가 주택 기준으로 부과되는 경우에만 주택 수에 포함합니다. 일반적으로 재산세 감면을 위해 본인이 오피스텔을 주택으로 자진신고했거나 주택임대사업자로 등록한 경우가 이에 해당됩니다.

재산세를 주택 기준으로 납부하는 오피스텔도 지방세법 개정 전인 2020년 8월 11일 이전에 취득했거나 2020년 8월 11일 이전에 매매계약을 체결 했다면 주택 수에서 제외합니다. 주택 분양권과 달리 오피스텔 분양권은 주거 목적과 관계없이 무조건 주택 수에서 제외합니다.

4. 임대주택

지방자치단체 또는 세무서에 등록한 **임대주택**은 종합부동산세 또는 양도소득세 거주 주택 비과세 판단 시 **주택 수에서 제외**하고 있습니다. 하지만 취득세에서 주택 수를 판정할 때는 포함합니다. 임대주택으로 등록했다고 모든 법의 주택 수에서 제외되는 것은 아니라는 점을 유의해야 합니다.

5. 주택 공유 지분, 주택 부수 토지

주택을 지분으로 소유하고 있거나 주택으로 사용 중인 **토지만 소유하고 있는 경우**에도 **취득세 계산 시 주택 수에 포함**합니다. 이는 건물을 기준으로 주택 수를 판단하는 양도소득세와 다른 부분입니다.

기타. 중과세 예외 주택

다음에 해당하는 주택은 투기대상으로 볼 수 없거나 공공성이 인정되어 주택 수 판정 시 제외하고 있습니다.

※취득세 주택수 산정시 제외되는 주택

구 분	내 용
주택공시가격 1억원 이하인 주택	• 정비구역으로 지정 고시된 지역, 사업시행 구역에 소재하는 주택 제외 • 지분이나 부속토지만을 취득한 경우에는 전체 주택공시가격으로 판단
노인복지주택	• 노인복지주택으로 운영하기 위하여 취득하는 주택 • 취득일로부터 1년 이내 직접 사용하지 않거나 3년 이내 처분시 추징
등록문화재주택	• 국가등록문화재에 해당하는 주택
가정어린이집	• 가정어린이집으로 운영하기 위하여 취득하는 주택 • 취득일로부터 1년 이내 직접 사용하지 않거나 3년 이내 처분시 추징
농어촌주택	• 대지면적이 660m² 이내 & 건축물의 면적이 150m² 이내 & 건축물의 시가표준액이 6,500만원 이내 & 법 소정 지역에 소재하고 있지 않을 것
사원용주택	• 사월 임대목적으로 취득하는 전용면적 60m² 이하인 공동주택 • 취득일로부터 1년 이내 직접 사용하지 않거나 3년 이내 처분시 추징
주택건설업자의 미분양주택	• 주거용 건물 건설업을 영위하는 자가 신축하여 보유하는 주택 • 타인이 거주한 기간이 1년 이상인 경우는 제외
저가 오피스텔	• 시가표준액 1억원 이하인 재산세가 주택분으로 과세되는 오피스텔

02 취득세도 감면받을 수 있을까?

 주택 취득세는 **생애최초, 출산양육, 전세사기 피해자**에 한하여 **감면**을 해주고 있습니다.

03

해설

생애최초 취득세 감면

본인과 배우자가 생애 최초로 주택을 취득하는 경우로써 아래 요건을 충족할 시 취득세를 200만 원까지 감면받을 수 있습니다.

① 본인과 배우자가 주택을 소유한 사실이 없어야 함

② 주택가격 12억 원 이하

종전의 부부합산소득 조건은 삭제되었으며, 주택 취득가격 또한 수도권 4억 원, 기타지역 3억 원에서 12억 원으로 확대되었습니다. 주택을 매수할 때만 적용되므로 부담부증여는 해당되지 않습니다. 취득세가 200만 원 이하일 때는 취득세를 면제하며, 200만 원이 넘을 때는 200만 원을 감면해줍니다. 공동명의로 취득하는 경우에는 각각 200만 원 감면이 아닌 총 감면액 200만 원이 적용됩니다.

본인과 배우자 모두 주택을 보유한 적이 없어야 하지만 다음 사유로 주택을 취득한 경우에는 '주택을 보유하지 않은 것'으로 인정합니다.

• 주택을 공동상속 받은 후 처분한 경우
• 비도시지역, 면 소재지역에 위치한 20년 이상 단독주택, 85제곱미터 이하 단독주택, 상속주택을 처분했거나 3개월 이내 처분 예정인 경우
• 소형주택(전용면적 20제곱미터 이하) 1채를 소유하고 있거나 처분한 경우
• 시가표준액 100만 원 이하 주택을 소유하고 있거나 처분한 경우
• 전세사기피해주택을 소유하고 있거나 처분한 경우

한편, **생애최초 취득세 감면**은 매수자의 '**1주택 실거주**'를 **조건**으로 합니다. 취득세를 감면받고 3개월 이내에 해당 주택으로 전입하지 않거나, 주택을 취득한 날로부터 3개월 이내에 다른 주택을 추가로 취득하거나, 취득일로부터 3년 이내에 매각, 증여, 임대하는 경우에는 감면된 취득세와 가산세가 추징됩니다.

출산양육 취득세 감면

자녀를 출산하고, 출산일로부터 5년 내에 1주택을 취득한다면 아래 요건을 충족할 시 취득세를 500만 원까지 감면받을 수 있습니다.

① 2025년까지 자녀를 출산한 부모(미혼모, 미혼부 포함)
② 출산 전 1년 이내 ~ 출산 후 5년 이내 1주택을 취득할 것
③ 주택가격 12억 원 이하

자녀출산과 주택취득은 모두 법 개정 후인 2024년 1월 1일 이후인 경우에만 감면이 적용됩니다. 취득세가 500만 원 이하일 때는 취득세를 면제하며, 500만 원이 넘을 때는 500만 원을 감면해줍니다.

출산양육 취득세 감면은 다주택자에겐 적용되지 않습니다. 1주택이거나 주택을 취득하고 3개월 내 1주택이 될 때만 적용됩니다. 1주택이란 같은 주민등록표에 기재된 가족(배우자, 미혼 30세 미만의 자녀는 동일 세대로 봄)을 합쳐 국내에 1개의 주택을 소유하는 것을 말합니다. 주택 부속토지만 소유한 경우에도 주택을 소유한 것으로 보고 있으니 유의하여야 합니다. 출산양육 취득세 감면 또한 매수자의 '1주택 실거주'를 조건으로 합니다. 정당한 사유 없이 주택 취득일(출산일 전에 취득한 경우에는 출산일)부터 3개월 이내에 전입하지 않거나, 취득일로부터 3년 이내에 매각, 증여, 임대하는 경우에는 감면된 취득세와 가산세가 추징됩니다.

정당한 사유에는 기존주택의 임대차 기간이 만료되었으나 보증금 반환을 받지 못하여 취득주택으로 주소를 이전할 수 없는 경우, 취득주택에 임차인이 살고 있어서 전입할 수 없는 경우 (잔여 임대차기간 1년 이내 한정) 등이 해당됩니다.

전세사기피해자 취득세 감면

[전세사기피해자 지원 및 주거안정에 관한 특별법]에 따라 전세사기 피해자가 전세사기 피해주택을 취득하는 경우에 2026년 12월 31일까지 200만 원 한도로 취득세를 감면받을 수 있습니다.

> ▶ **전세사기 피해자란?**
>
> 1. 주택의 인도, 전입신고, 확정일자를 갖춘 사람
> 2. 임차보증금이 3억 원 이하
> 3. 임대인의 파산, 임차주택 경매 등으로 임차보증금을 모두 변제받지 못하는 경우
> 4. 임대인이 임차보증금을 반환하지 않을 의도가 있었다고 의심할 상당한 이유가 있는 경우

03 집 살 때 추가되는 비용은 무엇이 있는지요?

(인지세, 국민채권 매입, 법무사 수수료)

 집을 살 때 취득세와 함께 준비해야 하는 3가지 비용이 있습니다. 바로 인지세, 국민주택채권 매입, 법무사 수수료 입니다. 이 또한 합하면 수백만 원이 될 수도 있기 때문에 반드시 염두에 두고 미리 준비해야 합니다. 항목별로 자세히 알아보겠습니다.

해설

인지세

인지세법 제1조(납세의무)

① 국내에서 재산에 관한 권리 등의 창설·이전 또는 변경에 관한 계약서나 이를 증명하는 그 밖의 문서를 작성하는 자는 이 법에 따라 그 문서에 대한 인지세를 납부할 의무가 있다.

인지세는 국가가 받는 문서 수수료로써, 국내에서 **재산과 관련된 문서를 처리할 때** 내야 하는 비용입니다. 부동산에서는 매매계약서, 분양계약서 등이 대상이며, 이외에도 은행에서 대출을 받을 때, 골프장이나 콘도 회원권 등을 살 때 인지세를 내야 합니다.

※매매 금액별 인지세 납부액

계약금액	인지세액
1천만 원 초과 ~ 3천만 원 이하	2만 원
3천만 원 초과 ~ 5천만 원 이하	4만 원
5천만 원 초과 ~ 1억 원 이하	7만 원
1억 원 초과 ~ 10억 원 이하	15만 원
10억 원 초과	35만 원

부동산 매매 잔금을 지급하고 소유권이전등기를 위해 등기소에 서류를 제출할 때 인지세를 납부하고 전자수입인지를 첨부합니다. 인지세는 매매금액에 따라 다음과 같이 금액이 정해지며, **증여나 상속**은 소유권 이전 시 부동산 금액이 확인되지 않기 때문에 **인지세도 납부하지 않습니다.**

국민주택채권 매입

> **주택도시기금법 제7조(국민주택채권의 발행 등)**
> ① 정부는 국민주택사업에 필요한 자금을 조달하기 위하여 기금의 부담으로 국민주택채권을 발행할 수 있다.
>
> **제8조(국민주택채권의 매입)**
> ① 다음 각 호의 어느 하나에 해당하는 자 중 대통령령으로 정하는 자는 국민주택채권을 매입하여야 한다.
> 2. 국가 또는 지방자치단체에 등기 · 등록을 신청하는 자

주택도시기금법, 국채법에 따라 부동산 등기 시 국민주택채권을 의무적으로 매입하여야 합니다. 해당 부동산의 종류, 매매가격이 아닌 시가표준액(공시가격), 지역에 따라 채권매입 규모가 정해집니다.

국민주택채권은 매입해서 보유해도 무방하지만 대부분은 **매입 후 즉시 매도**합니다. 5년 만기 채권을 즉시 팔기 위해선 기간이자만큼 싸게 팔아야 하는데 이를 할인율이라 합니다.

예를 들어 보겠습니다. 서울 소재 아파트 매매가격이 10억 원, 시가표준액은 6억 원입니다. 해당 아파트의 국민주택채권 매입율은 31/1000, 즉 3.1%이므로 6억×3.1%＝1,860만 원의 국민주택채권을 매입해야 합니다. 국민주택채권도 채권의 일종이니 이자가 있습니다.

다만, 현재 채권 이자율은 1.3%로 시중금리 대비 매우 낮습니다. 큰 돈을 채권에 묶어두고 싶지 않으니 바로 채권을 팝니다. 5년 뒤 1,860만 원을 받을 수 있는 채권을 지

금 1,860만 원에 살 사람은 없으니 금액을 낮춰서 팔게 되고, 낮추는 금액은 현재의 이자율 등을 고려한 할인율로 결정됩니다. 실무에서도 대부분의 사람이 국민주택채권 매입금액과 할인율을 적용한 처분금액과의 차액만큼만 납부하는 것으로 처리하고 있습니다.

※국민주택채권 매입률 표

부동산 구분	시가표준액	지역	매입률
주택	2천만 원 이상 5천만 원 미만	서울특별시, 광역시	시가표준액의 13/1,000
		기타 지역	시가표준액의 13/1,000
	5천만 원 이상 1억 원 미만	서울특별시, 광역시	시가표준액의 19/1,000
		기타 지역	시가표준액의 14/1,000
	1억 원 이상 1억 6천만 원 미만	서울특별시, 광역시	시가표준액의 21/1,000
		기타 지역	시가표준액의 16/1,000
	1억 6천만 원 이상 2억 6천만 원 미만	서울특별시, 광역시	시가표준액의 23/1,000
		기타 지역	시가표준액의 18/1,000
	2억 6천만 원 이상 6억 원 미만	서울특별시, 광역시	시가표준액의 26/1,000
		기타 지역	시가표준액의 21/1,000
	6억 원 이상	서울특별시, 광역시	시가표준액의 31/1,000
		기타 지역	시가표준액의 26/1,000
토지	5백만 원 이상 5천만 원 미만	서울특별시, 광역시	시가표준액의 25/1,000
		기타 지역	시가표준액의 20/1,000
	5천만 원 이상 1억 원 미만	서울특별시, 광역시	시가표준액의 40/1,000
		기타 지역	시가표준액의 35/1,000
	시가표준액 1억 원 이상	서울특별시, 광역시	시가표준액의 50/1,000
		기타 지역	시가표준액의 45/1,000
주택 및 토지 외의 부동산	1천만 원 이상 1억 3천만 원 미만	서울특별시, 광역시	시가표준액의 10/1,000
		기타 지역	시가표준액의 8/1,000
	1억 3천만 원 이상 2억 5천만 원 미만	서울특별시, 광역시	시가표준액의 16/1,000
		기타 지역	시가표준액의 14/1,000
	시가표준액 2억 5천만 원 이상	서울특별시, 광역시	시가표준액의 20/1,000
		기타 지역	시가표준액의 18/1,000

※채권할인 예시(부동산계산기.com)

#	적요	값	비고
1	시가표준액	600,000,000	입력값
2	채권매입금액	18,600,000	(서울광역시) 시가표준액*0.031
3	**채권할인료**	**2,084,625**	**매입금액×11.20766**

부동산계산기.com

법무사 수수료

부동산 매매 경험이 여러 번 있거나 두뇌 회전이 빠른 MZ세대들은 셀프등기를 하기도 합니다. 하지만 부동산에 은행 대출이 있거나 거래 금액이 크다면 위험방지를 위해 법무사를 통해 등기업무를 처리하는 경우가 많습니다.

법무사는 매수자가 소유권이전등기 업무를 의뢰하는 것이므로 **매도자와는 무관**합니다. 법무사는 매수자가 직접 알아보기도 하고, 부동산 중개사무소와 연계된 법무사를 통하기도 합니다. 선임된 법무사는 잔금일에 부동산 중개사무소로 방문하여 잔금 입금을 확인하고 등기신청에 필요한 매도인, 매수인 서류를 확인합니다. 이후 지자체 세무과에 방문하여 취득세 및 인지세를 대납하고, 등기소에 소유권이전등기를 접수합니다.

사실 등기업무 자체는 어렵지 않습니다. 본인 소유 등기업무를 잘 처리한 경험으로 지인의 등기업무를 도와주는 경우도 있는데 법무사법상 등기업무는 법무사나 변호사만 대행을 할 수 있습니다. 따라서 **당사자가 아닌 사람이 등기업무를 반복적으로 처리**하면 등기관이 **고발 조치할 수 있으니** 유의하시기 바랍니다.

법무사 수수료는 통상 대한법무사협회에서 정한 법무사 기본보수를 따르고 있으나 이는 상한 개념이며, 범위 안에서 법무사와 협의하여 합리적인 수준으로 결정할 수 있습니다. '법무통' 같은 비교견적 사이트를 통해 미리 견적을 요청할 수도 있으니 여러 곳을 비교해서 믿을만한 곳으로 결

대한법무사협회

정하시기 바랍니다. 원활한 업무 진행을 위해서라면 부동산 중개업소와 오랫동안 합을 맞춰온 법무사 사무실 측과 수수료를 협상해서 진행하는 것도 좋은 방법입니다.

법무통

※법무사 소유권 이전 기본보수표

과세표준액		산정방법			
	1천만 원까지	100,000원			
1천만 원 초과	5천만 원까지	100,000원	+	1천만 원 초과액의	11/10,000
5천만 원 초과	1억 원까지	144,000원	+	5천만 원 초과액의	10/10,000
1억 원 초과	3억 원까지	194,000원	+	1억 원 초과액의	9/10,000
3억 원 초과	5억 원까지	374,000원	+	3억 원 초과액의	8/10,000
5억 원 초과	10억 원까지	534,000원	+	5억 원 초과액의	7/10,000
10억 원 초과	20억 원까지	884,000원	+	10억 원 초과액의	5/10,000
20억 원 초과	200억 원까지	1,384,000원	+	20억 원 초과액의	4/10,000
200억 원 초과		8,584,000원	+	200억 원 초과액의	1/10,000

※주택금액별 법무사 보수표

주택 매매금액	법무사 기본보수	주택 매매금액	법무사 기본보수
100,000,000	194,000	1,100,000,000	934,000
200,000,000	284,000	1,200,000,000	984,000
300,000,000	374,000	1,300,000,000	1,034,000
400,000,000	454,000	1,400,000,000	1,084,000
500,000,000	534,000	1,500,000,000	1,134,000
600,000,000	604,000	1,600,000,000	1,184,000
700,000,000	674,000	1,700,000,000	1,234,000
800,000,000	744,000	1,800,000,000	1,284,000
900,000,000	814,000	1,900,000,000	1,334,000
1,000,000,000	884,000	2,000,000,000	1,384,000

04 집 살 때 자금조달계획서도 작성해야 한다?

 자금조달계획서는 말 그대로 주택 취득자금을 어디서 조달할 건지에 대한 서류입니다. 비규제지역에서는 **6억 원 이상 주택**을 취득할 때 제출하며, 조정대상지역의 주택은 금액을 불문하고 제출합니다. **투기과열지구 내 주택**이라면 자금조달계획서외에 증빙서류까지 제출해야 합니다.

해설

자금조달계획서 제출대상

① 비규제지역 : 주택(6억 원 이상인 경우)

② 조정대상지역 : 주택(금액 불문)

③ 투기과열지구 : 주택(금액 불문)+증빙서류 함께 제출

자금조달계획서를 제출하지 않거나 거짓으로 작성할 경우 최대 3,000만원의 과태료가 부과될 수 있습니다. 공인중개사를 통해 부동산을 취득할 시 계약일로부터 30일 이내에 부동산거래관리시스템에서 실거래가 신고를 해야 합니다. 실무적으로는 자금조달계획서를 제출하지 않으면 실거래 신고 접수 자체가 되지 않습니다.

자금조달계획서는 어떻게 생겼는가?

■ 부동산 거래신고 등에 관한 법률 시행규칙 [별지 제1호의3서식] <개정 2022. 2. 28.>   부동산거래관리시스템(rtms.molit.go.kr)에서도 신청할 수 있습니다.

주택취득자금 조달 및 입주계획서

※ 색상이 어두운 난은 신청인이 적지 않으며, [ ]에는 해당되는 곳에 √표시를 합니다.   (앞쪽)

접수번호		접수일시		처리기간	
제출인 **(매수인)**	성명(법인명)			주민등록번호(법인 · 외국인등록번호)	
	주소(법인소재지)			(휴대)전화번호	

① 자금 조달계획	자기 자금	② 금융기관 예금액 원		③ 주식 · 채권 매각대금 원	
		④ 증여 · 상속 원		⑤ 현금 등 그 밖의 자금 원	
		[ ] 부부 [ ] 직계존비속(관계:) [ ] 그 밖의 관계( )		[ ] 보유 현금 [ ] 그 밖의 자산(종류:)	
		⑥ 부동산 처분대금 등		⑦ 소계 원	
	차입금 등	⑧ 금융기관 대출액 합계	주택담보대출		원
			신용대출		원
		원	그 밖의 대출 (대출 종류:)		원
		기존 주택 보유 여부 (주택담보대출이 있는 경우 기재) [ ] 미보유 [ ] 보유 (건)			
		⑨ 임대보증금 원		⑩ 회사지원금 · 사채 원	
		⑪ 그 밖의 차입금 원		⑫ 소계	
		[ ] 부부 [ ] 직계존비속(관계:) [ ] 그 밖의 관계( )			원
⑬ 합계					원
⑭ 조달자금 지급방식	총 거래금액				원
	⑮ 계좌이체 금액				원
	⑯ 보증금 · 대출 승계 금액				원
	⑰ 현금 및 그 밖의 지급방식 금액				원
	지급 사유 ( )				
⑱ 입주 계획	[ ] 본인입주 [ ] 본인 외 가족입주 (입주 예정 시기: 년 월)		[ ] 임대 (전 · 월세)	[ ] 그 밖의 경우 (재건축 등)	

「부동산 거래신고 등에 관한 법률 시행령」 별표 1 제2호나목, 같은 표 제3호가목 전단, 같은 호 나목 및 같은 법 시행규칙 제2조제6항 · 제7항 · 제9항 · 제10항에 따라 위와 같이 주택취득자금 조달 및 입주계획서를 제출합니다.

년   월   일

제출인   (서명 또는 인)

시장 · 군수 · 구청장 귀하

유의사항

1. 제출하신 주택취득자금 조달 및 입주계획서는 국세청 등 관계기관에 통보되어, 신고내역 조사 및 관련 세법에 따른 조사 시 참고자료로 활용됩니다.
2. 주택취득자금 조달 및 입주계획서(첨부서류 제출대상인 경우 첨부서류를 포함합니다)를 계약체결일부터 30일 이내에 제출하지 않거나 거짓으로 작성하는 경우 「부동산 거래신고 등에 관한 법률」 제28조제2항 또는 제3항에 따라 과태료가 부과되오니 유의하시기 바랍니다.
3. 이 서식은 부동산거래계약 신고서 접수 전에는 제출이 불가하오니 별도 제출하는 경우에는 미리 부동산거래계약 신고서의 제출여부를 신고서 제출자 또는 신고관청에 확인하시기 바랍니다.

210mm×297mm[백상지(80g/㎡) 또는 중질지(80g/㎡)]

법제처 국가법령정보센터

자금조달계획서 항목별 작성방법

구 분		내 용
자기자금	① 자금조달계획	해당 주택의 취득에 필요한 자금의 조달계획 작성 (인별 작성 원칙)
	② 금융기관 예금액	금융기관에 예치되어 있는 본인 명의의 예금(적금 등)을 통해 조달하려는 자금
	③ 주식 · 채권 매각대금	본인 명의 주식 · 채권 및 각종 유가증권 매각 등을 통해 조달하려는 자금
	④ 증여 · 상속 등	가족 등으로부터 증여받거나 상속받아 조달하는 자금
	⑤ 현금 등 기타	현금으로 보유하고 있는 자금 및 기타 본인 자산을 통해 조달하려는 자금
	⑥ 부동산 처분대금	본인 소유 부동산의 매도, 기존 임대보증금 회수 등을 통해 조달하려는 자금 또는 재건축, 재개발 시 발생한 종전 부동산 권리가액
차입금 등	⑧ 금융기관 대출액	금융기관으로부터 대출을 통해 조달하려는 자금 또는 매도인의 대출금 승계 분
	⑨ 임대보증금	취득주택의 신규 임대차 계약 또는 매도인으로부터 승계한 임대차 계약의 임대보증금 등 임대를 통해 조달하는 자금
	⑩ 회사지원금 · 사채 등	금융기관 이외의 법인, 개인사업자 등으로부터 차입을 통해 조달하려는 자금
	⑪ 그밖의 차입금	위에 포함되지 않는 차입금(부모님 등 가족, 친척, 지인 등)

자금조달계획서는 **자금조달계획, 조달자금지급방식, 입주계획의 세 가지로 구성**되어 있습니다.

자금조달계획은 먼저 취득자금이 자기자금(내 돈)인지, 차입금 등(남의 돈)인지로 나눕니다. 자기자금은 예금액, 주식 · 채권 매각대금, 증여 · 상속, 현금, 부동산처분대금으로 구분되고, 차입금 등(남의 돈)은 금융기관 대출, 세입자의 전세보증금, 회사지원금·사채, 그 밖의 차입금으로 구분됩니다. 자금조달계획서 제출 시점에 주택매수자금이 어디 있는지를 기재하면 되는데, 예를 들어 6개월 전 부모님으로부터 증여받은 금액이 지금 나의 주식통장에 있다면 ④증여 · 상속금액이 아닌 ③주식 · 채권 매각대금으로 기재합니다. 현재는 자금이 없으나 입주 시점에 부모님께 일부 자금을 증여받을 예정이라면 ④증여·상속금액에 기재하시면 됩니다.

전세보증금이 헷갈릴 수 있는데요. 내가 살고 있는 집의 집주인에게 지급한 나의 전세보증금은 자기자금이므로 ⑥부동산 처분대금 등에 기재합니다. 만약 전세자금대출을 받았다면 전세보증금에서 전세자금대출을 차감한 순자기자금을 기재합니다. 취득한 주택에 입주하지 않고 전세를 줄 예정이라면 해당 보증금은 타인자금이므로 ⑨임대보증금에 기재합니다.

조달자금지급방식은 계좌이체, 보증금·대출금 승계, 현금 등 그 밖의 지급방식 세가지로 구분됩니다. 현금을 인출해서 지급하는 경우는 거의 없기 때문에 계좌이체에 표시합니다. 만약 전세를 끼고 산다면 세입자의 전세보증금만큼은 대금이 오가지 않기 때문에 보증금·대출금 승계란에 적으면 됩니다.

입주계획은 잔금 후 최초 입주자로 작성합니다. 본인 혹은 가족이 입주할 예정인지, 임대할 예정인지 구분하여 기재합니다.

공동명의라면?

자금조달계획서는 인별 작성이 원칙이라 공동명의로 취득하는 경우 각각 본인 지분에 해당하는 매매대금에 대해 자금조달계획서를 제출해야 합니다.

자금조달 계획이 바뀐다면?

자금조달계획서는 말 그대로 '계획서'이기 때문에 최초에 제출한 조달계획이 변경된다고 하더라도 변경된 내용을 다시 제출할 필요는 없습니다. 변경하고 싶어도 관할 지자체에서 재접수를 받아주지도 않습니다. 사소한 차이에 대해선 대부분 문제 삼지 않으니 자금조달계획을 100% 정확하게 맞추지는 않아도 괜찮습니다. 다만, 계획과 실제에 큰 차이가 있고 편법 증여 등이 의심된다면 한국부동산원에서 1차 소명을 요구할 수도 있습니다.

이때 자금조달계획이 달라진 이유를 충분하고 합리적으로 소명해야 하며, 소명을 하지 않거나 사유가 불명확하다면 한국부동산원에서 해당 사안을 세무서로 넘겨 세무조사가 진행될 수도 있다는 점을 유의해야 합니다.

05 부동산 계약은 24시간 이내 취소할 수 있다고?

 "사장님, 아무리 생각해도 제가 어제 너무 급하게 계약을 한 것 같아요. 남편도 잘 알아보지 않고 샀다고 당장 취소하라고 하고요. 인터넷에 찾아보니까 계약 후 24시간 이내는 취소가 가능하다고 하던데, 계약 취소하고 계약금 돌려받을 수 있을까요?"

해설

부동산 사무실 문을 열자마자 매수인이 부리나케 찾아왔습니다.

전날 아파트를 계약하기로 하고서 매도인과 문자 계약을 주고받은 후 계약금 일부까지 입금한 상태였습니다. 인터넷에서 어떤 글을 봤는지는 모르겠습니다만 홍수에 먹을 물 없다고, 정보가 너무 많아지니 오히려 정확한 정보를 찾기가 더 어려워진 것 같습니다.

> 결론부터 말씀드리면 계약 해제는 어렵습니다

구체적인 사항을 정하지 않고 맡아둔다는 생각으로 돈을 보냈다면 해당 금액은 가계약금으로 볼 수 있습니다. 이때는 매수자가 변심하더라도 매도자는 가계약금을 돌려줘야 합니다. 하지만 문자로 구체적인 계약 내용 즉 **매매당사자, 매매목적물, 매매대금 및 지급 시기까지 정한 경우**라면 **송금한 금액을 계약금의 일부로** 봅니다. 서면 계약서를 작성할 때도 계약금의 일부를 송금한 날에 계약이 체결된 것으로 간주해 해당 날짜로 계약서를 작성합니다.

'어디서 어떤 글을 보고 오셨을까' 싶어 조금 찾아보니 일반적인 상품 취소 규정을 말씀하신 것 같습니다. 공정거래위원회에서 고시하는 「소비자분쟁해결기준」에 따르면 소비자 사정에 의한 예약 취소 시, 24시간 전 취소 통보 시에는 **'예약금 전액 환급'**이 가능하다고 나와 있습니다. 하지만 이는 **부동산 계약에는 해당되지 않습니다.**

계약 해제는 언제까지 가능한가

아파트 금액이 하루가 멀다 하고 가파르게 오르던 2018~2020년에 계약 해제와 관련한 분쟁이 많았습니다. 연일 매매가격이 급등하는 것을 본 매도인은 아파트를 싸게 팔았다는 생각에 잠을 이루지 못합니다. 피골이 상접한 얼굴로 나타나 계약을 해제할 방법이 없겠냐며 물어봅니다. 매수인은 매수인대로 매도인이 계약을 취소하자고 하진 않을까 노심초사하며 마음을 졸입니다. 매수인이 정해진 날짜보다 중도금을 먼저 입금하면 매도인이 계약을 해제할 수 없다는 이야기를 듣고서 부리나케 은행에 가서 입금이 불가능하도록 계좌 거래 중지를 신청하는 분도 있었습니다.

부동산 계약 해제는 별다른 특약이 없는 한 **중도금을 입금하기 전까지** 가능합니다. 중도금을 입금했다면 계약을 본격적으로 이행하는 것으로 보기 때문에 계약 해제를 할 수 없습니다. 중도금을 지급하기 전 매수자가 변심할 때는 계약금을 포기하고 해제할 수 있고, 매도인이 변심할 때는 계약금의 배액을 상환함으로써 계약을 해제할 수 있습니다.

> **민법 제565조(해약금)**
> ① 매매의 당사자 일방이 계약 당시에 금전 기타 물건을 계약금, 보증금 등의 명목으로 상대방에게 교부한 때에는 당사자 간에 다른 약정이 없는 한 당사자의 일방이 이행에 착수할 때까지 교부자는 이를 포기하고 수령자는 그 배액을 상환하여 매매계약을 해제할 수 있다.

계약 해제 시 위약금은?

매수인 혹은 매도인의 변심으로 계약이 해제되는 경우에는 위약금이 발생합니다. 위약금은 누가 계약 해제를 요청했는지에 따라 처리 방법이 다릅니다.

1. 매수자 사정으로 계약이 해제되는 경우

매수인은 계약을 하기 위해 매도인 계좌로 계약금을 입금하였습니다. 이후 매수인의 변심 등으로 계약을 해제할 때는 별다른 약정이 없었다면 매도인에게 입금한 계약금을 위약금으로 봅니다. 매수인이 계약을 해제하겠다는 의사를 상대에게 표시하면 계약은 해제되며 계약금은 위약금이 되어 매도인에게 귀속됩니다. 매수인은 계약금을 포기하는 것 외에 따로 할 일은 없습니다.

매도인은 계약금이 위약금으로 바뀌긴 했습니다만 어쨌거나 소득이 발생한 셈입니다. **위약금은 소득세법상 기타소득으로 분류**합니다. 기타소득은 필요경비를 차감한 소득금액이 300만 원을 넘으면 근로소득 등 타 소득과 합산하여 **종합소득세 신고**를 해야 합니다. 기타소득금액이 300만 원 이하인 경우에는 타 소득과 합산하지 않고 분리과세로 종결할 수 있으며 이때 세율은 지방세를 포함하여 22%가 적용됩니다. 기타소득금액이 300만 원 이하라면 위약금을 합산하여 종합소득으로 신고할지, 분리과세로 신고할지를 살펴보고 유리한 쪽을 선택하면 됩니다.

하지만 계약 해제에 따른 필요경비는 중개수수료 외에는 없기 때문에 기타소득금액은 300만 원이 넘는 경우가 대부분입니다. 이때는 다음 해 5월에 종합소득세 신고 시 타 소득과 합산하여 신고를 해야 합니다. 간혹 계약이 해제되었는데도 중개수수료까지 줘야 하냐며 역정을 내시는 분도 계신데, 공인중개사법상 공인중개사의 고의 또는 과실이 아닌 사유로 계약이 해제되는 경우에는 약정된 중개수수료를 지급하게끔 되어 있습니다. 위약금 수령액도 공인중개사의 중개가 아니었다면 발생하지 않았을 테니 주는 것이 맞습니다.

2. 매도자 사정으로 계약이 해제되는 경우

매도인의 변심으로 계약을 해제할 때는 매도인은 받은 **계약금의 배액을 상환**하고 해제할 수 있습니다. 예를 들어 계약금으로 5,000만 원을 받았다면 매수인에게 받은 5,000만 원을 돌려주는 것은 물론 위약금으로 5,000만 원을 더하여 총 1억 원을 지급해야 합니다.

돌려받은 계약금은 원래 내 돈이었고, **추가로 받은 위약금** 5천만 원은 매수인의 **기타소득**이 됩니다. 이때 매도인은 기타소득 지급액에 대해 원천징수 세액을 뗀 후 지급해야 합니다. 위약금 원천징수세율은 22%(국세 20%, 지방세 2%)이므로 5,000만 원×22%=1,100만 원을 떼고 3,900만 원을 매수인에게 지급합니다. 계약금으로 받은 5,000만 원도 돌려줘야 하니 매도인이 총 지급할 금액은 8,900만 원이 됩니다. 매도인은 원천징수한 세액을 다음 달 10일까지 **홈택스에 신고 납부**해야 합니다.

세무서에 원천징수이행상황신고서를 작성해서 제출하면 되는데, 홈택스에서 직접 신고하거나 세무서에 방문해서 신고하면 됩니다. 원천세를 신고 납부하지 않으면 가산세가 부과될 수 있으므로 반드시 다음 달 10일 이내에 신고납부를 해야 합니다.

매수인은 위약금을 다음 연도 5월에 타 소득과 합산하여 종합소득세를 신고합니다. 위약금과 관련해서 이미 매수인은 1,100만 원을 세금으로 냈습니다. 매도인이 원천징수하여 매수인 대신 납부해 준 것입니다. 매수인이 타 소득과 합산했더니 최종적으로 내야 할 세액이 이미 납부한 세액(원천징수 세액 포함)보다 적다면 초과 세액은 환급받게 되고 부족하다면 추가로 소득세를 납부하게 됩니다.

Chapter

04

집 가지고
있을 때

주택 | 임대소득세

01 월세를 받으면 언제 세금을 낼까요?

 조세의 제1원칙은 '소득이 있는 곳에 세금도 있다'입니다.

주택을 사서 월세를 받는다면 월세 '소득'이 생기는 것이니 조세원칙에 따라 월세에 대한 '세금'도 내야 합니다. 우리나라는 국세 14개, 지방세 11개로 총 25종의 세금이 있습니다. 이 중 개인에게 주택임대를 통한 소득이 발생할 때는 소득세를 냅니다. 또한 소득세의 10%를 지방세로 함께 납부합니다.

 해설

소득세 과세기간

전세나 월세 계약은 보통 2년 단위로 이뤄집니다. 1월부터 월세를 받는 사람과 12월부터 월세를 받는 사람은 세금이 같을까요? 언제부터 언제까지 받은 주택임대소득에 대해 세금을 내는 걸까요? 소득세법에서는 개인의 과세기간을 구체적으로 정해 놓았습니다.

> **소득세법 제5조(과세기간)**
> ① 소득세의 과세기간은 1월 1일부터 12월 31일까지 1년으로 한다.
> ② 거주자가 사망한 경우의 과세기간은 1월 1일부터 사망한 날까지로 한다.
> ③ 거주자가 주소 또는 거소를 국외로 이전(이하 "출국"이라 한다)하여 비거주자가 되는 경우의 과세기간은 1월 1일부터 출국한 날까지로 한다.

사망하거나 해외로 이민을 가는 경우가 아니라면 모든 개인사업자는 1월부터 12월까지 발생한 소득에 대해 소득세를 냅니다. 1월부터 월세를 받는 사람은 12개월분 월세에 대한 세금을 내는 것이고, 12월부터 월세를 받는 사람은 첫해에는 1달분 월세에 대해서만 세금을 내는 것입니다. 간혹 세무서에 사업자등록을 하지 않았는데 나도 사업자냐고 물어보시는 분이 있으신데, 반복적으로 월세를 받고 있기 때문에 임대사업자가 맞습니다. 다만 세무서에 등록을 하지 않은 사업자일 뿐입니다. 참고로 법인은 사업연도를 1월부터 12월까지가 아닌, 4월부터 이듬해 3월, 7월부터 이듬해 6월까지 등으로 자유롭게 정할 수 있습니다.

소득세 납부는 언제?

소득세는 언제 낼까요? 월세는 매달 받을 텐데 세금도 매달 내야 할까요? 1월 1일부터 12월 31일까지 받은 월세는 모두 모아서 다음 연도 5월이 되면 세무서에 직접 신고합니다. 부동산 임대소득 외에 다른 소득이 있었다면 합산해서 신고를 합니다. 직장을 다니는 근로자는 매년 초 연말정산을 하게 되는데, 연말정산은 내가 회사에서 받는 1년간의 근로소득만 정산하는 것입니다. 다른 소득이 전혀 없다면 연말정산으로 끝나지만, 월세와 같은 다른 소득이 있다면 합산하여 5월에 종합소득세 신고를 해야 합니다.

> **소득세법 제70조(종합소득과세표준 확정신고)**
> ① 해당 과세기간의 종합소득금액이 있는 거주자(종합소득과세표준이 없거나 결손금이 있는 거주자를 포함한다)는 그 종합소득 과세표준을 그 과세기간의 다음 연도 5월 1일부터 5월 31일까지 대통령령으로 정하는 바에 따라 납세지 관할 세무서장에게 신고하여야 한다.

소득세가 '종합' 소득세인 이유

어렸을 때 집 앞 슈퍼마켓에서 '종합선물세트'라는 과자 세트를 팔았습니다. 과자가 종류별로 담겨 있었는데, 맛있고 인기 있는 과자는 거의 없어서 선물세트를 받고 포장을 뜯기 전까지만 기분이 좋았던 기억이 납니다. 선물세트 이름이 '종합' 선물세트였던 것은 여러 가지 다양한 과자를 모아놓았기 때문이겠죠?

종합소득세도 마찬가지입니다. 말 그대로 여러 소득을 모아서 종합하여 신고를 해야 하기 때문입니다. 개인의 소득은 발생 원천에 따라 '이자소득/ 배당소득/ 사업소득/ 근로소득/ 연금소득/ 기타소득'으로 나뉩니다. 주택에서 월세를 받는 것은 임대사업이므로 사업소득에 포함됩니다. 퇴직소득세와 양도소득세처럼 수년간 쌓인 소득에 대해 내는 세금은 분류과세라고 하여, 종합소득세와 별도로 분류해서 세금을 냅니다.

소득세는 누진세 구조이기 때문에 소득금액이 높을수록 세금 또한 많아집니다. 소득금액은 매출이 아닌 이익 개념이며, 소득 종류별로 아래와 같이 계산한 금액을 합산합니다.

※소득세법 종합소득금액의 구성

(소득세법 제16조, 제17조, 제19조, 제20조, 제20조의3, 제21조)

종합소득금액에서 각종 소득공제까지 차감한 금액을 과세표준이라고 하며, 과세표준 금액에 따라 다른 세율이 적용됩니다.

※종합소득세율

종전(2022년)			현행(2023년 이후)		
과세표준	세율	누진공제	과세표준	세율	누진공제
1,200만원 이하	6%	–	1,400만원 이하	6%	–
4,600만원 이하	15%	1,080,000	5,000만원 이하	15%	1,260,000
8,800만원 이하	24%	5,220,000	8,800만원 이하	24%	5,760,000
1.5억원 이하	35%	14,900,000	1.5억원 이하	35%	15,440,000
3억원 이하	38%	19,400,000	3억원 이하	38%	19,940,000
5억원 이하	40%	25,400,000	5억원 이하	40%	25,940,000
10억원 이하	42%	35,400,000	10억원 이하	42%	35,940,000
10억원 초과	45%	65,400,000	10억원 초과	45%	65,940,000

22.7.21 세제 개편안(23.1.1 '발생분'부터 적용)

간혹 각 구간의 기준금액을 오해하여 절대 넘으면 안 된다고 생각하는 분도 있습니다. 8,800만 원은 24% 구간이고 그 이상은 35% 구간이니, 24%를 적용받기 위해 8,800만 원 이하로 어떻게든 소득을 맞춰야 한다고 생각하는 겁니다. 그런데, 기준금액을 넘더라도 넘는 금액에 대해서만 해당 세율이 적용됩니다. 가령 과세표준이 9,000만 원이 나오더라도 8,800만 원을 초과하는 200만 원에 대해서만 35%가 적용되는 것입니다. 9,000만 원 전체에 35%가 적용되는 것이 아니니 소득 구간에 너무 민감하게 반응하지 않으셔도 됩니다.

※소득세 계산방법 및 2023년 과표조정에 따른 세부담 감소 효과

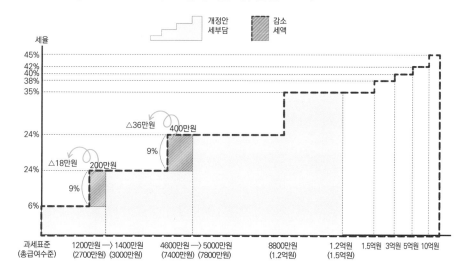

종합과세 말고 분리과세

소득을 종합하지 않고, 별도로 분리해서 세금을 걷고 그대로 종결하는 소득도 있습니다. 금융소득인 이자소득, 배당소득이 대표적입니다. 이자소득과 배당소득은 연간 합계금액이 2,000만 원을 초과할 때만 종합과세 대상이 됩니다. 예금 이자, 적금 이자, 주식 배당 등으로 수령한 금융소득이 연 2,000만 원 이하라면 이자나 배당을 받을 때 금융기관이 원천징수한 14%(지방세 포함 15.4%)만으로 세금납부가 끝나는 것입니다.

일시적으로 발생하는 소득은 기타소득으로 분류하는데, 기타소득에 해당하는 원고료, 인세, 강연료 등도 연간 300만 원 이하라면 분리과세 대상이며 원천징수를 하였다면 종합소득 신고 시 제외할 수 있습니다.

> 주택임대소득은 수입금액 합계가
> 2,000만 원 이하인 경우에만 분리과세 대상입니다.

1년 동안 받은 수입금액이 2,000만 원이 안 된다면 분리과세(14%)와 종합과세(6~45%) 중 나에게 유리한 쪽을 선택해서 신고할 수 있습니다. 주택임대사업의 매출에 해당하는 수입금액은 월세 수령액과 전세보증금에 대한 이자 성격인 간주임대료를 더해서 계산합니다.

간주임대료는 3주택 이상인 경우에만 계산하는데 이에 대해서는 다음 챕터에서 자세하게 살펴보겠습니다.

주요 소득별 분리과세 대상은?

① 이자소득과 배당소득의 연간 합계액이 2,000만 원 이하인 경우
② 일용 근로소득이 있는 경우
③ 연간 기타소득금액이 300만 원 이하인 경우
④ 사적연금(민간 금융회사의 연금 등)의 연간 소득금액이 1,500만 원 이하인 경우
   (23년 귀속분까지는 1,200만 원)
⑤ 주택임대 수입금액이 2,000만원 이하인 경우

02 주택 임대사업자 매출 계산하기

 2018년까지는 주택임대 수입금액 2,000만 원 이하는 비과세였습니다. 그러나 세법이 개정되어 2019년부터는 주택임대 수입금액이 2,000만 원 이하라도 소득세를 납부해야 합니다. 주택 임대소득에 대한 세금을 알아보기 전, 확실히 짚고 넘어가야 할 사항이 있습니다.

해설

소득세는 각자 낸다

소득세는 인별 과세, 즉 부부라고 해도 각자 낸다는 것입니다. 친구와 커피숍을 공동 창업한다면 커피숍에서 번 돈도 친구와 내가 투자한 비율만큼 가져가는 것이 맞지 않겠습니까? 주택도 부부 공동명의로 취득했다면 주택임대사업을 공동으로 하고 있는 것입니다. 임차인에게 받는 월세가 매출이 됩니다. 세법에서는 이를 수입금액이라고 표현합니다. 별다른 약정이 없다면 수입금액도 지분율대로 신고합니다. 가령 공동명의인 주택에서 300만 원의 월세를 받는다면 부부가 각각 본인의 지분(1/2)에 해당하는 1,800만 원(300만 원×12개월×1/2)의 월세 수입에 대한 세금을 신고 납부해야 합니다. 앞에서 주택 수입금액이 2,000만 원 이하이면 분리과세를 선택할 수 있다고 했는데, 이때 2,000만 원은 본인 수입금액을 기준으로 판단합니다.

주택 임대 매출 계산하기

주택임대업은 주택 수에 따라 매출 계산법이 달라집니다. 1주택자 및 2주택자는 월세만 매출로 보지만, 3주택자 이상은 임차인으로부터 받은 전세금·월세 보증금의 이자상당액(간주임대료)도 매출로 보아 수입금액에 포함합니다. 임차인으로부터 받은 보증금은 돌려줄 돈인데 왜 세금까지 내야 하나 싶을 수도 있지만, 보증금을 받아 은행에 넣어두면 이자소득이 붙을 테니 그 이자만큼을 주택 부수 매출로 보겠다는 겁니다.

> 주택임대소득의 총수입금액=월세+보증금 등에 대한 간주임대료

※수입금액 포함여부

주택수	월세	보증금 이자상당액
1주택	X (기준시가 12억 초과주택은 ○)	X
2주택	○	X
3주택	○	○ (소형주택* 보증금은 제외)

*소형주택 : 주거전용 면적이 40㎡ 이하, 기준시가가 2억 원 이하 동시 충족

1. 월세 매출

월세 매출은 매달 수령하니 계산도 쉽습니다. 매달 월세를 받지 않고 1년에 한 번, 연세로 받는다면 올해 귀속되는 월세만 수입금액으로 봅니다. 가령 9월 12일에 월세 1년분을 받았다면 월할 계산, 초월 산입하여 9~12월까지의 4개월분 월세가 올해 귀속분이 됩니다.

2. 간주임대료 매출

간주임대료 매출은 은행에 맡겼을 경우의 이자소득을 가정하여 아래와 같이 계산합니다.

간주임대료＝(보증금 － 3억 원)×60% × 정기예금이자율 － 수입이자

임차인에게 받은 보증금을 모두 더했을 때 3억 원이 넘는 부분에 대해서만 이자를 계산하며, 이자율은 시장 상황에 따라 매년 세법에서 정하고 있습니다. 2024년 현재 정기예금이자율은 3.5%입니다. 보증금을 실제로 금융기관에 맡겨 이자를 받았다면, 장부에 이를 기재했을 때 해당 이자만큼은 간주임대료에서 차감 합니다. 이자소득을 받을 때 은행에서 원천징수하여 이미 과세되었기 때문에 이중과세를 막기 위함입니다.

간주임대료 계산 시 소형주택(주거전용면적 40㎡ 이하이면서 기준시가가 2억 원 이하)은 2026년까지 주택 수에서 제외하고, 보증금도 합산하지 않습니다. 예를 들어 100㎡ 주택 2채, 소형주택 1채를 보유 중이라면 소형주택은 주택 수에서 제외하므로, 보유 주택 수가 2채가 되어 간주임대료를 계산하지 않습니다.

또한 100㎡ 주택 3채, 소형주택 3채를 보유하고 있다면 3주택자가 되어 간주임대료를 계산하되 소형주택 보증금은 제외하고 100㎡ 주택 3채에서 받은 보증금만 계산합니다. 소형주택의 보증금과 달리 소형주택에서 받는 월세는 항상 수입금액에 포함됩니다.

주택 수는 어떻게 판단할까?

간주임대료 계산 시 주택 수는 본인과 배우자 주택만 합산합니다. 본인이 2채, 배우자가 1채를 가지고 있다면 3주택으로 보아 둘 다 간주임대료 계산이 되는 것입니다. 같은 집에 살더라도 배우자가 아닌 자녀나 부모님의 주택은 합산하지 않습니다. 부부가 공동으로 소유하고 있는 주택은 지분이 더 큰 사람의 주택으로 보며, 지분이 같다면 부부간의 합의에 따라 한쪽의 주택으로 선택할 수 있습니다.

다가구주택은 세대별 구분등기가 되어 있지 않다면 전체를 1채로 보며, 구분등기가 되어 있다면 구분등기된 호수를 각각 1개의 주택으로 봅니다.

배우자가 아닌 사람과 주택을 공동소유한다면 해당 주택은 지분이 가장 큰 사람의 소유로 봅니다. 소수지분 소유자는 주택을 가지지 않은 것으로 보지만, 2020년부터는 소수지분이라도 아래에 해당하는 경우에는 주택 수에 포함합니다.

① 공동소유하는 주택의 월세가 연 6백만 원(월세×지분율) 이상인 사람
② 공동소유하는 주택의 기준시가가 12억 원을 초과하고, 그 주택의 지분을 30% 초과해서 보유한 사람

03 주택 임대사업자 비용 계산하기

앞서 주택임대로 얼마를 벌었는지 계산하는 방법을 살펴보았습니다. 이제는 비용에 대해 알아봅시다.

소득세는 매출에서 비용을 차감한 이익을 기준으로 납부합니다. 가령, 월세로 1,000만 원을 벌었는데, 은행 이자와 재산세 등으로 1,500만 원을 지출했다면 주택임대사업으로 500만 원을 손해 본 것입니다. 이익이 없는데 세금까지 낼 순 없지 않겠습니까? 세금을 낼 돈도 없을 테고요.

해설

2021년 6월부터 주택임대차 실거래 제도 도입으로 임대인 또는 임차인은 임대차계약을 모두 신고하고 있습니다. 국세청은 전산으로 임대차계약 내역을 다 파악할 수 있습니다. 과거와 달리 매출 누락이 어렵다는 이야기입니다. 그러므로 소득세를 절세하기 위해서는 비용을 최대한 많이 인정받아야 합니다. 이 챕터에서는 비용을 어떻게 계산하는지 살펴보겠습니다.

장부작성 vs 추계신고

비용을 계산하는 방법은 크게 2가지입니다. 하나는 실제 지출한 비용을 장부에 기재해서 인정받는 방식이고, 다른 하나는 비용을 추정해서 계산하는 추계방식입니다.

장부작성 방식은 세무 용어로 '기장'이라고 하는데 '사업상 거래내역을 장부에 기록'하는 것을 의미합니다. 세금을 정확하게 납부하기 위해서는 먼저 매출과 비용을 정확하게 장부에 작성하는 것이 필요합니다. 그래서 국세청은 업종과 무관하게 모든 사업자에게 장부 작성의 의무를 부과하고 있습니다. 그런데 집에서 가계부 작성해보신 분은 아실 겁니다. 가계부를 매달 빠짐없이 작성하는 것도 보통 일이 아닙니다.

사업은 오죽하겠습니까? 국세청도 알고 있습니다. 그래서 일일이 장부를 작성하지 않고 비용을 추정해서 신고할 수 있게끔 추계신고 방식을 함께 운영하고 있습니다.

추계신고 : 단순경비율 vs 기준경비율

추계신고는 비용 전부를 추정하는 단순경비율과 주요경비는 증빙으로 인정하고 기타경비만 추정하는 기준경비율로 구분됩니다. 단순경비율, 기준경비율 모두 국세청에서 매년 사업자등록코드별로 발표하고 있습니다.

단순경비율은 업종별 매출 대비 총 비용 평균수치입니다. '장부를 작성해서 신고한 다른 사업자들을 보니 평균적으로 이 정도 비용이 발생했더라 그러니 너도 이 정도는 인정해주겠다'라는 것입니다. 매출에서 단순경비율을 곱한 만큼을 총비용으로 보아 소득금액을 계산합니다.

구 분	추계 소득금액 계산
단순경비율에 의한 소득금액	수입금액 − (수입금액 × 단순경비율)

기준경비율은 업종별 주요경비를 제외한 기타경비 평균수치입니다. 주요 경비 3가지(재화매입비용, 인건비, 사업장 임차료)는 반드시 법적 증빙(계산서, 세금계산서, 신용카드, 현금영수증)이 있어야 인정해주고, 주요경비를 제외한 기타경비만 기준경비율을 적용하여 계산합니다.

구 분	추계 소득금액 계산
기준경비율에 의한 소득금액	수입금액 − 주요경비* − (수입금액 × 기준경비율) *주요경비 = 매입비용 + 임차료 + 인건비

추계신고 : 어떤 경비율을 적용해야 하나

추계신고 시 단순경비율을 적용할지, 기준경비율을 적용할지는 전년도 매출 기준으로 판단합니다. 업종별로 기준금액이 다른데 부동산 임대업은 2,400만 원 미만은 단순경비율, 2,400만 원 이상에는 기준경비율을 적용합니다. 그런데 수입금액이 4,800만 원을 넘는 사업자가 기준경비율로 신고를 할 시 기장을 하지 않은 것에 대해서는 패널티로 산출세액의 20%를 부과합니다. 수입금액이 4,800만 원이 넘는다면 추계방식인 기준경비율보다는 원칙대로 장부작성을 해서 신고하라는 의미입니다. 마찬가지로 수입금액이 7,500만 원이 넘는 사업자가 추계 신고를 할 시에는 신고를 하지 않은 것으로 보아 가산세를 부과합니다.

※부동산임대업 – 수입금액별 경비율

수입금액		추계신고
2,400만 원 미만	단순경비율	
2,400~4,800만 원 미만	기준경비율	
4,800~7,500만 원 미만		무기장 가산세 20% 부과
7,500만 원 이상	X (무신고로 봄)	무기장 가산세 20% 부과

장부작성 : 간편장부 vs 복식부기

장부작성 방식에서는 장부를 어떻게 기록하는지에 따라 단식부기, 복식부기로 나눠집니다. 단식부기는 가계부처럼 쓰는 방식입니다. 돈이 들어오고 나갈 때마다 장부에 기록합니다. 이 달 월세가 300만 원이 들어왔는데, 이자 100만 원, 재산세 50만 원이 나간 경우를 예를 들어봅니다.

① 입금 : 월세 300만 원
② 출금 : 이자 100만 원
③ 출금 : 재산세 50만 원

단식부기는 작성이 편리하다는 장점이 있지만, 자산이나 부채의 변동을 알 수 없다는 단점이 있습니다. 역전세로 임차인에게 보증금을 일부 돌려줬다면 단식부기에서 '출금/ 보증금'으로 표시할 수 있을 텐데, 이 돈이 비용으로 나간 건지, 아니면 나중에 돌려줘야 할 보증금이 줄어든 건지를 한눈에 알아보기가 힘듭니다.

복식부기는 하나의 거래에 대해 차변, 대변 양쪽으로 기록하는 방법을 말합니다. 셰익스피어의 소설인 '베니스의 상인'은 이탈리아를 배경으로 하는데요. 당시 이탈리아 경제가 발전할 수 있었던 이유로 복식부기를 꼽고 있기도 합니다. 위의 예를 복식부기로 기록한다면,

※분개 예시

차 변	대 변
현금 300만 원	매출 300만 원
이자 100만 원	현금 100만 원
세금과 공과 50만 원	현금 50만 원

복식부기로 장부를 작성한다면 '자산＋비용＝부채＋자본＋매출'이 딱 맞아떨어집니다.

위의 사례로 보면 '현금증가 300만 원＋이자 100만 원＋세금 50만 원＝매출 300만 원＋현금감소 150만 원'이 됩니다. 복식부기로 회계처리를 하고 자산과 부채계정은 재무상태표로, 손익계정은 손익계산서로 보내어 각각 취합하면 연간 재무상태표와 손익계산서가 만들어집니다. 손쉽게 매출과 비용, 자산/부채의 변동도 파악할 수 있습니다.

위 예에서 자산계정인 현금만 따로 보면 왼쪽(차변)에 잔액인 150만 원이 남는 것을 확인할 수 있습니다. 단점은 작성이 어렵고 회계 지식이 많이 필요하다는 것입니다. '차변, 대변'이라는 단어만 들어도 머리가 지끈거린다는 경영학도도 많습니다.

국세청은 모든 사업자가 복식부기로 장부작성을 하는 것을 원칙으로 하되, 영세한 사업자라면 간편한 단식부기로 장부를 작성할 수 있게 합니다. 이를 간편장부대상자라고 합니다. 간편장부작성자는 업종별로 기준금액이 다른데 부동산 임대업은 7,500만 원입니다. 전년도 매출이 7,500만 원 미만이거나 전년도 매출이 없는 신규사업자는 단식부기로 장부를 작성할 수 있습니다.

장부작성 방식을 추계신고와 함께 정리해보면 다음과 같습니다.

※부동산임대업 수입금액별 장부 작성방식

수입금액	추계신고		장부작성
2,400만 원 미만	단순경비율		
2,400~4,800만 원 미만	기준경비율		간편장부
4,800~7,500만 원 미만		무기장 가산세 20% 부과	
7,500만 원 이상	X (무신고로 봄)	무기장 가산세 20% 부과	복식부기

장부 작성 시 비용으로 인정되는 내역들

세법은 실질과세가 원칙이므로 실제 주택임대 사업을 하면서 발생한 비용은 모두 인정이 됩니다.

- 주택담보대출 이자 (취득 시 차입한 경우)
- 각종 세금 (재산세, 종합부동산세, 공공요금 등)
- 임차인 중개수수료
- 세무사 수수료
- 수리비 (도배, 장판, 싱크대 교체, 화장실 수리, 붙박이장 설치, 전등 교체, 옥상 방수 등)
- 관리비
- 임대주택 화재보험료, 보증보험료
- 임대주택 감가상각비

리스나 렌트 등 차량도 비용처리가 되냐고 묻는 분도 계십니다. 주택 임대사업자의 임대주택이 전국에 흩어져 있어서 차량이 필요하다면 비용으로 인정될 수 있습니다. 하지만 그렇지 않은 경우가 대부분이라서 실무상 주택임대사업자의 승용차 비용은 좀처럼 인정되지 않습니다. 세법은 실질로 판단한다는 것을 기억하시기 바랍니다.

04 수입금액이 연 2,000만 원 이하일 때?

 월세를 받을 때 주택임대사업의 매출과 비용을 계산하는 방법을 알아보았습니다.
이제 세금을 내야겠죠?

해설

우선 수입금액(월세＋간주임대료)이 2,000만 원 이하인 경우입니다. 이때는 분리과세를 선택할 수 있습니다. 분리과세율(14%)과 종합과세 시의 세율(6~45%)을 비교하여 본인에게 유리한 쪽으로 신고하면 됩니다. 신고 방법은 매년 같지 않아도 됩니다. 작년에는 분리과세가 유리해서 분리과세로 신고했더라도 올해는 종합과세가 유리하면 종합과세로 신고하면 됩니다.

분리과세 세금 계산하는 방법

분리과세일 때 소득세는 임대주택으로 등록했는지의 여부에 따라 달라집니다. 여기서 등록임대주택이란 세무서와 지자체에 각각 사업자를 등록하고, 보증금을 연 5% 이상

※분리과세 주택임대소득 계산

구 분	등록임대주택	미등록
수입금액	월세＋간주임대료	
(−) 필요경비	수입금액×60%	수입금액×50%
(−) 기본공제 (타소득 2천만원 이하)	400만 원	200만 원
＝ 소득금액		
산출세액	소득금액×14%	
(−) 세액감면	단기(4년) : 30%(20%) 장기(8·10년) : 75%(50%)	n/a
납부세액		

올리지 않은 주택을 말합니다. 하나라도 충족되지 않으면 미등록 방식으로 계산합니다.

임대주택 등록 여부에 따라 필요경비, 추가공제, 세액감면의 3가지가 달라집니다.

필요경비는 등록임대주택은 매출의 60%, 미등록 주택은 50%로 계산합니다. 실제 비용이 얼마가 발생했는지 무관하게 이 비율을 곱하여 계산합니다.

기본공제는 다른 소득이 없거나 적을 때만 추가로 공제합니다. 분리과세 주택임대 소득을 제외한 종합소득금액 2,000만 원이 기준입니다. 2,000만 원이 넘는다면 기본 공제는 적용하지 않습니다. 2,000만 원 이하라면 등록임대주택은 400만 원, 미등록은 200만 원을 추가 공제합니다.

세액감면은 등록 임대주택 요건을 충족했다면 단기 임대주택은 30%(2채 이상이면 20%), 장기임대주택은 75%(2채 이상이면 50%)를 감면해줍니다. 다만, 감면받은 세액 의 20%는 농어촌특별세로 납부해야 합니다.

분리과세 시 소득세는 얼마나 나올까

분리과세를 선택했을 때 소득세를 한번 계산해보겠습니다.
- 매월 100만 원씩 월세 받음(1주택, 기준시가 12억 원 초과)
- 주택임대 외에 근로소득 4,000만 원 있음
- 임대주택 등록하지 않음

※분리과세 소득세 계산

구 분	미등록
수입금액	100만 원×12개월=1,200만 원
(-) 필요경비	1,200만 원×50%=600만 원
(-) 기본공제	X
= 소득금액	600만 원
산출세액	600×14%=84만 원
(-) 세액감면	X
납부세액	84만 원

참고로 1주택자면서 기준시가가 12억 이하라면 100만 원이 아니라 월 1,000만 원씩 받아도 전액 비과세이므로 납부할 세금이 없습니다. 본인이 거주하는 호실 외에 나머지를 임대를 줄 수 있는 다가구주택이 한때 재테크 수단으로 유행한 이유기도 합니다. 다가구주택은 여러 세대가 살아도 구분등기가 되어 있지 않으면 1주택으로 봅니다.

근로소득 외에 매달 100만 원씩 월세를 받는 고가주택 소유자가 분리과세로 세금을 낸다면 84만 원에다가 지방세 10%를 포함하면 92.4만 원(84만 원＋8.4만 원)을 소득세로 납부하게 됩니다. 분리과세로 소득세를 납부할 시 1개월 치 월세 정도를 세금으로 낸다고 생각하면 대략 맞습니다.

소득세를 전혀 내지 않으려면

다른 소득이 2,000만 원 이하일 때 소득세가 부과되지 않는 수입금액은 등록임대주택 1,000만 원, 미등록주택 400만 원입니다. 12개월로 나누면 각각 월 83.3만 원, 33.3만 원이 됩니다. 이 금액 아래로 월세를 받으면 세금을 내지 않습니다. 뒤에서 설명드리겠지만 소득금액이 0원이므로 건강보험료도 부과되지 않습니다.

> 등록임대주택 : 1,000만 원 – 600만 원(1,000만 원×60%) – 기본공제 400만 원＝0원

> 미등록 : 400만 원 – 200만 원(400만 원×50%) – 기본공제 200만 원＝0원

※분리과세 vs 종합과세

분리과세 세율			종합소득 세율		
과세표준	세율	누진공제	과세표준	세율	누진공제
2,000만 원 이하	14%	–	1,400만 원 이하	6%	–
			5,000만 원 이하	15%	1,260,000
			8,800만 원 이하	24%	5,760,000
			1.5억 원 이하	35%	15,440,000
			3억 원 이하	38%	19,940,000
			5억 원 이하	40%	25,940,000
			10억 원 이하	42%	35,940,000
			10억 원 초과	45%	65,940,000

하지만 다른 소득이 2,000만 원을 초과한다면 분리과세를 해도 추가공제가 전혀 적용되지 않으므로 실제 비용이 수입금액을 초과해 손실이 발생하지 않는 이상 무조건 소득세가 부과됩니다.

주택임대소득을 종합과세하는 것이 유리한지, 분리과세하는 것이 유리한지는 각 케이스 별로 계산을 해봐야 합니다. 분리과세와 달리 종합과세 신고는 계산과정이 복잡한 편입니다.

▶ **주택임대 수입금액이 연 2,000만 원 이하인 경우입니다.**

1. 다른 소득이 없고 임대등록을 하지 않았다면 : 종합과세가 유리

2. 다른 소득이 1,400만 원을 넘는다면 : 분리과세가 유리
   (분리과세는 14% 단일세율이지만, 종합소득은 1,400만 원 초과 5,000만 원 이하 구간에 15%가 적용되기 때문입니다.)

3. 다른 소득이 1400만원 이하 : 임대주택 등록 여부에 따라 다름
   등록 임대주택 : 주택임대 수입금액 0~1,000만 원 : 분리과세가 유리(세금 없음)
   　　　　　　　　주택임대 수입금액 1,000~2,000만 원 : 따져봐야 함
   미등록 : 주택임대 수입금액이 0~400만 원 : 분리과세가 유리(세금 없음)
   　　　　주택임대 수입금액이 400~2,000만 원 : 따져봐야 함

05 월세 수입이 연 2,000만 원을 넘는다면?

 월세와 간주임대료를 합한 수입금액이 연 2,000만 원을 넘는다면 종합과세 대상입니다. 다른 소득과 합쳐서 종합소득세 신고를 하여야 합니다.

해설

앞서 살펴본 대로, 주택임대사업으로 인한 이익을 계산할 시 매출에서 실제 경비를 차감할 수도 있고, 추정 경비율을 적용해서 차감할 수도 있습니다. 본인에게 유리한 쪽으로 신고하면 됩니다. 경비율은 매년 3월 말 국세청에서 고시하고 있으며, 2024년 3월 고시된 경비율에 따르면 2023년분 주택임대사업 경비율은 다음과 같습니다.

※주택임대사업 업종코드별 경비율

구분	업종코드	세세분류	설명	단순경비율	기준경비율
주거용 건물 임대업	701101	고가주택 임대	기준시가 12억 초과 주택	37.4	12.9
	701102	일반주택 임대	기준시가 12억 이하 주택	42.6	17.2
	701103	장기임대 공동 · 단독주택	장기임대 공동주택, 단독주택 (국민주택 5호 이상, 5년 이상)	61.6	20.1
	701104	장기임대 다가구주택	장기임대 다가구주택 (국민주택 5호 이상, 5년 이상)	59.2	19.1

수입금액이 2,000~2,400만 원 미만일 때

수입금액이 2,000~2,400만 원 미만이라면 단순경비율을 적용할 수 있습니다. 기준시가 12억 원 이하, 일반주택, 주택임대 수입금액은 연 2,200만 원이라고 합시다. 단순경비율을 적용할 경우 필요경비는 2,200만 원×42.6%=937.2만 원입니다. 주택임대소득금액은 2,200만 원에서 937.2만 원을 뺀 1,262.8만 원입니다. 1,262.8만 원을 타 소득과 합산해서 종합소득세를 신고하여야 합니다. 만약 단순경비율로 추정한 937.2만 원보다 실제 연간 지출한 주택담보대출 이자, 재산세, 종합부동산세, 수리비 등의 합계 금액이 크다면 장부를 작성해서 신고하는 것이 유리합니다.

단순경비율은 수입금액이 2,400만원 '미만'일 때 적용됩니다. 매월 200만 원씩 월세를 수령한다면 연 2,400만 원이 되므로 단순경비율이 아닌 기준경비율 대상자입니다. 무슨 차이가 있을까 싶으신가요? 한번 단순경비율과 기준경비율이 적용될 때를 계산해보겠습니다.

> 일반주택 임대, 수입금액 2,400만 원이라고 가정하겠습니다.

단순경비율을 적용하면 필요경비 2,400만 원×42.6%=1,022.4만 원을 차감하여 주택임대소득금액은 1,377.6만 원이 됩니다. 기준경비율을 적용하면 2,400만 원×17.2% =412.8만 원을 차감하여 소득금액이 1,987.2만 원이 됩니다. 기준경비율 적용 시 주요경비가 있다면 추가로 공제해줍니다. 하지만 주택임대사업에서는 주요경비 3가지인 재화매입, 인건비, 임차료가 발생하는 경우가 드뭅니다. 각각 경비율 적용에 따른 소득금액 차이는 600만 원 이상입니다.

소득세는 소득금액에 세율을 곱해 계산하게 되는데, 소득세 최저세율인 6%를 적용한다고 하더라도 기준경비율 대상자는 36만 원이나 더 내야 합니다. 그러므로 수입금액이 2,400만 원(월세 200만 원) 전후일 때는 월세를 조금 빼서 단순경비율을 적용받는 것이 유리합니다.

수입금액이 2,400만 원 이상일 때

수입금액이 2,400만 원 이상이 된다면 기준경비율을 적용해서 필요경비를 계산할 수 있습니다. 수입금액 4,800만 원 미만이라면 기준경비율로 계산하고 종합소득에 합산하면 되지만, 4,800만 원 이상이라면 무기장 가산세 20%를 추가로 납부해야 합니다. 월세를 매달 400만 원이나 받는다면 추정해서 신고하지 말고, 원칙대로 장부를 작성해서 신고하라는 의미입니다. 마찬가지로 기본경비율로 추정한 금액보다 실제 지출한 비용이 크다면 장부를 작성해서 신고하는 것이 유리합니다.

이때 장부를 복식부기로 작성한다면 소득세를 더 줄일 수 있습니다. 부동산임대업에서는 수입금액 7,500만 원 미만까지가 간편장부대상자에 해당합니다. 간편장부대상자는 복식부기로 장부 작성을 하지 않아도 되지만, 성실납세 및 정확한 회계처리를 위해 복식부기로 신고한다면 기장세액공제를 적용받을 수 있습니다. 기장세액공제는 종합소득세액의 20%를 공제해줍니다. 소득공제가 아닌 세액공제입니다. 내야 할 세금에서 20%를 그냥 빼줍니다.

종합소득세 산출세액이 300만 원이 나왔다면 300만 원×20%=60만 원을 공제하고 240만 원만 납부하면 됩니다. 다른 소득과 합산하여 신고한다면 종합소득세 산출세액에서 주택임대소득금액이 차지하는 비율에 해당하는 세액의 20%를 공제합니다.

> 기장세액공제=종합소득세 산출세액×(주택임대소득금액 /종합소득금액)×20%

기장세액공제는 100만 원 한도이며, 공동명의라면 기장세액공제는 각각 적용되어 최대 200만 원까지도 줄일 수 있습니다.

주택임대 수입금액별 총정리

수입금액	과세방식	추계신고	비고	장부작성
2,000만 원 이하	분리 or 종합	단순경비율		
2,000 ~ 2,400만 원 미만		단순경비율		
2,400 ~ 4,800만 원 미만	종합과세	기준경비율	무기장 가산세 X	간편장부
4,800 ~ 7,500만 원 미만			무기장 가산세 20%	
7,500만 원 이상		X (무신고로 봄)	무신고가산세 20%	복식부기

집 사주는 회계사의 **부동산 세금 비밀파일** 095

06 월세를 많이 받으면 세금 폭탄을 맞는다?

 월세를 받으면 세금폭탄을 맞진 않을까 걱정하시는 분이 있습니다. 우리나라에서 소득의 세율이 100%인 경우는 없습니다. 그러니 세금은 무조건 소득보다 적게 부과됩니다. 그런데 왜 세금을 폭탄이라고 얘기하냐면 사전에 대비하지 못하고 갑자기 내서 그렇습니다. "꽝"하고 터지는 폭탄처럼 느껴지는 것입니다. 세금이 어느 정도 나올지 대략이라도 알고 있다면 세금은 더 이상 폭탄이 아니게 됩니다.

해설

주택임대사업은 재테크로 아주 추천할 만합니다. 1주택자(기준시가 12억 원 이하)는 월세를 아무리 많이 받아도 소득세를 내지 않기 때문입니다. 본인 소유의 집을 세입자에게 월세로 주고 본인은 다른 곳에서 전세로 거주하는 것은 세금을 활용한 강력한 재테크 방법입니다. 고가주택이나 2주택 이상인 분이 월세를 받아도 수입금액 2,000만 원까지는 14%의 세율로 분리과세가 되어서 세금부담이 적습니다. 심지어 주택 재테크는 월세가 핵심이 아닙니다. 주택은 상가나 빌딩 같은 수익형 부동산이 아니라 토지와 같은 차익형 부동산입니다. 나중에 주택을 양도할 때 얻게 되는 시세 차익이 핵심이라고 할 수 있습니다.

세금이 얼마나 나올지 잘 모르면 불안하고 불확실하니 무섭게 느껴질 수 있습니다. 이번 챕터에서는 월세 소득에 따라 소득세가 얼마나 나올지 대략적으로 알아보겠습니다. 종합소득세는 몇 번의 더하기 빼기로 표시될 만큼 계산이 간단하지 않습니다. 따라서 주변에서 볼 수 있을 법한 경우를 가정하여 시뮬레이션을 해보겠습니다.

[주요 가정]

- 주택임대 외 근로소득금액 4,000만 원
- 거주 주택 외 1채 월세 임대(기준시가 12억 원 이하 주택)
- 주택임대사업자 미등록
- 경비율은 직전연도 매출에 따라 정해지지만 당해 수입금액과 동일하다고 가정

수령한 월세 금액에 따라 추가로 내야할 세금은 다음과 같습니다.

매출 (총 수입금액)		비용 (필요경비)		이익 (소득금액)	세율 (지방세 포함)	추가 소득세	월세 대비 소득세 비율
월세	연간 합계	경비율	비용 인정액				
200,000	2,400,000	50%	1,200,000	1,200,000	15.40%	184,800	7.70%
400,000	4,800,000	50%	2,400,000	2,400,000	15.40%	369,600	7.70%
600,000	7,200,000	50%	3,600,000	3,600,000	15.40%	554,400	7.70%
800,000	9,600,000	50%	4,800,000	4,800,000	15.40%	739,200	7.70%
1,000,000	12,000,000	50%	6,000,000	6,000,000	15.40%	924,000	7.70%
1,200,000	14,400,000	50%	7,200,000	7,200,000	15.40%	1,108,800	7.70%
1,400,000	16,800,000	50%	8,400,000	8,400,000	15.40%	1,293,600	7.70%
1,666,667	20,000,000	50%	10,000,000	10,000,000	15.40%	1,540,000	7.70%
1,676,667	20,120,000	42.60%	8,571,120	11,548,880	26.40%	3,048,904	15.20%
1,800,000	21,600,000	42.60%	9,201,600	12,398,400	26.40%	3,273,178	15.20%
1,990,000	23,880,000	42.60%	10,172,880	13,707,120	26.40%	3,618,680	15.20%
2,000,000	24,000,000	17.20%	4,128,000	19,872,000	26.40%	5,246,208	21.90%
2,500,000	30,000,000	17.20%	5,160,000	24,840,000	26.40%	6,557,760	21.90%
3,000,000	36,000,000	17.20%	6,192,000	29,808,000	26.40%	7,869,312	21.90%
3,500,000	42,000,000	17.20%	7,224,000	34,776,000	26.40%	9,180,864	21.90%
3,990,000	47,880,000	17.20%	8,235,360	39,644,640	26.40%	10,466,185	21.90%
4,000,000	48,000,000	17.20%	8,256,000	39,744,000	26.40%	10,492,416	21.90%
4,500,000	54,000,000	17.20%	9,288,000	44,712,000	26.40%	11,803,968	21.90%
5,000,000	60,000,000	17.20%	10,320,000	49,680,000	38.50%	19,126,800	31.90%

소득세 증액분 시뮬레이션을 살펴보면 월세 구간별로 소득세 부담율이 갑자기 올라가는 구간이 두 군데 있습니다.

첫 번째는 2,000만 원 구간입니다. 연간 수입금액 합계가 2,000만 원 이하(월세 166.6만 원 이하)라면 분리과세를 선택할 수 있습니다. 분리과세 시 소득세 부담률은 7.7%로 한 달분 월세 정도를 세금으로 납부하게 됩니다. 연간 수입금액이 2,000만 원을 초과한다면 월세 소득금액은 합산과세 되기 때문에 타 소득금액의 한계세율만큼 세금을 부담하게 되어서 세금 부담이 껑충 뜁니다.

두 번째 구간은 2,400만 원 구간입니다. 2,400만 원 미만은 단순경비율이 적용되고, 2,400만 원부터는 기준경비율이 적용됩니다. 다른 소득과 합산하여 과세되므로 타 소득금액이 어느 정도인지에 따라 세율이 달라집니다. 앞서 가정한 것처럼 타 소득이 4,000만 원이라면 단순경비율을 적용할 시 2달 치 월세 정도를 세금으로 내며, 기준경비율을 적용할 시에는 3~4달분 월세를 세금으로 냅니다. 임차인에게 월세 200만 원을 받는 것보다 만원을 빼서 199만 원으로 계약하는 것이 160만 원 이상의 세금을 줄일 수 있는 방법입니다.

수입금액이 2,400만 원 이상이 되어 3~4달 치 월세를 세금으로 낼 것이 예상된다면 월세를 받을 때마다 20% 정도를 별도로 적립해두거나 종합소득세를 내는 다음 연도 5월 전에 2월부터 4월까지의 3달 치 월세는 쓰지 않고 세금용으로 저축해두면 좋습니다. 이외 주택임대사업자는 월세로 인한 소득세보다 지역가입자 건강보험료를 내는 상황을 더 부담스러워하곤 합니다. 건강보험의 피부양자 유지에 대해서는 뒤에서 자세히 알아보도록 하겠습니다.

07 재산세는 얼마나 나오나요?

집을 가지고 있으면 보유세 측면에서는
재산세와 종합부동산세, 2가지 세금을 납부해야 합니다.
둘 다 6월 1일 기준의 소유자에게 1년분 세금이 부과됩니다. 5월 31일에 집을 팔
았다면 재산세, 종합부동산세 모두 매수인이 납부하게 되는 것입니다. 보유세는
주택의 시세가 아닌 '공시가격'을 기초로 부과하고 있고, 공시가격은 미리 확인할
수 있기 때문에 간단한 계산식만 알고 있으면 보유세를 직접 계산해 볼 수 있습니다.

해설

먼저 공시가격입니다.

공시가격은 토지와 건물이 각각 고시되며, 재산세도 건물분은 7월 16~31일, 토지
분은 9월 16~30일에 각각 납부합니다. 하지만 주택은 토지와 건물을 합쳐서 공시가격이
고시됩니다. 단독주택, 다가구주택은 '개별주택가격'으로, 아파트, 다세대주택, 연립주
택은 '공동주택가격'으로 고시되며, 이는 **부동산 공시가격 알리미**(https://www.real-
typrice.kr/)에서 확인할 수 있습니다.

공시가격은 국토교통부가 한국감정원과 함께 매년 1월 1일을 기준으로 조사해서
정기적으로 발표합니다. 기준일자는 1월 1일이지만 고시일은 4월 말입니다. 올해 공시
가격이 고시되기 전까지는 전년도 공시가격을 기준으로 합니다. 참고로 공시가격은 시
세의 50~70% 선에서 형성되어 있습니다. 2020년 정부는 '공시가격 현실화 계획'을 수
립하여 2035년까지 시세 대비 90%까지 공시가격을 올리겠다고 발표하였습니다. 하지
만 공시가격에 연동되는 항목이 보유세 외에도 건강보험료, 기초연금, 토지보상 등 67
가지나 되어 파급력이 크다 보니 현 정부 들어서는 전면 재검토하는 것으로 입장이 바
뀐 상태입니다.

다음은 공정시장가액비율입니다. 주택은 60%입니다. 공정시장가액비율은 주택가
격 변동과 지방재정 여건 등을 감안해 공시가격의 반영비율을 조정할 수 있도록 만든
것인데, 2009년 도입부터 지금까지 한 번도 바뀐 적이 없습니다. (2023~2024년에 한

집 가지고 있을 때

04

시적으로 1세대 1주택 특례를 도입하여 43~45%를 적용한 적은 있습니다.)

> '공시가격×공정시장가액비율'이 과세표준이 되고,
> 여기에 세율을 곱하면 재산세가 나옵니다.

재산세 직접 계산해보기

재산세 과세표준을 구하기 위해서는 먼저 공시가격을 확인합니다. 부동산 공시가격 알리미에서 올해 공시가격을 확인한 결과 5억 원이라고 가정해 봅시다. 재산세 과세표준은 5억 원×60%(공정시장가액비율)＝3억 원입니다. 과세표준이 3억 원 이하이므로 적용세율은 0.25%이며, 재산세는 3억 원×0.25%－18만 원＝57만 원입니다. 57만 원의 50%는 7월에 납부하고, 나머지 50%는 9월에 납부합니다.

> 만약 부부 공동명의로 1/2의 지분을 보유하고 있다면 재산세는 어떻게 낼까요?

재산세 계산과정은 동일합니다. 납부자만 달라집니다. 부부가 각각의 지분에 해당하는 만큼인 57만 원×1/2＝285,000원을 7월에 50%, 9월에 50% 납부하게 됩니다. 재산세에서는 공동명의로 인한 절세효과는 없습니다.

실제 재산세 고지서에는 이보다 많은 금액이 고지됩니다. 도시지역분(구 도시계획세)와 지방교육세가 추가로 붙기 때문입니다. 도시지역분은 재산세 과세표준의 0.14%, 지방교육세는 재산세액의 20%가 부과됩니다. 위의 사례로 보면 재산세 57만 원에 도시지역분 42만 원과 지방교육세 11.4만 원이 추가되어 실제 재산세로 고지되는 금액은 총 110.4만 원이 됩니다.

※주택 재산세 세율

과세표준구간	세율	누진공제
6천만 원 ~ 1.5억 원	0.1%	
6천만 원 ~ 1.5억 원	0.15%	3만 원
1.5억 원 ~ 3억 원	0.25%	18만 원
3억 원 초과	0.4%	63만 원

6천만원~1.5억원부터는 누진공제를 적용합니다.

※세부담상한초과세액

공시가격 구간	세부담 상한
3억 원 이하	105%
3억 원 초과 6억 원 이하	110%
6억 원 초과	130%
법인소유주택	150%

산출세액에서 세부담 상한 초과액을 빼면 납부할 세액이 나옵니다.

※재산세 계산 예시

재산세 계산구조		산출방법(주택)
시가표준액	• 주택 : 주택공시가격	500,000,000원
	• 건축물 : 시가표준액	
	• 토지 : 개별공시지가	
×공정시가액비율	• 부동산 시장의 동향과 지방제정 여건 등을 고려하여 대통령령으로 결정	60%
	• 주택 : 60% (40%~80%에서 결정)	
	• 건축물 : 70% (50%~90%에서 결정)	
	• 토지 : 70% (50%~90%에서 결정)	
= 과세표준		300,000,000원
×세율	• 주택 : 0.1%~0.4% (과세표준에 따라 적용)	0.25%
	• 건축물 : 0.25%~4% (용도와 지역에 따라 적용)	
	• 토지 : 0.07%~4% (종합합산, 별도합산, 분리과세 대상별로 적용)	
= 산출세액		570,000원
− 세부담상한초과세액	• (직전 연도 산축세액×세부담상한율)에서 산출세액을 차감하여 계산	없음
	• 주택 : 105%~130%	
	• 건축물 : 150%	
	• 토지 : 150%	
= 납부할 세액		570,000원
+ 재산세도시지역분	• 주택 재산세 과세표준에 0.14% (재산세 도시지역분 적용대상 지역)	420,000원
= 총 납부세액	• 납부세액이 250만 원 초과 시 분납 가능	990,000원

08 종합부동산세는 얼마나 나오나요?

종합부동산세가 보유세 친구인 재산세와 가장 다른 점은 담당자가 다르다는 것입니다. 재산세는 지방세로 지자체 관할이고, 종부세는 국세로 국가(세무서) 관할입니다. 그래서 재산세 문의는 시청이나 구청에 해야 하고, 종부세 문의는 세무서에 해야 합니다.

해설

종합부동산세는 6월 1일 기준 주택 및 토지 소유자에게 부과되며, 12월 1~15일에 납부합니다. 본 챕터에서는 주택을 기준으로 설명드리겠습니다.

※종합부동산세 계산 순서 (개인 주택기준)

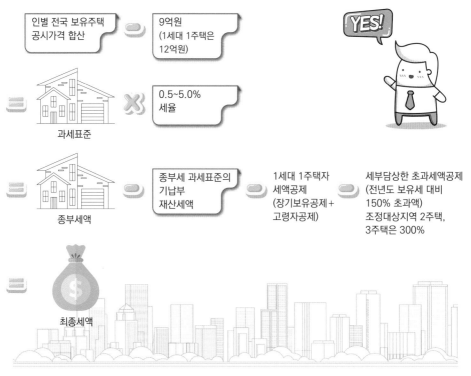

종부세는 재산세에 비해 계산구조가 복잡합니다.

간략하게 표현하면 A×B×C−D 입니다. A는 공시가격 기준금액 초과분, B는 공정시장가액비율, C는 세율, D는 재산세 공제액 등입니다.

먼저, 공시가격 기준금액 초과분(A)입니다.

전국에 있는 본인 소유 주택의 공시가격을 모두 더합니다. 종합부동산세는 인별 과세이며, 부부도 각각 과세합니다. 공동명의라면 본인 지분에 해당하는 금액만 합산합니다. 합산금액에서 기준금액을 빼줍니다. 기준금액은 6억 원에서 2023년부터 9억 원으로 변경되었습니다. 따라서 본인 지분의 주택 공시가격 합계가 9억 원 이하라면 종부세는 부과되지 않습니다.

인별로 기준금액을 빼주다 보니 같은 아파트를 가지고 있는 단독명의 철수네와 공동명의 영희네의 종부세에 차이가 발생합니다. 철수네는 9억 원만 빼주고, 영희네는 부부 각각 9억 원씩 총 18억 원을 빼주게 되니까요. 형평성을 위해서 단독명의인 1주택자는 추가로 3억 원을 더하여 12억 원을 빼주고 있습니다. 예를 들어 공시가격 13억 원인 아파트를 부부 공동명의로 가지고 있다면 각각 9억 원이 공제되므로 종부세를 내지 않습니다. 단독명의로 가지고 있다면 13억 원 − (9억 원 + 3억 원) = 1억 원에 대한 종부세를 내야 합니다.

여기서 조금 헷갈릴 수 있는 부분이 있습니다. 주택 수를 판단하는 기준입니다.

양도소득세에서는 주택 수를 판단할 때 '건물'을 기준으로 합니다. 만약 아파트 1채와 주택부수토지를 가지고 있다면 양도세에서는 1주택 + 1토지이므로 1주택자로 보아 1세대 1주택 비과세 혜택을 받을 수 있습니다. 하지만 재산세와 종부세에서는 '토지'를 기준으로 주택 수를 판단합니다. 위의 경우 종합부동산세에서는 1주택 + 1주택(토지)으로 간주되어 1세대 1주택에게 주어지는 혜택(+3억, 고령자공제, 장기보유공제)을 받을 수 없으니 유의하셔야 합니다.

참고로 아파트 청약을 할 때도 무주택/유주택 여부는 '건물'을 기준으로 판단합니다. 주택부수토지를 가지고 있다면 재산세 고지서에 '주택분'으로 재산세가 표기되는데, 그럼에도 불구하고 청약을 할 때는 여전히 무주택자로 인정됩니다.

다음은 공정시장가액비율(B)입니다.

공정시장가액비율은 최근 몇 년간 정부의 정책방향에 따라 탄력적으로 운용되고 있습니다. 법 개정사항이 아니라 시행령 개정사항으로 변경이 가능하기 때문입니다.

문재인 정부에서는 종부세 강화 정책에 따라 매년 공정시장가액비율을 올렸습니다. 2019년 85%, 2020년 90%, 2021년 95%를 적용하였고, 2022년에는 100%로 적용할 예정이었으나 정권이 바뀌며 다시 60%로 떨어졌습니다. 2024년 현재까지는 60%를 유지하고 있으나 이 또한 언제든 변경될 수 있습니다.

※종부세 공정시장가액비율

(단위 : %)

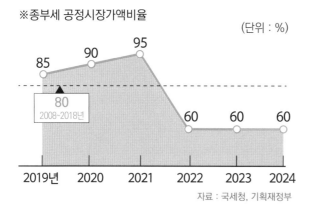

자료 : 국세청, 기획재정부

세율(C)은 주택 수와 과세표준(A×B) 구간별로 달라집니다.

2주택 이하

※종합부동산세 세율(2주택 이하) / 23년 귀속분부터

초과	이하	세율	누진공제액
	300,000,000	0.50%	–
300,000,000	600,000,000	0.70%	600,000
600,000,000	1,200,000,000	1.00%	2,400,000
1,200,000,000	2,500,000,000	1.30%	6,000,000
2,500,000,000	5,000,000,000	1.50%	11,000,000
5,000,000,000	9,400,000,000	2.00%	36,000,000
9,400,000,000		2.70%	101,800,000
법인		2.70%	–

3주택 이상

※종합부동산세 세율 (3주택 이상) / 23년 귀속분부터

초과	이하	세율	누진공제액
	300,000,000	0.50%	–
300,000,000	600,000,000	0.70%	600,000
600,000,000	1,200,000,000	1.00%	2,400,000
1,200,000,000	2,500,000,000	2.00%	14,400,000
2,500,000,000	5,000,000,000	3.00%	39,400,000
5,000,000,000	9,400,000,000	4.00%	89,400,000
9,400,000,000		5.00%	183,400,000
법인		5.00%	–

2021~2022년에 다주택자(조정대상지역 2주택 또는 3주택 이상 보유)에게는 종합부동산세 중과세율이 적용되었고, 당시 중과세율은 현 세율의 2배 이상이었는데 2023년 중과세율이 개정되면서 현재는 다주택자라 하더라도 세부담이 많이 줄었습니다.

한편, 법인은 부동산매매법인을 활용한 주택 투기 수요를 막고자 공제금액 없이 단일세율(2주택 이하는 2.7%, 3주택 이상은 5%)로 종부세를 부과하고 있습니다.

마지막 D는 차감되는 세액공제 등입니다.

먼저 재산세 공제입니다. 이중과세를 막기 위해 재산세의 상당액을 차감해줍니다. 계산식이 복잡하므로 이중과세를 막기 위한 장치가 있다는 정도만 알아둡시다.

두 번째는 세액공제입니다. 세액공제는 1세대 1주택자만 적용됩니다. 고령자공제와 장기보유공제의 2가지가 있으며, 최대 80%까지 중복 적용할 수 있습니다. 세액공제는 원칙적으로 1세대 1주택 단독명의자에만 해당되지만, 2021년부터는 공동명의자도 세액공제 적용이 유리할 경우 단독명의자처럼 납부할 수 있게 개정되었습니다.

고령자공제

연 령	공제율
만 60세 이상 만 65세 미만	100분의 20
만 65세 이상 만 70세 미만	100분의 30
만 70세 이상	100분의 40

장기보유공제

보유기간	공제율
5년 이상 10년 미만	100분의 20
10년 이상 15년 미만	100분의 40
15년 이상	100분의 50

알아두면 좋아요

재산세와 종부세 관련 부처가 다른 이유?

종합부동산세는 2005년 참여정부 때 집값 폭등을 막고자 도입한 세금입니다. 당시 정부는 집값이 천정부지로 오르자 이를 해결할 수 있는 방안에 대해 깊이 고민했습니다. 고심 끝에 집을 가지고 있으면 내야 하는 재산세를 더 많이 부과하는 방향으로 법을 개정하고자 했습니다. 그런데 당시 야당의 텃밭이었던 강남구를 비롯한 지자체에서는 시도조례를 활용하여 재산세를 감면해주는 식으로 정책에 반발하였습니다. 이에 지자체에서 임의로 감면할 수 없도록 종합부동산세를 국세로 신설하였습니다. 이러한 이유로 인해 같은 보유세임에도 불구하고 재산세는 지자체에서 관리하고, 종부세는 세무서에서 관리하게 된 것입니다.

종부세 중과세 사례

"아이고 마~ 종부세는 돈 천만 원이나 나올까 했는데~ 정권 바뀌면 세금 줄 거 같아서 안 판 건데... 우야면 조씁니꺼...!"

종합부동산세가 다주택자의 악몽이 되던 2021년, 필자의 사무실로 방문한 어머님 고객의 사연입니다. 어머님은 백발이 성성하신 모습이었는데, 일찍이 남편을 여의고 홀로 아들 둘을 힘들게 키우셨다고 합니다. 아들 둘을 먹이기도 빠듯한데 교육까지 시키느라 음식 장사, 옷 장사 등 안 해본 일이 없으시고, 그렇게 허리띠 졸라가며 겨우겨우 말년에 본인 살 아파트 1채와 노후 자금으로 쓸 월세용 아파트 1채를 마련하셨습니다.

장성한 자식들도 분가해서 손자 손녀 낳고 잘 사는 것을 보고 '아, 이제 고생 끝에 낙이 오는구나~!' 싶으셨는데 큰아들 사업이 어려워져 그만 빚더미에 앉고 말았답니다. 현재 큰아들은 법원에 개인회생을 신청해서 매월 채무를 변제하는 중인데, 어머님께선 힘들어하는 아들을 지켜보며 월세용 아파트를 팔아서 도와줘야 하는 건 아닌지 끙끙대며 고민하시다 필자의 사무실에 방문하신 것이었습니다.

양도소득세 중과세가 한창 시행되던 때라서 월세용 아파트는 수억 원의 양도세 부담을 안고 팔아야 했기에 쉽지 않아 보였습니다. 어머님은 대안으로 월세 중 일부라도 아들 생활비에 보태주고 싶어 하셨으나, 어머님이 미처 생각지 못하신 게 있었습니다. 바로, 종합부동산세였습니다. 조정대상지역 2주택자에게는 징벌적 중과세율로 종부세를 부과하던 때라 2채의 아파트를 단독명의로 보유하는 어머님이 2021년 내셔야 할 종합부동산세는 4,000만 원도 넘었습니다.

"진작에 만나볼 것을~ 월세 말고 돈 나올 구멍도 없는데 우야면 좋노..."

종부세가 이렇게까지 많이 나올 줄 알았다면 작년에 집을 팔 걸 그랬다며 어머님은 연신 아쉬움을 토로하다 끝내 눈물을 보이셨습니다. 상담 후 무거운 발걸음으로 사무실을 나가시는 어머님을 보며 필자의 마음도 무거워졌습니다.

혹자는 집이 2채나 있고, 또 시세가 많이 올랐으니 세금도 많이 내는 게 맞지 않냐고 합니다. 그렇지만 갑작스러운 세금은 누구에게나 벅찰 수밖에 없습니다. 앞으로 과세 방향이 어떻게 바뀔지 알 수는 없지만, 다주택자라고 해서 모두 투기꾼은 아니므로 몽둥이로 내리치는 듯한 종부세 때리기는 더 이상 없기를 바랍니다.

09 월세 받으면 건강보험료 내야 한다던데요?

 주택 월세를 받는 임대인이 세금보다 더 걱정하는 것이 바로 건강보험료입니다. 흔히 4대 보험이라 이야기하는 준조세 4가지는 '국민연금, 건강보험, 산재보험, 고용보험'입니다. 임대인이 유독 건강보험료를 걱정하는 이유는 은퇴 후 노후자금으로 주택 월세를 받는 분이 많기 때문입니다. 이분들은 60세 이상으로 국민연금 납부 대상이 아니며, 근로자가 아니기 때문에 산재보험, 고용보험도 내지 않습니다. 건강보험료만 부담하는 겁니다.

해설

건강보험제도란?

건강보험의 정확한 명칭은 '국민건강보험'입니다. 보험이라고 하면 사고나 병을 대비하기 위해 평소에 보험료를 내고, 사건이 발생하면 보험금을 받는 제도인데요. 국민건강보험도 '보험'입니다. 국민건강보험은 전 국민을 대상으로 하는 제도인데, 보험자인 국민건강보험공단에 건강보험료를 내고, 사고가 발생하거나 아파서 병원에 갈 때 의료보험 지원을 받는 것입니다. 병원비 청구서를 들여다보면 건강보험이 적용되는 급여항목과 적용되지 않는 비보험항목 간에는 피보험자 부담금에 있어 차이가 크다는 것을 확인할 수 있습니다.

국민건강보험은 일반 보험과 다른 3가지 특징을 가지고 있습니다.

첫째, 보험 가입이 의무입니다.

만일 국민건강보험에 자율적으로 가입하게 한다면, 건강한 사람은 보험에 가입하지 않고 질병 위험이 큰 사람만 가입할 것입니다. 젊은 층은 지금 당장 아프지 않으니 가입하지 않으려 할 테고, 나이가 많은 노년층은 서로 가입하려고 할 겁니다. 그렇게 되면 국민의 건강 위험을 분담하고 의료비를 공동으로 해결하려는 국민건강보험 본연의 목적을 달성할 수 없게 됩니다. 그래서 국내에 거주하는 국민은 누구나 의무적으로 건강보험에 가입하도록 만들어 두었습니다.

둘째, 보험료가 차등적으로 부과됩니다.

일반 보험은 보장의 범위, 질병 위험 정도 등에 따라 보험료가 결정됩니다. 그런데 국민건강보험은 '사회'보험입니다. 건강보험의 취지상 전 국민이 가입해야 하는데 모두가 동일한 보험료를 내야 한다면, 재산 및 소득요건에 따라 부득이하게 보험료를 내지 못하는 사람도 있을 것입니다. 국민건강보험은 수익 창출보다 사회적으로 의료비 문제를 해결하는 것을 목적으로 하기 때문에 보험료를 소득 수준 등에 따라 차등적으로 부과합니다. 소득이나 재산이 많은 사람은 보험료를 많이 내고, 반대의 경우에는 적게 냅니다.

셋째, 보험 혜택은 동일합니다.

국민 모두가 가입해야 하고, 보험료는 차등 부과되지만 혜택은 모두 동일하게 받습니다. 보편적 복지입니다. 일반적으로 민간보험은 보험료를 많이 내면 보험금도 많습니다. 하지만 건강보험은 보험료를 많이 내든 적게 내든 동일한 혜택을 받습니다. 고소득자가 건강보험료를 최대한 적게 내고 싶어 하는 이유가 바로 여기에 있습니다.

건강보험의 가입 형태

건강보험의 가입 형태는 3가지입니다. 직장가입자, 직장가입자의 피부양자 그리고 지역가입자입니다.

직장가입자는 공무원, 교직원, 회사원, 직원이 있는 개인사업자 등입니다. 개인사업자는 직원이 최소 1명은 있어야 본인과 직원 모두 직장가입자로 분류되며, 직원이 없다면 직장이라기보단 '개인'이기 때문에 지역가입자로 분류됩니다.

직장가입자의 피부양자는 직장가입자와 생계를 함께하는 배우자, 부모님, 자녀 등입니다. 소득과 재산이 일정 이하인 경우에만 해당됩니다.

직장가입자와 직장가입자의 피부양자가 아니라면 모두 지역가입자입니다.

건강보험료 부과기준

직장가입자는 월급(보수월액)을 기준으로 건강보험료를 납부합니다. 회사에서 월급을 지급할 때 건강보험료 등의 4대 보험료를 떼고 근로자에게 지급하며, 회사는 원천징수한 건강보험료 등을 다음 달 10일까지 각 기관에 납부합니다. 만일 직장가입자에게 월급 외에 연 2천만 원 이상의 추가소득이 있다면 해당 소득은 '소득월액'이라고 하며, 소득월액에 대한 건강보험료를 추가로 내야 합니다.

직장가입자의 피부양자는 건강보험료를 내지 않습니다.

지역가입자는 자산, 소득, 자동차 가액을 모두 합친 점수에 따라 건강보험료를 냅니다(2024년 1월 8일, 보건복지부는 '자동차'에 부과되는 건강보험료를 폐지하겠다고 발표함). 그런데 지역가입자는 직장가입자보다 건강보험료 부담이 큰 편이라 지난 몇 년 간 지역가입자의 보험료 부담을 낮추는 쪽으로 법령이 개정되고 있습니다.

피부양자가 되려면?

위에서 말씀드렸듯 건강보험료를 내지 않는 사람은 직장가입자의 피부양자밖에 없습니다. 월세를 받는 주택임대사업자가 건강보험료를 납부하고 싶지 않다면 회사를 다니는 자녀나 배우자의 피부양자로 들어가야 합니다. 직장가입자의 피부양자 조건에는 크게 재산요건, 소득요건이 있습니다. 두 가지 요건을 모두 충족해야 피부양자가 될 수 있습니다.

1. 재산요건

소득이 없어도 재산이 많으면 피부양자가 될 수 없습니다. 서울 요지에 땅을 수천 평이나 가지고 있음에도 소득이 없다고 건강보험료를 내지 않는 건 형평성에 어긋나겠지요? 본인 소유재산의 재산세 과세표준에 따라 피부양자 여부가 정해지며, 부동산 공시가격으로 역산하면 다음과 같습니다.

- 공시가격 15억 원 초과 : 피부양자 불가
- 공시가격 9억 원 초과 15억 원 이하 : 종합소득금액 1천만 원 이하일 경우 피부양자 가능
- 공시가격 9억 원 이하 : 종합소득금액 2천만 원 이하일 경우 피부양자 가능

2. 소득요건

피부양자의 소득요건은 사업소득 기준과 합산소득 기준이 있습니다. 먼저 사업소득 기준입니다. 세무서에 사업자등록이 되어있고, 사업소득금액이 1원이라도 발생했다면 피부양자가 될 수 없습니다. 사업자등록이 되어있지 않다면 사업소득 500만 원

이하까지는 피부양자가 될 수 있습니다. 하지만 주택임대사업은 사업자등록을 내지 않아도 낸 것으로 봅니다. 소득금액이 1원이라도 발생하면 피부양자가 될 수 없습니다. 월세 등의 수입금액이 2천만 원 이하여서 분리과세를 하였다고 해도 납부세액이 있다면 소득금액이 발생한 것이기 때문에 피부양자가 될 수 없습니다.

합산소득 기준은 연 2천만 원 이하입니다. 종합소득 대상인 6가지 소득(이자소득, 배당소득, 사업소득, 근로소득, 연금소득, 기타소득)을 모두 합산하는데 퇴직소득과 양도소득은 제외합니다. 실업급여와 같이 비과세되는 항목도 제외합니다. 이자소득, 배당소득을 합한 금액이 연 2천만 원 이하라면 종합소득세 신고 시에는 분리과세 대상이지만, 건강보험법상 피부양자 판단을 할 때는 합계 금액이 1천만 원 이하일 때만 제외되고 1천만 원을 넘으면 합산소득에 포함합니다. 기타소득은 분리과세 대상이면 제외하고, 종합합산 대상이면 포함합니다.

언론에 가장 많이 이슈가 된 공적연금(국민연금, 공무원연금, 사학연금, 군인연금 등) 수령자는 매달 167만 원 이상의 공적연금을 수령시 연간 2천만 원을 초과하기 때문에 피부양자 자격이 상실됩니다.

주택 임대사업자가 건강보험료를 내지 않으려면?

주택임대사업자는 소득금액이 1원이라도 있으면 피부양자가 될 수 없습니다. 수입금액(매출) 기준이 아니라 소득금액(이익)을 기준으로 하기 때문에 주택임대소득금액(수입금액 − 필요경비)이 '0원'이어야 피부양자 등록이 가능합니다.

1. 1주택자(공시가격 12억 원 이하)

주택임대소득이 전액 비과세로 월세 수입과 관계없이 피부양자가 가능합니다.

2. 주택임대 수입금액이 연 2천만 원(월 166만 원) 초과

분리과세가 아닌 종합과세 대상으로, 대부분 사업소득금액이 1원 이상 발생하여 피부양자가 될 수 없습니다. (종부세 등 지출경비가 수입금액을 넘는다면 피부양자 가능)

3. 주택임대 수입금액이 연 2천만 원 이하
① 타 소득금액 2천만 원 초과

타 소득금액이 2천만 원을 넘기 때문에 주택임대소득을 분리과세 하더라도 추가공제를 받지 못합니다. 주택임대소득금액이 0원이 되려면 월세나 간주임대료가 없어야 하므로 2주택 이하(소형주택 제외) 전세일 때만 피부양자가 가능합니다.

② 타 소득금액 2천만 원 이하+미등록 임대주택

분리과세 시 추가공제 200만 원이 적용됩니다. 필요경비율 50%를 역산하면 주택임대 수입금액 400만 원(월 33만 원)까지 피부양자가 가능합니다.

③ 타 소득금액 2천만 원 이하+등록 임대주택

분리과세 시 추가공제 400만 원이 적용됩니다. 필요경비율 60%를 역산하면 주택임대 수입금액 1천만 원(월 83만 원)까지 피부양자가 가능합니다.

※건강보험료 2단계 개편안(22년 9월 시행)

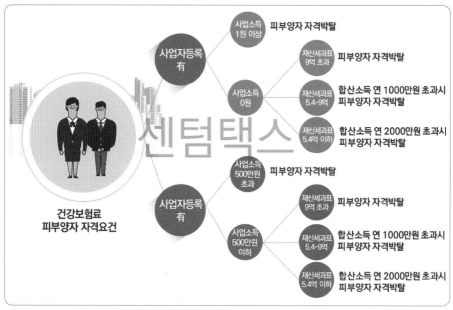

10 사업자등록은 반드시 해야 하나요?

"회계사님, 집으로 사업자등록 뭐 어쩌고 하는 게 날라오던데 사업자등록 이거 해야 하는 거예요?"

주택 임대소득이 있는 분들로부터 가장 많이 받는 질문 중 하나입니다. 주택 임대 사업자등록을 정확하게 표현하면 「부가세법」에 따라 세무서에서 하는 사업자등록이 있고, 「민간임대주택에 관한 특별법」에 따라 구청이나 시청에서 하는 민간임대 사업자등록이 있습니다. 세무서의 사업자등록은 사업자가 지켜야 할 의무사항이라면, 민간임대 사업자등록은 세금혜택을 보기 위해 자발적으로 등록하는 선택사항입니다.

해설

세무서 사업자등록

우리가 보통 어떤 사업을 시작할 때 사업자등록을 할지 말지를 고민하지는 않습니다. 사업을 시작하기 전에 세무서에 가서 사업자등록을 하는 과정은 필수라고 생각하기 때문입니다. 세무서에 사업자등록을 하지 않고 사업을 하는 행위는, 국세청의 입장에서는 소득 활동을 하면서 국가에 알리지 않으려고 하는 아주 괘씸한 행동으로 봅니다. 그렇기 때문에 가산세도 무겁게 부과하고 있습니다.

사업자등록에 대한 사항은 부가세법에서 규정하고 있으며 반복적인 소득이 발생한다면 사업자등록을 해야만 합니다.

> **부가가치세법 제8조(사업자등록)**
> ① 사업자는 사업장마다 대통령령으로 정하는 바에 따라 사업 개시일부터 20일 이내에 사업장 관할 세무서장에게 사업자등록을 신청하여야 한다. 다만, 신규로 사업을 시작하려는 자는 사업 개시일 이전이라도 사업자등록을 신청할 수 있다.

하지만 주택임대사업은 사업자등록을 해야 할지 말지 애매할 때가 있습니다. 예를 들어 제가 아이 교육 문제 때문에 학군이 좋은 지역으로 이사를 가려고 합니다. 자녀가 학교를 다니는 3년 정도만 살 예정이라 기존에 살던 집은 팔지 않고 세입자에게 임차를 주고 이사를 가려 합니다. 제가 보유한 집이 고가주택이고, 세입자를 월세로 받는다면 저에게는 주택임대소득이 발생하는 것입니다. 그러니 부가가치세법에 따라서 세무서에 가서 사업자등록을 해야 합니다. 그런데 '난 3년 뒤에는 다시 돌아와서 살 건데? 3년 후에 없앨 걸 굳이 거창하게 사업자등록까지 내야 하나? 안 내면 안 되나?'라는 생각이 드는 것입니다. 때에 따라 거주하기도 하고, 사업의 수단이 되기도 하는 주택임대업은 사업자등록이 애매할 때가 있습니다.

국세청도 이런 사실을 잘 알고 있습니다. 그래서 2019년까지 주택임대사업자는 세무서에 사업자등록을 하지 않아도 가산세가 없었습니다. 하지만 2020년 1월 1일부터는 원칙대로 주택임대사업자도 사업개시일(임차를 주는 날)로부터 20일 이내에 세무서에 사업자등록을 하여야 하고, 등록하지 않은 경우에는 주택임대 수입금액의 0.2%를 가산세로 부과하고 있습니다.

소득세법 제81조의 12(주택임대사업자 미등록 가산세)
① 주택임대소득이 있는 사업자가 제168조 제1항 및 제3항에 따라 「부가가치세법」 제8조 제1항 본문에 따른 기한까지 등록을 신청하지 아니한 경우에는 사업 개시일부터 등록을 신청한 날의 직전일까지의 주택임대수입금액의 1천분의 2를 가산세로 해당 과세기간의 종합소득 결정세액에 더하여 납부하여야 한다.
② 제1항에 따른 가산세는 종합소득산출세액이 없는 경우에도 적용한다.

임대주택에서 월세를 200만 원씩 받는다면 연간 수입금액은 2,400만 원이고, 0.2%인 48,000원을 가산세로 내야 합니다. 부가세법의 미등록 가산세가 매출액의 1%인 것과 비교해본다면 여전히 주택임대사업의 특수성을 반영해주고 있긴 합니다. 미등록 가산세가 크지 않으니 그냥 내고 말겠다 하시는 분은 굳이 사업자등록을 하지 않으셔도 됩니다. 가산세가 아깝다 생각하시는 분은 원칙대로 월세를 받기 시작할 때 세무서에 가서 사업자등록을 하고, 추후 다시 실거주 하거나 매도할 때 세무서에 폐업 신고를 하시면 됩니다. (신청, 폐업 모두 간단합니다!)

지방자치단체 민간임대주택 등록

「민간임대주택에 관한 특별법」에 따라 구청이나 시청에 등록하는 주택임대사업은 내용이 복잡합니다. 일정 요건을 충족할 시 소득세, 양도세, 종부세, 재산세 등 다양한 세금 혜택을 받을 수 있습니다. 하지만 세금 혜택을 그냥 주진 않겠죠? 그래서 지켜야 하는 의무사항도 많은데 이행하지 않을 경우 최대 3천만 원까지 과태료가 부과될 수 있습니다. 그래서 구청이나 시청에 등록하는 민간임대 사업자등록은 각별히 유의해야 합니다.

세제 혜택 축소로 인해 현재는 민간임대주택 등록은 많이 하지 않고 있습니다. 하지만 기업이 아닌 개인이 임대주택의 대부분을 공급하고 있는 우리나라 주택임대시장 특성상 정부는 임대시장을 안정시키기 위해 민간임대사업자의 세제 혜택을 다시 늘릴 수 있으니 제도 변화에 대해 관심을 가지고 지켜봐야 합니다.

 민간임대주택의 다양한 세금 혜택

- 재산세 감면
- 종합부동산세 합산 배제
- 소형주택 임대사업자에 대한 종합소득세 세액감면
- 장기일반민간임대주택 등에 대한 양도소득세 과세특례(장기보유특별공제 최대 70% 적용)
- 다주택자 양도소득세 중과세 배제
- 거주주택 비과세 특례

 민간임대주택 사업자가 지켜야 할 주요 의무사항

① 표준임대차계약서 작성

흔히 부동산에서 작성하는 1장짜리 임대차계약서가 아니라 임대사업자가 지켜야 할 권리의무사항이 빽빽하게 기재된 6장짜리 표준임대차계약서로 계약을 체결해야 함.

② 계약갱신 거절 불가

임차인은 계약갱신청구권을 쓰지 않아도 의무임대기간 중에는 임대인에게 계속 계약갱신을 요구할 수 있으며, 임대인은 이를 거절할 수 없음.

③ 보증금 5% 증액 제한

임차인이 누구든지 관계없이 1년 이내에 보증금을 5% 이상 올릴 수 없음. 주택임대차보호법상 2년 미만으로 정한 임대차는 그 기간을 2년으로 보기 때문에 2년마다 5% 증액이 가능함.

④ 보증금반환보증보험 가입 의무

임차인의 보증금을 보호하기 위해 임대인은 의무적으로 보증금반환보험에 가입해야 함.

⑤ 부기 등기

누구나 해당 주택이 임대주택임을 알 수 있도록 등기사항전부증명서에 임대주택이란 사실을 부기등기 해야 함.

11 임대사업자가 2월 10일까지 해야 하는 것은?

세무서에 주택임대사업자를 등록하면 다음 해 1월 중순경 국세청으로부터 사업자현황신고서를 제출하라는 안내문을 받게 됩니다. 사업자를 등록하지 않았어도 주택임대소득을 신고한 적이 있다면 안내문을 받게 됩니다. 세무서에서 안내문을 받으면 무슨 내용인지 알기도 전에 겁부터 덜컥 나곤 하는데요. 이번 챕터에서는 주택임대사업자의 사업장현황신고에 대해 알아보겠습니다.

해설

왜 사업장현황신고를 해야 하나요?

사업장현황신고는 부가가치세 면세사업자가 직전년도 연간 수입금액 및 사업장 현황을 관할세무서에 신고하는 것을 말합니다. 쉽게 부가세 과세사업자의 '부가세 신고'와 같은 개념이라고 생각하면 됩니다.

부가세 과세사업자는 1년에 2회(간이과세자는 연 1회) 부가세 신고를 하고 있습니다. 이를 통해 국세청이 해당 사업자의 매출 현황 등을 미리 파악할 수 있습니다. 하지만 부가세 면세사업자는 깜깜이입니다. 부가세 신고를 하지 않기에 다음 해 5월 종합소득세를 신고하기 전까지는 국세청이 면세사업자의 매출이 얼마나 되는지 파악할 수가 없습니다. 매출을 알 수 없으니 5월 종합소득세 신고 안내문을 보낼 때도 곤란합니다. 이에 면세사업자는 사업장현황신고 의무를 부여하여 다음 해 2월 10일까지 수입금액 및 사업장 현황 등을 신고하게끔 하고 있습니다.

사업장현황신고 대상은?

부가가치세가 면세되는 개인사업자가 사업장현황신고의 대상입니다. 법인은 대상이 아닙니다. 국내 법인은 12월 말 결산법인이 전체의 97%에 달할 정도로 많은데, 12월 말 결산법인은 3월 말까지 법인세를 신고 및 납부하므로 부가세 면세법인이라고 하더라도 2월에 사업장현황신고를 할 필요는 없습니다.

주택임대사업자 외에도 부가세 면세사업자인 병·의원, 치과, 한의원 등의 의료업자나 학원, 교습소, 공부방 등 학원업자, 그리고 가수·모델·배우 등의 연예인과 대부업자 등은 사업장현황신고를 해야 합니다.

주택임대사업자는 모두가 사업장현황신고 대상이지만, 기준시가 12억 원 이하 1주택자의 월세 수입은 비과세이므로 사업장현황신고를 하지 않아도 됩니다. 하지만 연도 중에 이사 등으로 인해 일시적으로 2주택인 기간이 있었다면 2주택 보유기간 동안 발생한 월세 임대 수입은 소득세가 과세되므로 현황신고를 하여야 합니다.

사업장 현황신고를 하지 않는다면?

주택임대사업자가 사업장현황신고를 신고기한 내에 하지 않으면 어떻게 될까요? 일반적으로 사업장현황신고서 미제출 시 부과될 수 있는 가산세는 2가지입니다.

1. 사업장현황신고 불성실 가산세

「의료법」에 따른 의료업, 「수의사법」에 따른 수의업 및 「약사법」에 따라 약국을 개설하여 약사에 관한 업을 행하는 사업자로서, 사업장현황신고를 하지 아니하거나 신고하여야 할 수입금액에 미달하게 신고한 때에는 그 신고하지 아니한 수입금액 또는 미달하게 신고한 수입금액의 0.5%에 해당하는 금액을 해당 과세기간의 종합소득세 결정세액에 가산합니다. 하지만 주택임대업은 신고업종으로 규정되어 있지 않기 때문에 사업장현황신고 불성실 가산세는 내지 않습니다.

2. 보고불성실가산세

복식부기의무자가 매출·매입처별 계산서합계표 및 매입처별 세금계산서합계표를 제출기한 내에 미제출하거나 매출·매입처별 계산서합계표 및 매입처별 세금계산서합계표를 제출한 경우로서 그 합계표에 기재하여야 할 사항의 전부 또는 일부가 기재되지 아니하거나 사실과 다르게 기재된 경우에는 공급가액의 0.5%에 해당하는 금액이 가산세로 부과될 수 있습니다.

일반적으로 주택임대사업자는 사업자보다는 개인과 거래를 하기 때문에 세금계산서 또는 계산서를 발행하지 않습니다. 그러므로 대부분 보고불성실가산세가 부과되지 않습니다.

그럼에도 사업장현황신고를 해야 하는 이유는 소법 78조 및 소령 141조 때문입니다.

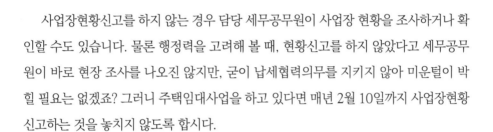

소득세법 시행령 제141조(사업장 현황신고 및 조사확인)
⑤ 사업장 관할세무서장 또는 지방국세청장은 다음 각 호의 어느 하나에 해당하는 사유가 있는 때에는 사업장 현황을 조사·확인할 수 있다.
1. 법 제78조의 규정에 의한 사업장현황신고를 하지 아니한 경우

사업장현황신고를 하지 않는 경우 담당 세무공무원이 사업장 현황을 조사하거나 확인할 수도 있습니다. 물론 행정력을 고려해 볼 때, 현황신고를 하지 않았다고 세무공무원이 바로 현장 조사를 나오진 않지만, 굳이 납세협력의무를 지키지 않아 미운털이 박힐 필요는 없겠죠? 그러니 주택임대사업을 하고 있다면 매년 2월 10일까지 사업장현황신고하는 것을 놓치지 않도록 합시다.

12 보증금 5% 증액 계산하는 방법

주택 임대인은 아래 3가지 경우에 해당될 때
임차인 보증금을 5% 이내에서만 올려야 합니다.

1. 임차인이 계약갱신청구권을 사용하여 계약을 연장할 때 (주택임대차보호법)
2. 임대인이 상생임대인 특례제도를 받고자 할 때 (소득세법)
3. 지자체에 민간임대주택으로 등록했을 때 (민간임대주택에 관한 특별법)

 해설

　전세를 주고 있을 때는 5% 계산이 간단합니다. 현재 전세가 3억 원이라면 갱신 시 보증금은 1,500만 원 (3억 원×5%) 이내에서만 증액할 수 있습니다. 임대인이 최대로 받을 수 있는 금액은 3.15억입니다. 그런데 임차인과 월세, 흔히 반전세라고도 얘기하는 임대차계약을 체결했다면 계산은 다소 복잡합니다. 임의로 보증금은 보증금대로 5%를 올리고, 월세는 월세대로 5%를 올린다면 시장금리에 따라 인상률이 5%를 넘을 수도 있습니다. 월세를 보증금으로 전환하는 방법은 3가지 모두 주택임대차보호법을 준용하고 있습니다. 먼저 월세를 보증금으로 환산한 후 총 보증금을 기준으로 5% 증액한도를 계산하고, 이후 월세로 전환을 하는 방식으로 계산합니다.

> **주택임대차보호법 제7조의2(월차임 전환 시 산정률의 제한)**
> 보증금의 전부 또는 일부를 월 단위의 차임으로 전환하는 경우에는 그 전환되는 금액에 다음 각 호 중 낮은 비율을 곱한 월차임(月借賃)의 범위를 초과할 수 없다.
> 1. 「은행법」에 따른 은행에서 적용하는 대출금리와 해당 지역의 경제 여건 등을 고려하여 대통령령으로 정하는 비율
> 2. 한국은행에서 공시한 기준금리에 대통령령으로 정하는 이율을 더한 비율

　현재 1항의 비율은 10%이며, 2항의 기준금리에 가산하는 이율은 2%입니다. 둘 중 작은 비율로 계산하므로 기준금리가 8%가 넘지 않는다면 2항으로 전환율을 계산합니다.

월세전환율＝Min(10%, 한국은행 기준금리＋2%)

※ 한국은행 기준금리 변동 추이

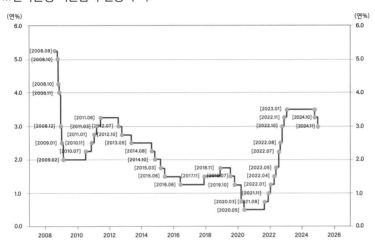

보증금 1억 원, 월세 110만 원으로 주택 월세를 줄 경우, 5% 계산하는 방법을 알아 보겠습니다.

① 전환율 계산

10%와 5.5% (＝기준금리 3.5% 가정＋2%) 중 낮은 비율인 5.5%로 계산합니다.

② 월세 총액을 보증금으로 환산

월세 110만 원은 연 1,320만 원이며, 보증금으로 전환할 시 1,320만 원 / 5.5%＝ 2.4억 원이 됩니다.

③ 증액금 계산

현재 보증금 1억 원과 월세 환산금 2.4억 원을 합하면 3.4억 원이 됩니다. 이 금액 을 기준으로 5%를 계산하면 증액 가능한 금액은 1,700만 원(＝3.4억×5%)이므로 3.57 억 원까지 증액할 수 있습니다.

④ 월세로 다시 전환

3.57억 중 보증금 1억을 제외하면 2.57억이 됩니다. 여기에 다시 전환율인 5.5%를 곱해줍니다. 연간 월세 수령액은 14,135,000원이 되며, 이를 12개월로 나누면 월세 상 한액은 약 117.7만 원이 됩니다.

위 전환 방법은 주택임대차에만 해당하며, 상가임대차는 상가임대차보호법에 따라 전환율이 달라지니 유의하셔야 합니다.

상가임대차보호법 제12조(월 차임 전환 시 산정률의 제한)
보증금의 전부 또는 일부를 월 단위의 차임으로 전환하는 경우에는 그 전환되는 금액에 다음 각 호 중 낮은 비율을 곱한 월 차임의 범위를 초과할 수 없다.
1. 「은행법」에 따른 은행의 대출금리 및 해당 지역의 경제 여건 등을 고려하여 대통령령으로 정하는 비율
2. 한국은행에서 공시한 기준금리에 대통령령으로 정하는 배수를 곱한 비율

현재 1항의 비율은 12%이며, 2항의 기준금리에 곱하는 배수는 4.5배입니다. 위와 동일한 조건일 때의 상가임대차 5% 상한을 계산해보겠습니다.

① 전환율 계산

12%와 15.75%(=현 기준금리 3.5%×4.5배) 중 낮은 비율인 12%로 계산합니다.

② 월세 총액을 보증금으로 환산

월세 110만 원은 연 1,320만 원이며, 보증금으로 전환 시 1,320만 원 / 12%=1.1억 원이 됩니다.

③ 증액금 계산

현재 보증금 1억 원과 월세 환산금 1.1억 원을 합하면 2.1억 원이 됩니다. 이 금액을 기준으로 5%를 계산하면 증액 가능한 금액은 1,050만 원(=2.1억 원×5%)이므로 2억 2,050만 원까지 증액할 수 있습니다.

④ 월세로 다시 전환

2억 2,050만 원 중 보증금 1억 원을 제외하면 1억 2,050만 원이 됩니다. 여기에 다시 전환율인 12%를 곱해줍니다. 연간 월세 수령액은 14,460,000원이 되며, 이를 12개월로 나누면 월세 상한액은 120.5만 원이 됩니다.

5%에서 금액이 1만 원만 초과해도 법 위반으로 과태료가 부과되거나 상생임대인 비과세 혜택을 받을 수 없게 되니 5% 계산법은 정확하게 알아두도록 합시다.

13 세금이 많이 나와서 명의를 변경하고 싶은데요?

 "송 회계사, 내가 퇴직하고 소득도 많지 않은데 세금이 너무 많이 나와서 도저히 안되겠어. 우리 집을 공동명의로 바꾸고 싶은데 어떻게 하면 될까?"

해설

전국 부동산이 '불장'이던 2021년, 정부는 주택 투기수요를 잡는다는 명목으로 종합부동산세의 징벌적 과세를 시작했습니다. 보유세 부과 기준이 되는 공시가격을 시세에 가깝게 끌어올린 '공시가격 현실화' 계획을 발표하였고, 공정시장가액비율과 세율도 동시에 올렸습니다. 조정대상지역(당시 전국의 웬만한 인기 지역은 다 조정대상지역이었음) 내 2주택자는 일반세율이 아닌 중과세율을 적용받아 일반세율을 적용할 때에 비해 3배 이상 많은 종합부동산세를 납부하였습니다.

"그래도 집은 가장이 가지고 있어야지!"라며 단독명의를 고수하던 아버님들이 생각을 바꾸는 변곡점이었습니다. 애초에 왜 단독명의로 취득했는지 그 속사정이야 다 알 수 없겠지만 세금만 보아서는 단독명의보다 공동명의가 유리합니다. 상속세까지 고려하면 더더욱 공동명의가 유리합니다. 애당초 세금을 잘 아는 분이었다면 단독명의로 취득하진 않았겠지요.

이런 아버님들은 '명의 변경'을 아주 쉽게 생각한다는 공통점이 있습니다. '명의 변경'이라는 단어만 봐서는 부동산 명의를 바꾸는 단순한 절차일 텐데 뭐가 어려울까 싶으신 겁니다. 명의자는 부동산 소유자입니다. 단독명의에서 공동명의로 바꾼다는 것은 단독 소유에서 공동 소유로 변경하는 것이고, 이는 단독으로 보유하던 내 재산의 반을 배우자에게 무상으로 넘기는 '증여'입니다. 그러니 세법상 증여세가 부과됩니다. 또한 배우자는 무상으로 부동산을 '취득'하는 것이기 때문에 '취득세'를 내야 하며, 명의가 변경되는 것을 부동산 등기사항전부증명서에 표기해야 하기 때문에 '등기비용'도 납부해야 합니다. 명의를 변경하는 것에 따른 거래비용이 꽤 많다는 소리입니다.

종합부동산세가 너무 많이 나와 명의 변경을 고려하고 있는 상황이라면, 명의 변경 시 발생하는 취득세, 등기 비용, 증여세의 합과 명의 변경 후 줄어드는 종합부동산세액을 비교해본 후 결정해야 합니다.

예를 들어 보겠습니다.

서울 송파구 34평 아파트의 현 시세를 20억 원이라고 합시다. 남편 단독명의에서 부부 공동명의(각 1/2지분)로 변경하려고 합니다.

① 취득세 납부

아내가 무상취득하는 아파트의 1/2지분은 10억 원입니다. 2023년 1월 1일의 지방세법 개정으로 인해 무상취득 시 내야 하는 취득세의 과세표준은 시가표준액(공시가격)에서 시가인정액(시세)으로 변경되었습니다. 그러므로 시가의 1/2인 10억 원이 과세표준이 됩니다. 취득세율은 3.8%(취득세 3.5%, 지방교육세 0.3%)로 취득세 납부 금액은 3,800만 원입니다. 전용면적이 85m²를 초과한다면 4.0%(취득세 3.5%, 지방교육세 0.3%, 농어촌특별세 0.2%)를 적용합니다.

만약 조정대상지역 내 공시가격 3억 원 이상인 주택을 증여하는 경우라면 중과세율이 적용되어 취득세가 12.4%로 껑충 뛰어 취득세가 무려 1.24억 원(10억×12.4%)이 됩니다. 다만 1세대 1주택자가 배우자나 자녀 등에게 증여할 때는 일반세율을 적용합니다.

② 등기비용

국민주택채권 매입, 법무사 수수료를 내야 합니다. 인지세는 증여 시에는 납부하지 않습니다(p58. 참고). 이 중 금액이 가장 큰 국민주택채권 매입을 살펴보겠습니다. 서울특별시 주택 무상 취득 시 채권매입율은 42/1000입니다. 매입할 채권은 4,200만 원(10억 원×42/1000)이 되며, 할인율 10%를 가정하여 즉시 매도 시 부담액은 420만 원이 됩니다. 법무사 수수료가 80만 원 전후라고 하면 등기비용으로 500만 원 정도를 부담해야 합니다.

③ 증여세

배우자 증여는 10년간 6억 원까지 증여세가 면제됩니다. 증여세는 6억 원의 초과분인 4억 원(10억 원−6억 원)에 대해서 부과되며, 증여세 산출세액은 7,000만 원(4억 원×20% - 누진공제 1천만 원)입니다.

　정리하면 남편분이 단독명의에서 공동명의로 변경하려면 취득세 3,800만 원, 등기비용 500만 원, 증여세 7,000만 원으로 총 1억 1,300만 원의 비용이 발생합니다. 공동명의에 따른 종합부동산세 절감액도 계산해봐야겠지만 위와 같은 상황이라면 명의변경을 하지 않는 게 오히려 낫다는 결론이 나옵니다.

　마지막으로 하나 더 따져봐야 할 사항이 있습니다. 바로 상속세입니다. 향후 집을 매도할 계획이 없다면 공동명의 변경으로 인한 상속세 절감액까지 고려해봐야 합니다. 공동명의로 변경하고 10년 이후에 남편분이 돌아가신다면 상속세 절세액이 위 거래비용보다 클 수 있기에 지금 1억 1,300만 원을 내더라도 증여하는 것이 유리할 수 있습니다. 이는 종합적으로 판단해야 할 사항이므로 명의변경을 쉽게 생각하지 마시고, 반드시 세무대리인과 사전에 논의하여 진행하시는 것이 좋습니다.

Chapter

05

집 팔 때

01 양도세는 얼마나 나올까요? 셀프 계산 방법

 인터넷 게시판에 [한국축산농가에서 양을 키우지 않는 이유]에 대한 글이 올라온 적이 있습니다. 댓글로 다양한 답변이 달렸는데요. 이 넌센스 퀴즈의 답은 [양도소득세를 내야 해서]였습니다. 피식 웃고 말았지만 '다들 양도소득세가 무섭다고 느끼는구나'라는 생각이 들었습니다.

해설

양도소득세가 무서운 이유는 한 해 한 해를 보내며 차곡차곡 쌓여있는 시세 상승분에 대한 **세금을 한 번에 몰아서 내기** 때문입니다. 저희 사무실 바로 앞에 있는 과천 주공 8단지는 1983년에 준공되었습니다. 당시 분양가는 5천만 원도 안됐지만. 40년이 흘러 재건축이 진행 중인 지금의 시세는 16억 원 전후입니다. 최초 분양받은 소유자가 지금까지 집을 팔지 않았다면 시세 상승분 15억 원에 대해 한 번도 세금을 내지 않은 것입니다. 이는 미실현 이익이기 때문이죠. 이렇게 되면 40년 동안 30배 넘게 상승한 시세차익에 대한 세금을 단 한 번, 집을 팔 때 몰아서 냅니다. 이때 비과세, 일반과세, 중과세에 따라 내야 할 세금은 수십 배 차이가 나게 됩니다.

양도세 계산 방식은?

양도세의 계산구조는 크게 3단계로 나눌 수 있습니다.

① 시세차익 계산
② 과세표준 계산
③ 세율 곱하기

우선 시세차익 계산에 대해 알아봅시다.

시세차익은 직관적으로 '얼마에 사서 얼마에 팔았는가'에 대한 것입니다. 정확하게는 판 금액 – 산 금액 – 부대비용입니다. 주택을 돈을 주고 샀다면 산 금액을 정확히 알겠지만, 무상(증여 또는 상속)으로 취득했다면 매수한 금액이 얼마인지 잘 모를 수 있습

※양도소득세 계산방법

순서	계산흐름	비고
①	**양**도가액	실지거래가액
②	**필**요경비	취득가액
		기타필요경비
③	양도**차**익	① - ②
④	(-) **장**기보유특별공제	3년 이상 보유시
⑤	양도소득금액	③ - ④
⑥	(-) 기본공제	연간 250만 원
⑦	과세표준	⑤ - ⑥
⑧	X 세율	
⑨	산출세액	⑦ × ⑧

니다. 이때는 증여세 또는 상속세 신고 당시 세무서에 신고한 가액을 취득가액으로 봅니다. **세법에서는 부대비용을 '필요경비'라고 표현합니다.** 필요경비는 주택을 사거나 파는 과정에 들어간 비용 일체입니다. 주택을 살 때 낸 취득세와 중개수수료, 법무사비용, 집을 팔 때 낸 중개수수료와 양도세 신고 수수료 등이 해당됩니다.

두 번째, 과세표준 계산입니다.

시세차익에서 **장기보유특별공제와 기본공제를 차감하여 계산**합니다. 장기보유특별공제란 부동산을 3년 이상 보유했을 때 물가상승률을 감안하여 차감해주는 것으로, 일반적으로 적용되는 표1*, 1세대 1주택에게 적용되는 표2*가 있습니다. 표1은 3년 이상 보유 시 1년에 2%씩, 최대 30%(15년)까지 공제합니다. 표2는 3년 이상 보유하고 2년 이상 거주시 거주기간 1년당 4%, 보유기간 1년당 4%를 적용하여 각각 40%씩, 최대 80%까지 공제합니다. 기본공제는 연 1회 250만 원을 빼줍니다.

마지막으로, 세율 곱하기입니다.

세율은 2년 미만일 때 적용하는 단일세율(1년 미만 70%, 1년 이상 2년 미만 60%)과 2년 이상 보유 시 적용하는 기본세율이 있습니다. 기본세율은 과세표준이 높아질수

*140p. 장기보유특별공제 참조

록 높은 세율이 적용되는 누진과세 방식을 적용합니다. 여기에 주택 수에 따라 기본세율에 20%, 30%를 가산하는 중과세율이 있습니다. 해당하는 세율을 곱한 후 누진공제액을 차감하면 내야 할 양도소득세가 계산되는데, 여기에 지방소득세 10%를 더하면 납부해야 할 총 부담세액이 결정됩니다.

※양도소득세 기본 세율

과세표준	세율	누진공제
1,400만 원 이하	6%	–
5,000만 원 이하	15%	1,260,000
8,800만 원 이하	24%	5,760,000
1.5억 원 이하	35%	15,440,000
3억 원 이하	38%	19,940,000
5억 원 이하	40%	25,940,000
10억 원 이하	42%	35,940,000
10억 원 초과	45%	65,940,000

30년 전 5천만 원에 산 주택을 15억 원에 판다면?

앞서 예시로 들었던 8단지 아파트를 비과세가 아닌 일반과세로 매도할 시 양도세 계산입니다.

① 시세차익은 15억 원 – 5천만 원=14.5억 원입니다. 여기에 취득세, 중개수수료 등의 필요경비를 1천만 원이라고 하면 정확한 양도차익은 14.4억 원입니다.
② 과세표준은 양도차익 14.4억 원에서 장기보유특별공제 30%(표1 가정, 15년 이상 보유)를 적용하여 14.4억 원×30%=4.32억 원을 공제하고, 기본공제 250만 원을 빼줍니다.

> 과세표준=14.4억 원 – 4.32억 원 – 250만 원=10억 550만 원

③ 과세표준이 10억 원을 초과하므로 45% 세율이 적용되며, 누진공제액으로 6,594만 원을 차감해줍니다. 납부해야 할 양도세는 386,535,000원(=10억 550만 원×45%–6,594만 원)이 됩니다. 여기에 지방소득세로 10%인 38,635,500원을 합산하면 총 부담세액은 425,188,500원입니다.

02 양도세 비과세는 무조건 무조건이야~!

개인적으로 대한민국 국민이 가장 크게 누릴 수 있는 비과세 혜택은 바로 [상장주식 양도차익 비과세]와 [양도소득세 1세대 1주택 비과세] 2가지라고 생각합니다. 비과세는 세금을 부과하지 않겠다는 것입니다. 소득 규모가 수백만 원이든 수억 원이든 관계없이 정부가 일절 과세하지 않겠다고 하는 것입니다. 근로자가 매달 받는 급여도 소득세를 따박따박 원천징수하는데, 월급보다 훨씬 큰 소득이 발생해도 세금을 걷지 않겠다는 것이니 납세자 입장에선 이보다 좋은 것이 없습니다. (물론 고소득자가 세금을 많이 내야 나라 지키는 군인들 월급도 주고, 어려운 이웃을 위한 복지에도 쓰고 할 테지만, 자발적으로 세금을 많이 내겠다고 하는 사람은 찾기 어렵겠죠?)

 해설

상장주식 양도차익 비과세는 2025년부터 금융투자소득세를 도입하여 부과할 예정이었으나 현 정부가 금투세 폐지를 추진하고, 여야가 합의하여 폐지하는 것으로 결정되었습니다. 이에 반해 양도소득세 1세대 1주택 비과세 규정은 큰 변화 없이 계속 유지

> **소득세법 제89조 【비과세 양도소득】**
> ① 다음 각 호의 소득에 대해서는 양도소득에 대한 소득세(이하 "양도소득세"라 한다)를 과세하지 아니한다.
> 3. 다음 각 목의 어느 하나에 해당하는 주택(주택 및 이에 딸린 토지의 양도 당시 실지거래가액의 합계액이 12억원을 초과하는 고가주택은 제외한다)과 이에 딸린 토지로서 건물이 정착된 면적에 지역별로 대통령령으로 정하는 배율을 곱하여 산정한 면적 이내의 토지(이하 이 조에서 "주택부수토지"라 한다)의 양도로 발생하는 소득
>   가. 1세대가 1주택을 보유하는 경우로서 대통령령으로 정하는 요건을 충족하는 주택
>   나. 1세대가 1주택을 양도하기 전에 다른 주택을 대체취득하거나 상속, 동거봉양, 혼인 등으로 인하여 2주택 이상을 보유하는 경우로서 대통령령으로 정하는 주택

되고 있습니다.

소득세법 89조 에 의거하여 1세대가 1주택을 팔 때 얻은 양도소득은 과세하지 않습니다. 1세대 1주택에 해당하는 주택 가격이 12억 원 이하라면 세금이 전혀 없으며, 12억

고가주택 양도차익 계산식＝주택 양도차익×(양도가액 − 12억 원) / 양도가액

원이 넘는 고가주택이라면 매도금액 중 12억 원이 넘는 비율에 대해서만 과세합니다.

예를 들어 1세대 1주택사가 집을 1억에 사서 12억 원에 팔 때는 세금이 없습니다. 1억 원에 사서 13억 원에 판다면 전체 양도차익 12억 원(13억 원 −1억 원) 중 12억 원의 초과분에 해당하는 양도차익 약 9,230만 원(＝12억×1/13) 정도만 과세가 이루어집니다. 여기에 10년 거주 및 보유에 대한 장기보유특별공제와 기본공제 250만 원을 빼서 양도소득세를 계산하면 총 부담세액은 약 124만 원으로 시세차익 12억에 대비했을 때 실효세율은 0.1% 수준입니다. 100을 벌었는데 세금은 0.1밖에 내지 않는다는 의미입니다. 종합소득세 계산 시 소득금액 1억 원에 대한 세율이 35%임을 비교해보면 어마어마한 혜택이란 것 알 수 있습니다.

양도소득세 비과세 혜택은 어마어마한 만큼 모든 주택 소유자에게 주지는 않습니다. **[1세대 1주택 비과세 요건]**을 충족해야만 **혜택**을 받을 수 있는데, 비과세 요건은 다음 장에서 상세하게 살펴보겠습니다. 비과세 요건에 해당하지 않는다면 일반과세 혹은 중과세가 적용됩니다. (현재 다주택자 중과세는 2025년 5월 9일까지 유예된 상태입니다.)

여기선 비과세/ 일반과세/ 중과세에 따라 세금이 얼마나 차이가 나는지 계산해보겠습니다. 편의상 10년 보유 및 거주한 주택이라고 가정하며, 중과세는 2주택자 세율 (＋20%)을 적용해보겠습니다.

12억 원의 양도차익에 비과세가 적용된다면 고작 124만 원을 세금으로 낼 뿐이지만, 일반과세가 적용된다면 4억 원을 세금으로 내야 하고 중과세 적용 시에는 무려 7.8억 원의 세금을 내야 합니다. 비과세가 선택이 아닌 필수인 이유, 숫자를 보니 확 체감되시죠?

상담을 하다 보면 일시적 2주택 비과세 규정을 적용받아 3년 이내 종전 주택을 팔

※양도소득세 예시(비과세 vs 일반과세 vs 중과세)

순서	계산흐름	비과세	일반과세	중과세
①	양도가액	13억 원	13억 원	13억 원
②	취득가액	1억 원	1억 원	1억 원
③	과세대상 양도차익	9,230만 원	12억 원	12억 원
④	장기보유특별공제	7,384만 원 (양도차익×80%)	2.4억 원 (양도차익×20%)	X
⑤	양도소득금액	1,846만 원	9.6억 원	12억 원
⑥	(-)기본공제	250만 원	250만 원	250만 원
⑦	과세표준	1,596만 원	9.575억 원	11.975억 원
⑧	×세율	15%	42%	65%
⑨	산출세액	113만 원	3.66억 원	7.12억 원
⑩	지방세	11.3만 원	3,660만 원	7,120만 원
⑪	총 부담세액	124.3만 원	4.026억 원	7.832억 원

경우 비과세 혜택을 받을 수 있음에도 불구하고, 주택을 싸게 팔기 싫어서 비과세를 포기하고 그냥 2채 모두 가지고 가겠다는 분을 종종 보게 됩니다. 심리적 거부감은 이해하지만 이후에 주택을 더 비싸게 판다고 한들 양도세를 제하고 손에 쥐는 돈을 계산해보면 몇억 원을 높게 받아도 손해인 경우가 대부분입니다. 그뿐만 아니라, 그 기간 동안 내야 할 재산세와 종합부동산세도 고려해야 합니다.

은퇴 후 노후 생활비를 위한 월세 수익이 목적이거나, 자녀에게 물려주고자 하는 등의 명확한 목적이 없다면 비과세로 처분하는 것이 무조건 유리하다는 것을 명심하도록 합시다.

03 양도세 비과세를 받으려면?

양도소득세 비과세는 혜택이 큰 만큼 요건이 하나라도
부족하면 적용되지 않습니다.

1,000만 원 정도 하는 시골집 1채 때문에 서울 집 양도세를 수억 원 더 내야 하는
어처구니없는 상황도 발생하곤 합니다. 야속하지만 법에 정해진 대로 일을 하는
세무공무원에게 하소연해봤자 바뀌는 건 없습니다. 그래서 [1세대 1주택 비과세
규정]은 살짝만 밟아도 펑 하고 터져버리는 지뢰밭과 같다고도 얘기합니다.

해설

결론부터 말씀드리면 양도소득세 비과세 요건은 다음과 같습니다.

① 거주자인 1세대가
② 양도 당시 국내 1주택을
③ 2년 이상 보유(혹은 거주)해야 비과세가 됩니다

거주자인 1세대

대한민국 거주자인 1세대에게만 양도소득세 비과세 혜택을 줍니다.

1. 거주자

거주자는 국내에 주소를 두거나 183일 이상의 거소(居所)를 둔 개인을 말합니다. 법
인은 해당되지 않습니다. 한국에 살고 있는 대부분의 사람이 거주자입니다. 경험상 "거
주자가 뭐예요? 처음 들어봐요!" 하는 사람은 다 거주자입니다. 해외 거주하다 들어온
분들이 많이 오해하는 부분인데 거주자의 여부는 국적, 영주권 취득과 관련이 없습니
다. 외국 국적을 가진 분이거나 시민권자라고 하더라도 실질적인 생활을 국내에서 하
고 있다면 거주자로 봅니다.

해외에서 활동하는 유명 스포츠 선수나 국내와 해외를 오가며 비즈니스를 하는 사
람은 거주자일까요, 비거주자일까요? 국내에도 해외에도 집이 있다면 국내에서 주로

생활을 하고 있다는 것을 어떻게 판단해야 할까요? 이처럼 거주자 비거주자 구분은 깊이 들어가면 소송을 해야 할 만큼 어려운 개념입니다. 현재 국세청은 국내 거주기간, 직업, 국내에서 생계를 같이 하는 가족 및 국내 소재 자산의 유무 등 생활 관계의 객관적 사실에 따라 거주자 여부를 판단하고 있습니다.

2. 1세대

1세대는 거주자 및 그 배우자가 동일한 주소에서 생계를 같이 하는 가족을 말합니다. 가족은 본인, 배우자, 그리고 본인과 배우자의 직계존비속(그 배우자 포함), 형제자매까지입니다. 형제자매의 배우자는 동일 세대로 보지 않습니다. 배우자와 법률상 이혼했으나 사실상 같이 살고 있다면 동일 세대로 봅니다.

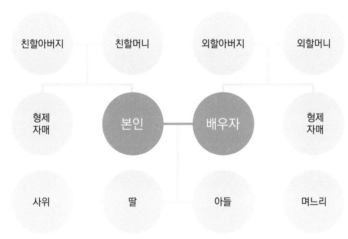

1세대 1주택 비과세 요건 (1) 1세대의 범위

성인이 된 미혼자녀가 부모와 따로 산다면 동일 세대인지, 별도 세대인지 구분이 애매할 수 있는데, 세법에서는 아래 3가지 요건중 1개이상 충족한 경우만 별도 세대로 보고 있습니다.

구 분	세대분리요건
원 칙	거주자 및 배우자 (배우자가 없는 단독세대는 인정하지 않음)
예 외 (소득세법 시행령 제152조의3)	① 해당 거주자의 나이가 30세 이상인 경우
	② 배우자가 사망하거나 이혼한 경우
	③ 기준 중위소득의 100분의 40 (2024년 기준 약 90만원) 이상, 단 미성년자 제외

양도 당시 국내 1주택

대한민국 거주자인 1세대가, 양도 당시 국내 1주택을 팔 때만, 양도소득세 비과세 혜택을 줍니다.

1. 양도 당시

비과세는 양도일을 기준으로 판단합니다. 양도일은 대금청산일(잔금일)을 원칙으로 하되, 대금청산일이 불분명하거나 대금을 청산하기 전에 등기부터 넘기면 등기접수일을 양도일로 봅니다. 부동산 매매의 대부분은 **잔금날이 양도일**이라고 생각하면 됩니다. (마찬가지로 취득일도 잔금을 지불한 날입니다.)

2. 국내

1세대 1주택 비과세 규정은 대한민국 국세청이 주는 혜택이니 **국내 부동산에만 적용**됩니다. 한국에 사는 분이 미국 집을 판다고 해서, 미국 집의 양도차익을 한국 국세청이 비과세해줄 수는 없지 않겠습니까? 주택 수도 국내 주택만 대상으로 하며, 해외 주택은 수십, 수백 채가 있어도 무방합니다.(**해외부동산 양도 시에도 국내 관할 세무서에 양도세 신고**를 하여야 합니다. 일단 세무서에 신고를 하고, 부동산 소재지국에서 양도소득세를 신고·납부한 경우 이중과세 조정을 위해 세액공제 또는 필요경비에 산입하는 방법으로 공제받고 있습니다)

3. 주택

주택은 등기 여부, 지목, 공부상 현황 등과 무관하게 **실제 사용을 기준으로 판단합**니다. 예를 들어 미등기 농가주택, 오피스텔, 도시형생활주택, 주택 공유지분, 상가 옥탑방 등에 사람이 살고 있다면 모두 주택으로 봅니다.

특히 **오피스텔은 양도소득세 사고가 많이 납니다.** 임차인이 살고 있음에도 전입신고를 안했으니 세무서에서 모를 거라고 생각하고 다른 주택 매도 시 비과세로 신고하는 것입니다. 국세기본법의 실질 과세 원칙에 따라 전입신고를 하지 않아도 **오피스텔을 주거용으로 사용하고 있으면 주택**으로 봅니다. 워낙에 빈번히 발생하는 케이스라서 세무공무원도 매도인이 오피스텔을 가지고 있다면 더 유심히 살펴본다는 사실을 꼭 명심하도록 합시다.

참고로 임차인이 오피스텔을 주거용으로 사용할 것을 알고도 임대차계약서를 작성할 시 특약에 임차인의 전입신고를 제한하거나, 전입신고를 하면 손해배상을 청구하겠다는 등의 내용을 넣는 경우가 있습니다. 이 특약은 효력이 인정되지 않습니다. 주택임대차보호법은 임차인에게 유리한 편면적 강행규정이어서 임차인에게 불리한 약정은 무효에 해당하기 때문입니다. 더구나 이를 주선하거나 알고도 묵인하는 공인중개사는 과태료 처벌까지 받을 수 있으니 참고하도록 합시다.

2년 이상 보유(혹은 거주)

대한민국 거주자인 1세대가, 양도 당시 국내 1주택을, 2년 이상 보유(혹은 거주)해야, 양도소득세 비과세 혜택을 줍니다.

원칙은 2년 보유입니다.

다만, 2017년 8월 3일 이후에 주택을 취득하였고, 취득 당시 해당 지역이 조정대상지역이었다면 2년 거주를 해야 비과세가 됩니다. 주택을 살 때는 비조정대상지역이었는데, 팔 때는 조정대상지역이 되었다면 2년 보유만 해도 비과세가 됩니다. 반대로 주택을 살 때는 조정대상지역이었는데, **파는 시점에 비조정대상지역으로 풀렸다면** 그래도 **2년 거주를 해야 비과세**가 됩니다. 중요한 것은 취득 당시의 조정대상지역 해당 여부입니다.

중간에 낀 경우도 있습니다. 계약 당시에는 비조정대상지역이었는데, 취득(잔금) 시점에는 조정대상지역으로 지정된 것이죠.

이때는
① 조정대상지역 지정일 이전에 매매계약을 체결하였고,
② 계약금 지급 사실이 확인되는,
③ 무주택자만 2년 거주가 아닌 2년 보유로 비과세 규정을 적용해줍니다.

04 내 집에 실거주하는 것만으로 세금을 줄일 수 있다.

 주택을 3년 이상 보유하고 판다면 장기보유특별공제를 적용받을 수 있습니다. 장기보유특별공제는 주택을 보유하는 동안 물가상승률 등을 고려하여 양도차익 일정 비율을 공제하는 제도입니다. 미등기 부동산이나 조정대상지역 내의 다주택 중과세 대상이 아니라면 모두 장기보유특별공제를 적용받을 수 있습니다.

해설

보유기간은 언제부터 언제까지?

장기보유특별공제 적용 기간은 주택 취득일부터 양도일까지입니다. 일반적인 매매인 경우 취득일과 양도일 모두 잔금일이며, 잔금보다 먼저 소유권등기를 이전하는 경우에만 소유권이전등기접수일을 기준으로 합니다. 부모님으로부터 증여받은 재산은 증여등기 접수일(증여계약서 작성일이 아님)이 취득일이며, 상속받은 재산은 상속등기 접수일과 관계없이 피상속인이 돌아가신 날(상속개시일)이 취득일입니다.

부모님이 증여해 준 주택은 부모님의 보유기간과 관계없이, 상속받은 주택은 돌아가신 분의 보유 기간과 관계없이, 모두 본인 **취득일부터 3년이 지나야 장기보유특별공제 대상**이 됩니다.

3년은 어떻게 계산하는지?

장기보유특별공제는 3년 이상 보유했을 때 적용됩니다. 그렇다면 24년 1월 30일에 잔금을 납부하고 주택을 취득한 경우, 정확히 '3년'이 되는 날짜는 27년 1월 29일이 되는 걸까요? 30일, 아니면 31일이 되는 걸까요?

민법에서는 초일불산입 규정을 적용하지만, 세법에서는 초일을 산입하여 보유기간을 계산합니다. 24년 1월 30일이 1일째가 되므로, 3년이 되는 날은 27년 1월 29일이고, 27년 1월 30일은 3년 1일째 되는 날입니다. 3년 '이상'이므로 3년이 되는 날인 27

년 1월 29일에 주택을 양도하여도 장기보유특별공제는 적용되는 것입니다. 물론 애초에 이 같은 고민을 하지 않게끔 여유 있게 일정을 잡는 것이 가장 좋습니다.

> ## 소득세법 집행기준 89-154-20 【보유 및 거주기간 계산】
>
> 2년 이상 보유는 주택 및 그에 딸린 토지를 각각 2년 이상 보유한 것을 말하는 것이며, 보유기간은 해당 자산을 취득한 날의 초일을 산입하여 양도한 날까지로 계산하고, 거주기간 계산은 해당 주택의 취득일 이후 실제 거주한 기간에 따르며 불분명한 경우에는 주민등록상 전입일부터 전출일까지의 기간으로 한다.

표1 vs 표2

장기보유특별공제는 표1과 표2, 두 종류가 있습니다. 우스갯소리지만 표1, 표2 같은 용어는 **세무사나 회계사 같은 세무 전문가들이 쓰는 용어**입니다. 대부분의 사람들은 둘의 구분 없이 장기보유특별공제, 혹은 장특이라고 표현합니다. 어디 가서 세무 상담을 받거나 세무 지식을 뽐내야 할 때가 있다면 '근데 장기보유특별공제 표2는~' 하고 이야기를 시작하면 세무전문가의 포스를 뽐낼 수 있습니다.

표1이 기본입니다. **주택을 포함한 부동산을 3년 이상 보유하고 팔 때 1년에 2%씩 공제**해주며, **15년 이상 보유 시 최대 30%를 공제**받을 수 있습니다. 표2는 양도일 현재 국내 **1주택을 보유하고, 2년 이상 거주한 경우**에 적용됩니다. 보유기간 1년당 4%, 거주기간 1년당 4%를 각각 계산하며 10년 보유, **10년 거주 시 최대 80%를 적용**받을 수 있습니다.

※장기보유특별공제

보유기간	일반 양도 (표1)	1세대 1주택		
		2년 미만 거주 (표1)	2년 이상 거주 (표2)	
			보유기간	거주기간
3년 미만	–	–	–	– (2년 8%)
3년 이상 ~ 4년 미만	6%	6%	12%	12%
4년 이상 ~ 5년 미만	8%	8%	16%	16%
5년 이상 ~ 6년 미만	10%	10%	20%	20%
6년 이상 ~ 7년 미만	12%	12%	24%	24%
7년 이상 ~ 8년 미만	14%	14%	28%	28%
8년 이상 ~ 9년 미만	16%	16%	32%	32%
9년 이상 ~ 10년 미만	18%	18%	36%	36%
10년 이상 ~ 11년 미만	20%	20%		
11년 이상 ~ 12년 미만	22%	22%		
12년 이상 ~ 13년 미만	24%	24%	40%	40%
13년 이상 ~ 14년 미만	26%	26%		
14년 이상 ~ 15년 미만	28%	28%		
15년 이상	30%	30%		

비과세가 적용되는 1세대 1주택을, 2년 거주에 따라 표1이 적용될 때와 표2가 적용될 때의 세액 차이를 계산해보겠습니다.

※양도소득세 예시_ 표1 vs 표2

순서	계산 흐름	비과세 (10년 보유, 2년 거주 - 표2)	비과세 (10년 보유, 미거주 - 표1)
①	양도가액	15억 원	15억 원
②	취득가액	5억 원	5억 원
③	과세대상 양도차익	2억 원	2억 원
④	장기보유특별공제	9,600만 원 (양도차익×48%)	4,000만 원 (양도차익×20%)
⑤	양도소득금액	104,000,000원	160,000,000원
⑥	(-)기본공제	250만 원	250만 원
⑦	과세표준	101,500,000원	157,500,000원
⑧	×세율	35%	38%
⑨	산출세액	20,085,000원	39,910,000원
⑩	지방세	2,008,500원	3,991,000원
⑪	총 부담세액	22,093,500원	43,901,000원

똑같이 10년을 보유했어도 2년 거주를 한 경우와 거주하지 않은 경우 세금 차이가 2,180만 원이나 발생합니다. 2,180만 원을 24개월로 나누면 월 90.8만 원입니다. 내가 내 집에 들어가서 사는 것만으로 한 달에 90만 원을 절세하는 셈입니다.

양도차익이 크면 클수록 2년 거주를 통한 표2의 절세 금액도 더 커집니다. 주택을 매도하고 다른 방법으로 수익을 내는 것도 좋은 재테크가 되겠지만, 내 집에서 2년을 거주하는 것만으로도 충분히 괜찮은 세테크가 될 수 있으니 이 점 꼭 기억하도록 합시다.

05 양도세 경비로 인정되는 것은?

양도소득세를 줄이기 위해서는 시세 차익을 줄여야 합니다.
시세차익은 '판 금액 − 산 금액 − 부대비용'입니다.

그런데 시세차익을 마음대로 줄일 수 있나요? 이미 샀던 가격을 올릴 수도 없고,
양도세가 무서워 집을 싸게 팔 수도 없는 노릇입니다. 집을 팔 때 실제 매매금액
보다 낮게 매매계약을 체결하면 되지 않나 싶지만, 다운계약은 명백한 불법입니다.

해설

그렇다면 **시세 차익을 줄일 수 있는 것**은 필요경비, 즉 **부대비용**밖에 없습니다. 부
대비용 영수증을 최대한 챙기는 것이 양도세 절세의 첫걸음입니다. 부대비용은 사고팔
때 들어간 거래비용과 주택 보유 중에 지출한 수리비용 등이 있습니다.

필요경비(거래비용)

집을 살 때 들어간 비용은 취득세, 등기비용, 중개 수수료가 있습니다. 등기비용에
는 국민주택채권 매입비, 인지세, 법무사 수수료 등이 모두 포함되어 있습니다. 위 비용
은 양도소득세 필요경비로 인정됩니다. 집을 팔 때는 중개수수료, 양도세 신고수수료
등이 발생합니다. 이 또한 모두 양도소득세 필요경비로 인정됩니다.

필요경비로 인정받으려면 **증빙서류가 반드시 있어야** 합니다. 상식적으로 생각해봐
도 세무공무원에겐 세무서가 직장일 텐데, 세무공무원이 증빙서류도 없는 비용을 양도
세 경비로 인정해주면 상사한테 혼나지 않겠습니까?

다만, 취득세는 증빙서류가 없어도 경비로 인정이 됩니다. 취득세를 내지 않았다면
등기소에서 소유권이전등기를 받아주지 않기 때문입니다. 또한 주민센터에서 [지방세
세목별 과세증명서]를 발급하면 내가 냈던 취득세액도 쉽게 확인할 수 있습니다.

중개수수료는 정해진 요율표대로 받는 게 보통입니다만, 매매하기 어려운 조건이
거나, 단시간 내에 급하게 매도할 필요가 있거나, 요구한 금액 이상으로 매도해주는 경

우 등에는 성공보수의 의미로 중개사에게 법정요율 이상을 지급하는 경우가 종종 발생합니다. 공인중개사는 법정보수를 초과해서 받는다면 과태료는 물론, 영업정지나 등록 취소까지 될 수 있기에 초과금에 대해서는 절대 현금영수증을 발급해주지 않습니다. 공인중개사로부터 증빙을 받지 못해도 실제 지급했음이 이체 증빙 등으로 확인된다면 양도세 필요경비로 인정받을 수 있습니다.

등기비용 중 법무사 수수료도 현금영수증을 받아야 경비로 인정되지만, 법무사 견적서나 통장이체 등으로 실제 지출했음을 확인할 수 있다면 역시 필요경비로 인정받을 수 있습니다.

이외에도 경매로 주택을 취득할 때 대항력 있는 선순위 임차인 보증금은 낙찰자가 인수해야 하므로 취득부대비용으로 인정되며, 경매 컨설팅 비용도 너무 크지 않다면 경비로 인정받을 수 있습니다.

필요경비(수리비용)

우리나라 주택의 평균 수명은 27년 정도라고 합니다. 특히나 우리나라는 사계절이 뚜렷하다 보니 추위와 더위가 반복되면서 주택 내구성이 더 빨리 떨어지는 편입니다. 주택을 신축한 지 10년만 지나도 수리할 것들이 생겨나기 시작하는데, 도배, 장판, 싱크대 교체, 화장실 변기, 타일 교체, 옥상 방수페인트칠 등등 종류도 다양합니다.

이 중 통상적인 수리가 아닌 주택 가치를 크게 상승시켰다고 인정되는 항목에 대해서만 양도소득세 필요경비로 인정하고 있습니다. 몇 가지 되지도 않습니다. 방/발코니 확장공사, 섀시 교체, 시스템에어컨 설치, 난방시설 및 보일러 교체, 홈오토 설치입니다. **세법 용어**로 **자본적 지출**이라고 표현하는데, 아파트를 예로 들면 확장공사, 섀시 공사 외에는 거의 발생하지 않습니다.

이외의 수리비용, 즉 도배, 장판, 싱크대 교체, 화장실 변기 교체 등에 대한 비용은 주택 가치를 상승시켰다기보단 사용수익을 위한 현상 유지 비용으로 보아 양도소득세 필요경비로 인정해주지 않습니다. 세법 용어로는 이를 수익적 지출이라고 합니다. 위 비용을 신용카드로 결제했거나 현금영수증을 받았다면 연말정산 시 신용카드 소득공제 대상으로 인정받을 수 있을 뿐입니다.

06 다운계약은 쳐다보지도 말자

다운계약이란 말을 한 번쯤 들어보신 적이 있으실 텐데요.
부동산을 거래할 때 세금을 줄이려고 매수인과 매도인이 합의해
실제 거래가격보다 낮은 가격으로 계약서를 작성하는 것을 말합니다.

반대로 업계약도 있는데 주로 매수자가 대출을 더 많이 받기 위해 실제 거래가격
보다 높은 가격으로 계약서 작성을 요구하는 경우를 말합니다. 한창 시끄러웠던
빌라 사기에도 많이 활용되었는데, 예를 들어 빌라 분양가격이 2억 원임에도 분
양계약서에는 3억 원으로 표시하고 대출도 3억 원을 기준으로 받는 방식입니다.

해설

다운계약, 업계약은 거래 당사자에게 달콤한 유혹이 됩니다.

다운계약을 예로 들면, 실제 매매금액보다 낮게 계약서를 작성하니 매도인은 판 금
액이 낮아져서 양도세가 줄어들고, 매수인은 사는 금액이 줄어드니 취득세의 부담을 줄
일 수 있습니다. 양 당사자 모두 윈윈할 수 있습니다. 하지만 다운계약이 적발될 때 어
떤 상황이 벌어질지 미리 안다면 다운계약이 달콤은커녕 독이 든 사과란 것을 알게 될
것입니다.

다운계약이 적발된다면

1. 우선 매도인 입장입니다.

매도인은 다운계약으로 적게 냈던 양도소득세를 내야 합니다. 본래 내야 할 양도세
를 내는 것은 물론이고, 적게 신고를 한 것에 대해 **가산세까지** 내야 합니다. **부당과소신
고에 해당**하기 때문에 **추가세액의 40%**를 더 내게 됩니다. 또한 납부하지 않은 양도세
의 기간이자 상당액도 납부지연가산세로 내야 합니다.

여기서 끝이 아닙니다. **양도세와 가산세는 세무서 담당**입니다. 이와 별도로 지자체
에서 **과태료를 부과**합니다. 과태료는 다운한 금액이 실제 거래가격의 10% 미만이면 취
득가액의 2%이며, 50% 이상이면 최대 취득가액의 10%까지 부과됩니다. 10억 원에 매

도한 집을 5억 원으로 신고한다면 과태료만 1억 원이 되는 것입니다.

양도소득세 1세대 1주택 비과세도 배제됩니다. 금액 전체가 배제되는 것은 아니고, 다운한 금액과 비과세 미적용 시 냈어야 할 양도소득세 중 적은 금액만큼 배제됩니다.

2. 다음은 매수인 입장입니다.

매수인은 취득세를 적게 낸 금액과 이에 대한 **부당과소신고가산세 40%**를 내야 합니다. 또한 매도인과 동일하게 지자체로부터 취득가액의 최대 10%에 상당하는 과태료가 부과됩니다. 마지막으로 매수인이 다운계약으로 취득한 집을 팔 때도 매도인과 동일하게 비과세 적용이 배제됩니다.

이렇게 강한 제재 사항이 있음에도 불구하고 매도인과 매도인이 서로를 믿고서 짝짝꿍하면 되지 않을까 하고 생각하실 수도 있으실 텐데요, 정부는 2017년부터 다운계약에 대한 **자진신고 제도(리니언시)**를 도입하여 시행하고 있습니다. 리니언시(le-niency)는 영어로 '관대 · 관용 · 너그러움 · 자비'란 뜻입니다. 성당에서 신부님에게 하는 **고해성사 같은 것**입니다. 다운계약서를 작성한 두 사람 중 한 명이 먼저 자진신고를 하면 그 사람은 **과태료 100%를 면제**해주는 제도입니다.

매도인은 다운계약으로 서로 좋게 잘 끝났다고 생각할 수 있지만, 추후 매수인이 다운계약한 부동산을 팔 때는 생각이 달라질 수도 있습니다. 산 금액이 낮으니 양도세가 더 많이 나올 테고 이에 대한 부담으로 자진신고를 할 수도 있습니다. **다운계약의 공소시효는 10년**입니다. 10년은 거래 당사자의 신뢰를 깨는 데 충분한 기간입니다. 그러니 굳이 길이 아닌 곳으로 가지 말고 세법의 테두리 내에서 적법하게 절세하도록 합시다.

자진신고를 할 때도 주의하실 사항이 있습니다. 리니언시는 과태료를 감면해주는 제도입니다. 과태료는 세무서가 아닌 지자체에서 부과합니다. 그러니 과태료 감면을 받기 위한 **자진신고는 세무서가 아닌 해당 지자체**에 해야 한다는 점도 꼭 기억하시길 바랍니다.

07 2년을 안 살아도 세금을 안 낸다고?

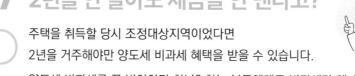

주택을 취득할 당시 조정대상지역이었다면
2년을 거주해야만 양도세 비과세 혜택을 받을 수 있습니다.

양도세 비과세를 꼭 받아야만 하나? 하는 분들에게도 비과세가 왜 선택이 아니라
필수인지 앞서 예를 들어 설명을 드렸습니다.

2년 거주요건은 주택을 매도하기 전까지만 충족하면 되지만, 정말 부득이하게 실
거주를 하지 못하고 팔아야 하는 경우도 있습니다. 이럴 때는 **상생임대인 특례제도**
를 적극 활용해보도록 합시다.

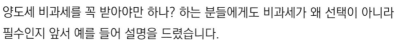

해설

상생임대인 제도의 도입배경

2020년 정부는 야심차게 임대차3법을 도입하였습니다. 그중에서도 가장 이슈가 되
었던 건 계약갱신청구권 제도입니다. 계약갱신청구권을 사용하면 임차인은 임차주택
에서 2년이 아닌 4년(2+2년)까지 거주할 수 있고, 갱신 시 보증금도 5% 이내 증액만
가능하기에 임차인의 주거안정성을 현격히 높이는 효과를 볼 수 있었습니다.

하지만 명이 있으면 암도 있듯이, 계약갱신청구권 사용으로 인해 2020년 당시 주변
전월세 시세보다 낮게 눌러두었던 전월세 계약들이 2022년에 만기가 도래하기 시작합
니다. 계약갱신청구권 사용으로 눌러두었던 전세보증금의 급등을 막기 위해 정부는 상
생임대인 특례제도 도입을 발표하였습니다.

2021년 12월 상생임대인 제도를 최초 도입할 당시에는 ① 주택 공시가격 9억 이하,
② 임대개시일 당시 1세대 1주택, ③ 보증금 증액 5% 이하 등 3가지 요건을 충족하면
실거주 1년을 인정해주었습니다. 하지만 실효성이 크지 않아 효과가 별로 없자, 정부는
22년 6월 부동산 대책 발표 시 상생임대인 요건 충족 시 '실거주 2년'을 인정해주는 것
으로 변경하였고, 주택 공시가격 및 1세대 1주택 요건도 삭제하였습니다.

상생임대인 특례요건

상생임대 양도세 특례를 위한 3가지 요건을 살펴보겠습니다.

1. 보증금을 5% 이내로 증액할 것

상생임대차계약의 핵심은 '보증금 5% 이내 인상'입니다. 5% 이내로만 인상하면 되기 때문에 전세가격이 내려가는 시기에 기존 보증금보다 감액하여 낮게 계약하는 것도 당연히 포함됩니다. 보증금 5% 이내 요건을 확인하려면 직전임대차계약이 있어야 하고, 신규 임대차계약이 있어야 합니다. 상생임대차계약이라고 해서 특별한 양식이 있는 건 아니고, 5% 이내 범위에서 계약하는 신규 임대차계약을 '상생임대차계약'으로 봅니다. 전월세 계약서 특약에 상생임대차계약이란 표현을 쓰지 않아도 기존보증금에서 5% 이내로 올린 계약이라면 상생임대차계약이 됩니다.

신규 계약, 즉 상생임대차계약은 제도가 도입된 이후인 2021년 12월 20일부터 2026년 12월 31일까지 체결했거나 계약금을 지급받은 경우에만 인정됩니다. 위 기간 내에 기존 임차인이 주택임대차보호법상 계약갱신청구권을 사용하여 5% 이내로 증액한 경우에도 '상생임대차계약'으로 인정됩니다.

재계약을 하면서 전세에서 월세로 전환하거나, 월세에서 전세로 전환하였다면 주택임대차보호법을 준용하여 5% 이내 증액 범위 내에서 전환한 경우만 인정됩니다. 전월세 전환은 렌트홈 홈페이지의 [임대료인상률계산]에서 간편하게 확인할 수 있습니다.

2. 직전임대차계약은 1년 6개월 이상, 상생임대차계약은 2년 이상

직전임대차계약과 상생임대차계약은 각각 일정 기간을 충족해야 합니다. 의무임대 기간을 정해놓지 않는다면, 극단적으로 기존 임차인이 한 달을 거주하고, 신규 임차인이 5% 증액한 금액으로 한 달만 거주해도 상생임대인 혜택을 받을 수 있게 될 테니까요.

직전 임대차계약은 1년 6개월 이상이어야 합니다. 계약기간과 실제 임대 기간이 다른 경우에는 실제 임대한 기간으로 판단합니다. 주택임대차보호법에 따르면, 임차인은 1년 미만의 임대차계약도 2년으로 주장할 수 있습니다. 단기 계약을 맺은 임차인이 마음을 바꿔 2년을 거주한다면 직전임대차계약으로 인정되겠지만, 만약 임차인이 1년 5개월만 거주하고 나가는 경우에는 1개월이 부족하여 직전 임대차계약으로 인정받을 수 없습니다. 하지만 기존 임차인이 퇴거하고 들어온 신규 임차인의 임대차계약이 종전 임대차 보증금보다 낮거나 같다면 임대의무기간은 합산하여 인정이 됩니다.

신규 임대차계약(상생임대차계약)은 2년 이상이어야 합니다. 기존 임차인이 묵시적 갱신이나 계약갱신청구권을 사용하였다면, 주택임대차보호법상 임차 기간 2년 이내라도 언제든지 임대인에게 계약 해제를 통보하고 3개월 후에 나갈 수가 있습니다. 이때도 마찬가지로 새로 들어온 임차인의 임대차계약이 종전 임대차 보증금보다 낮거나 같다면 임대의무기간은 합산하여 인정이 됩니다.

3. 직전 임대차계약은 주택을 취득한 후에 작성했을 것

상생임대인 특례제도는 '현재 주택임대를 하고 있는 사람'이 신규 임대차계약을 체결할 때 전월세 보증금을 최소한으로 올림으로써 전월세 시장 안정에 도움을 주기 때문에 혜택을 주는 것입니다. 이런 취지에서 직전 임대차계약은 반드시 주택을 취득한 후에 이뤄졌어야 합니다.

전월세를 끼고 주택을 사는 사람은 현재 주택임대를 하는 사람이 아닙니다. 앞으로 주택임대를 할 사람이죠. 주택을 취득하면서 현 임차인과의 계약을 승계할 때는 매수인의 직전임대차계약으로 인정되지 않습니다. 만약 갭투자로 주택을 취득한 후, 잔금과 동시에 임차인과 다시 계약을 쓰는 경우는 어떻게 될까요? 임차인이 새로운 주인을 직접 만나보고 다시 임대차계약을 쓰려는 경우도 실무에선 많이 발생합니다. 잔금 후 기존 임차인과 다시 임대차계약서를 쓴다고 해도, 이는 종전계약을 임대인 명의만 바꿔서 쓴 것과 다름없기 때문에 직전임대차계약으로 인정되지 않습니다.

위 3가지 요건을 충족하였다면 2년 거주한 것으로 보아 주택 비과세가 가능하며, 장기보유특별공제도 표2가 적용되어 보유기간 1년당 4%씩 공제받을 수 있습니다.

08 이럴 때는 상생임대인이 안 된다?

내 집에 거주하지 않아도 2년을 거주한 것으로 보아
양도소득세 비과세 특례를 받을 수 있는 상생임대인 제도는
혜택이 큰 만큼 내가 해당되는 게 맞는지 확실히 확인해보아야 합니다.

해설

사례별로 상생임대인 특례 적용 가능 여부를 알아보겠습니다.

◎ Case Study 1.

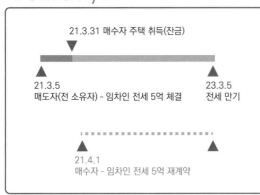

매수자가 주택 취득 후 임차기간을 변경해서 임차인과 다시 임대차계약을 체결하는 경우입니다. 전 소유자와 임차인 간 임대차계약을 체결한 상태에서 매수인이 매매잔금을 마친 후 잔금 다음날 임대인 명의를 매수자로 변경하여 다시 작성합니다. 매도인이 체결했던 계약과 실질상 동일하기 때문에 매수인의 직전임대차계약으로 인정하지 않습니다. 임차기간과 임대인이 변경되었다고 해도 기존 계약의 승계로 봅니다.

◎ Case Study 2.

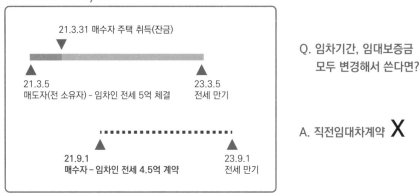

Q. 임차기간, 임대보증금
   모두 변경해서 쓴다면?

A. 직전임대차계약 X

매수자가 주택 취득 후 임차기간 뿐만 아니라 보증금까지 변경해서 다시 임대차계약을 체결하는 경우입니다. 이때도 승계한 임대차계약의 원 만기(23.3.5)가 지나기 전에 동일인과 조건을 변경하여 체결한 계약은 직전임대차계약으로 인정되지 않습니다.

◎ Case Study 3.

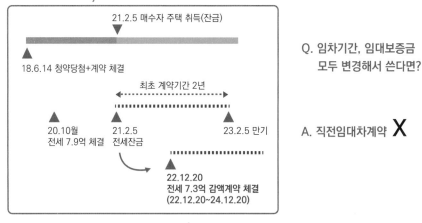

Q. 임차기간, 임대보증금
   모두 변경해서 쓴다면?

A. 직전임대차계약 X

아파트 청약에 당첨된 케이스입니다. 분양 잔금을 임차인의 전세보증금으로 납부하려면 미리 임대차계약을 체결해야 합니다. 주택의 취득시기는 잔금일입니다. 잔금 전에 임대차계약이 체결되었으므로 주택 취득 '후'가 아니라 주택 취득 '전'에 체결된 임대차계약입니다. 그러니 직전임대차계약으로 인정되지 않습니다. 이때도 주택 취득 전에 체결한 임대차의 원 만기가 끝나기 전에는 '임차기간, 보증금' 둘 다를 변경해서 체결해도 직전임대차계약으로 인정되지 않습니다.

◎ Case Study 4.

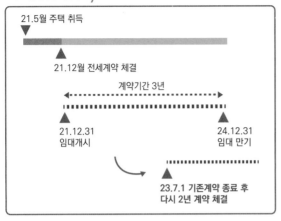

21.5월 주택 취득

21.12월 전세계약 체결

계약기간 3년

21.12.31
임대개시

24.12.31
임대 만기

23.7.1 기존계약 종료 후
다시 2년 계약 체결

Q. 임차기간, 임대보증금
모두 변경해서 쓴다면?

A. 직전임대차계약 ○

주택을 취득한 이후 임대차계약을 체결하였고, 이후 임대차 조건을 바꿔 다시 체결한 경우입니다. 사례를 보면 임대인은 2021년 12월에 최초 임대차계약을 작성하였는데, 임대기간을 2년이 아닌 3년으로 작성하였습니다. 그런데 임대차기간 3년 중 1년 7개월이 지난 2023년 7월경에 기존 임대차계약을 종료하고, 동일 임차인과 다시 2년 계약을 체결하였습니다.

언뜻 보면 위의 두 번째, 세 번째 케이스에서처럼 동일인과 임대보증금/임대기간을 변경한 임대차계약이니 직전임대차계약으로 인정되지 않을 것 같습니다. 하지만 이때는 기존 계약은 직전임대차계약으로, 신규 계약은 상생임대차계약으로 인정됩니다. 왜냐하면 앞선 2가지 사례와 달리 변경한 계약이 직전임대차계약(주택 취득 후 최초 작성한 임대차)에 해당되기 때문입니다. 즉 핵심은 '직전임대차계약에 해당되는지 아닌지'인 것입니다.

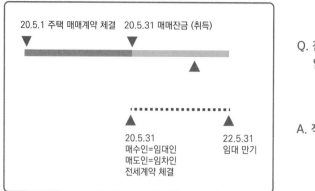

◎ Case Study 5.

20.5.1 주택 매매계약 체결　20.5.31 매매잔금 (취득)

20.5.31
매수인=임대인
매도인=임차인
전세계약 체결

22.5.31
임대 만기

Q. 잔금일에 전 소유자와
　임대차계약을 체결했다면?

A. 직전임대차계약 ◯

내가 살고 있는 집을 팔고서 그 집에 임차인으로 계속 살게 되는 경우가 있습니다. 이는 전세를 안고 매매한다고 하여 중개업계 용어로 '주전세' 또는 '주세안고'라고 표현합니다. 주인이 전세보증금을 크게 안아줄수록 매수인의 초기 자금부담이 적어지기 때문에 특별히 이사계획이 없는 매도인이나 초기자금 여유가 많지 않은 매수인 모두가 선호하는 방식입니다.

주택을 취득한 후 임차인(전 소유자)과 임대차계약을 체결하고 임차인이 1년 6개월 이상 거주한다면 해당 임대차계약은 직전임대차계약으로 인정됩니다. 이는 임대인 이름만 바뀐 임대차계약이 아니라 매수인이 주택을 취득한 '후'에 임차인이 된 전 소유자와 최초로 체결하는 임대차계약이기 때문입니다.

09 같은 해에 2주택을 팔게 되면?

돈을 벌면 세금을 냅니다.

회사에서 받는 월급 외에 다른 일도 하고 있다면

타 소득에서 발생한 이익도 함께 신고해야 합니다. 소득세법에선 그 해 1월 1일부터 12월 31일까지 발생한 소득은 모두 합산해서 누진과세로 종합소득세를 납부하도록 하고 있습니다.

해설

그런데 한 번 잘 살아보겠다고 회사 업무 외에 새로 시작한 일에서 손해를 봤을 때는 어떻게 될까요? 번 돈(수입금액)보다 쓴 돈(필요경비)이 많으면 적자인데, 이를 세법에서는 결손금이라고 표현합니다. 이때는 회사에서 얻은 근로소득과 그해 사업에서 발생한 결손금을 상계하여 종합소득세를 신고 및 납부합니다.

회사에서 받는 급여는 타 소득과 합산하지 않은 채 근로소득만으로 다음 해 2월에 회사에서 연말정산을 실시하여 1차 정산을 합니다. 이후 5월이 되면 정산 완료한 근로소득과 사업소득의 결손금을 합산하여 종합소득세를 신고합니다. 사업소득의 결손금으로 종합소득금액은 줄어들게 되므로 기존에 근로소득 연말정산을 하면서 냈던 소득세 일부는 돌려받게 됩니다.

만약 결손금이 근로소득을 모두 차감하고도 남는다면 이는 다음 해로 이월해서 공제를 받을 수 있습니다. 이를 이월결손금이라고 하며, 2019년까지 발생한 이월결손금은 10년, 2020년 이후 발생한 결손금은 15년까지 공제받을 수 있습니다.

같은 해에 집을 2채 이상 판다면?

1. 2채 모두에서 양도차익이 발생했을 때

양도소득세는 위 종합소득세와 비교하여 같은 해 소득을 합산하는 것은 동일하지만, 결손금을 공제해주는 것은 다릅니다.

우선 같은 해에 2채를 팔았다면 양도소득세도 합산해서 세금을 내야 합니다. 1채를 팔고 나서 1채에 대한 양도소득세를 양도일(통상 잔금일)이 속한 달의 말일로부터 2달 이내 신고를 합니다. 이를 예정신고라고 합니다. 양도소득세 예정신고는 원칙적으로 양도차익이 없거나 양도차손이 발생한 경우에도 해야 합니다.

이후 또 다른 1채를 팔고 난 후 2달 이내 다시 양도세 신고를 합니다. 이때 기존에 신고한 양도소득금액과 합산하여 신고했다면 양도소득세 신고는 그것으로 종결됩니다. 실무에선 대부분 2번째 주택을 팔 때 종전주택의 양도소득까지 합산하여 신고하고 있습니다. 만약 합산하여 신고하지 않았다면 다음 해 5월에 2채의 양도소득세를 합산하여 재신고해야 합니다. 이를 양도소득세 확정신고라고 합니다.

양도소득세의 세율은 누진세율이기 때문에 같은 해에 2채를 팔게 되면 합산 양도차익이 커져 납부할 세금도 커집니다. 예를 들어 2채에서 각각 2억 원의 차익이 생겼으며, 일반과세가 적용되는 경우를 가정해보겠습니다.

올해 1채, 내년에 1채를 팔게 되면 양도소득세 4,751만 원, 지방세 475.1만 원을 합한 5,226만 원을 올해 1번, 내년에 1번 납부하므로 총 2번을 냅니다. 납부할 합계세액은 104,522,000원입니다.

※한해 2채를 팔게 되면

순서	계산흐름	일반과세 (1채)	일반과세 (2채)	합산과세 (=1+2)
③	양도**차**익	200,000,000	200,000,000	
④	(−) **장**기보유특별공제	20,000,000 (5년 보유, 10% 가정)	20,000,000 (5년 보유, 10% 가정)	
⑤	양도소득금액	180,000,000원	180,000,000원	360,000,000원
⑥	(−) 기본공제	2,500,000원	2,500,000원	2,500,000원
⑦	과세표준	177,500,000원	177,500,000원	357,500,000원
⑧	X 세율	38%	38%	40%
⑨	산출세액	47,510,000원	47,510,000원	117,060,000원
	지방세액	4,751,000원	4,751,000원	11,706,000원
	총 부담세액	52,261,000원	52,261,000원	128,766,000원

하지만 같은 해에 2채를 모두 팔게 되면 2채의 양도소득금액을 합산합니다. 합산과세 시 양도소득세 117,060,000원, 지방세 11,706,000원을 내야 하며 연도를 달리해서 팔았을 때보다 총 2,424만 원을 더 납부하게 됩니다. 미국 경제학자 제임스 토빈이 노벨 경제학상을 수상한 직후에 했던 "계란을 한 바구니에 담지 말라"는 격언은 양도소득세에서도 해당이 되는 것입니다.

먼저 파는 1채에는 일반과세가 적용되고, 나머지 1채에는 비과세가 적용될 수도 있습니다. 이때도 합산신고는 해야 합니다. 비과세 주택이 고가주택이라면 과세대상이 되는 12억 원 초과분에 해당하는 양도소득금액만 합산하면 됩니다. 매도가격이 12억 원 이하로 전액 비과세가 된다면 합산할 양도소득금액은 없습니다.

일시적 2주택 등으로 2채 모두가 비과세가 되는 경우도 있습니다. 두 채 모두 12억 원 이하라서 양도소득세가 비과세가 된다면 납부할 세액 없이 신고만 하면 되며, 2채 모두 고가주택이라면 12억 원 초과분에 대한 양도소득금액만 합산해서 신고하면 됩니다. 설령 납부할 세액이 없어도 양도소득세를 신고하라고 권하는 이유는 혹시라도 비과세가 적용되지 않을 경우 내야 하는 무신고 가산세(20%)가 과소신고 가산세(10%)보다 크기 때문입니다.

2. 1채는 양도차익, 1채는 양도차손이 발생했을 때

1채는 양도차익, 1채는 양도차손이 발생했다고 가정해보겠습니다. 파는 순서는 손실이 발생한 주택을 먼저 팔고, 차익이 발생한 주택을 뒤에 파는 게 좋습니다. 손실이 발생한 주택을 신고할 때는 낼 세금이 없고, 차익이 발생한 주택을 팔 때는 손실분을 상계하고 세금을 납부하면 되기 때문입니다.

차익이 발생한 주택을 먼저 팔게 되면 일단 양도소득세는 내야 하고, 이후 손실이 발생한 주택에 대한 양도소득세를 신고할 때 합산해서 신고하므로 더 내게 된 양도소득세는 환급받을 수 있습니다. 총 부담하는 세금은 똑같겠지만 환급받는 것보다 애초에 적게 내는 것이 덜 번거롭습니다.

※한해 2채를 팔게 되면 (차손＋차익)

순서	계산흐름	일반과세 (1채)	일반과세 (2채)	합산과세 (＝1+2)
③	양도**차**익	(100,000,000)	200,000,000	
④	(-) **장**기보유특별공제	-	20,000,000 (5년 보유, 10% 가정)	
⑤	양도소득금액	(100,000,000)	180,000,000원	80,000,000원
⑥	(-) 기본공제	-	2,500,000원	2,500,000원
⑦	과세표준	(100,000,000)	177,500,000원	77,500,000원
⑧	X 세율	6%	38%	24%
⑨	산축세액	0원	47,510,000원	12,840,000원
	지방세액	0원	4,751,000원	1,248,000원
	총 부담세액	0원	52,261,000원	14,124,000원

1채에서 2억 원의 차익이 발생하고, 1채에선 1억 원의 차손이 발생했다고 가정해보겠습니다.

양도차손이 발생한 주택에 대해서는 납부할 세금이 없습니다. 하지만 2억 원의 양도차익이 발생한 주택에 대해서는 양도소득세 4,751만 원, 지방세 475.1만 원, 총 5,226만 원을 내야 합니다. 하지만 양도차손이 발생한 주택의 결손금과 상계하면 양도소득금액은 1.8억 원에서 8,000만 원으로 줄어듭니다. 총 납부 세금 또한 양도세 1,284만 원, 지방세 128.4만 원으로 합치면 총 1412.4만 원이 되어 약 3,813만 원 줄게 됩니다.

투자실패 혹은 불가피한 사정으로 손실이 발생하였다면 마음은 아프겠지만 양도소득세를 줄일 수 있는 기회가 될 수 있으므로 잘 활용하셔야 합니다. 그런데 이때 반드시 주의할 사항이 있습니다. 양도소득세는 종합소득세와 달리 이월결손금이 없다는 것입니다. 즉, 같은 과세기간에 발생한 양도차손과 양도차익만 서로 상계가 가능하다는 것입니다. 12월 31일에 양도차손 주택을 팔고, 1월 1일 양도차익 주택을 팔면 두 주택의 양도소득금액은 상계가 되지 않는다는 점 반드시 유의하도록 합시다.

또 하나의 팁이 있습니다! 양도소득은 소득세법 102조에 근거하여 같은 호에서 발생한 결손금은 합산할 수 있습니다. 주택의 양도차익과 상계할 수 있는 결손금은 부동산과 주택을 취득할 수 있는 권리인 분양권, 조합원입주권 등 외에도 회원권이 있습니다. 골프회원권, 콘도회원권 등 명칭과 관계없이 시설물을 배타적으로 이용하거나 일반이용자보다 유리한 조건으로 이용할 수 있는 이용권이라면, 이 또한 주택 결손금과 동일하게 상계가 가능하다는 점도 꼭 기억해두시길 바랍니다.

10 집이 2채여도 비과세가 된다?

주택 양도소득세 비과세 혜택은
① 거주자인 1세대가 ② 양도 당시 국내 1주택을
③ 2년 이상 보유 (혹은 거주) 해야 받을 수 있습니다.

양도 당시 1주택자가 아니라면 양도세 비과세는 적용받지 못하는 것이 원칙입니다. 하지만 살다 보면 내 의지와 관계없이 2주택자가 되어버리는 상황이 생기기도 합니다. 대표적인 사유가 이사, 상속, 결혼, 부모 부양 등입니다.

세법에서는 우리가 살면서 맞이할 수 있는 몇 가지 경우에 대해서는 2주택자가 된다고 하더라도 양도소득세 비과세 혜택을 받을 수 있도록 해주고 있습니다.

해설

일시적 2주택

살다 보면 회사를 옮기거나, 자녀 학업 등으로 인해 사는 집을 팔고 새로운 집으로 이사를 가는 경우가 자주 발생합니다. 이때 기존 주택을 먼저 처분하고, 신규주택을 살 수도 있겠지만, 이사 갈 집을 먼저 산 후에 기존 주택을 파는 경우도 있습니다. 기존 집을 팔기 전까지는 일시적으로 2주택자가 되는 셈입니다. 이때 다음의 3가지 요건을 충족한다면 기존 집을 팔 때 비과세 혜택을 받을 수 있습니다.

1. 일시적 2주택 비과세 요건

① 종전 주택(A) 취득 후 1년이 지나 신규주택(B)을 취득할 것
② 종전 주택(A) 취득 후 2년 이상 보유(또는 거주)할 것
③ 신규 주택(B) 취득 후 3년 이내 종전주택(A)을 양도할 것

이는 1.2.3 요건이라고 표현하기도 합니다. 일시적 2주택 요건은 유독 정부 정책 변화를 많이 타는 규정으로, 부동산 경기에 따라 처분기한이 짧아지기도, 길어지기도 합니다. 최근 몇 년간 급변한 일시적 2주택의 변천사는 다음 챕터에서 자세히 알아보겠습니다.

상속주택

본인이 1주택을 보유한 상태에서 갑작스럽게 부모님이 사망하면서 상속으로 인해 2주택자가 되는 상황도 종종 발생합니다. 본인의 의사와 전혀 무관하게 2주택자가 된 것인데, 이때도 3가지 요건을 충족한다면 기존에 살던 집은 비과세가 가능합니다. 기억할 부분은 상속주택에 대한 비과세 혜택을 받는 것이 아니라 기존에 살던 집을 팔 때 비과세를 받을 수 있다는 것입니다.

2. 상속주택 비과세 요건

① 상속 개시 당시 보유하고 있던 주택일 것

② 상속개시일 당시 피상속인과 별도 세대일 것

③ 피상속인의 주택이 여러 채인 경우 다음에 해당하는 1채만 상속주택으로 봄

- 피상속인이 소유한 기간이 가장 긴 1주택
- 피상속인이 거주한 기간이 가장 긴 1주택
- 피상속인이 상속개시 당시 거주한 1주택
- 기준시가가 가장 높은 1주택

상속주택 특례는 상속이 일어나지 않았다면 온전하게 비과세를 받을 수 있었던 기존 주택의 비과세 혜택을 유지해주는 것이 요지입니다. 상속 당시 보유하던 주택이 아니라면 혜택을 줄 이유가 없는 것입니다.

참고로 상속 당시 보유한 일반주택만 비과세를 적용해준다는 규정은 2013년 2월 15일 개정되었는데 개정 전에는 '상속 당시 보유 주택'에 대한 요건이 없었습니다. 그래서 상속주택을 보유한 채 일반주택을 몇 번이고 사고팔아도 비과세가 가능했습니다. 법은 개정되었지만 부칙에 의거하여 2013년 2월 14일 전에 취득한 상속주택과 일반주택을 보유하고 있다면 일반주택은 상속 시점 보유 여부와 관계없이 현재도 비과세를 받을 수 있습니다.

상속개시일 당시 별도 세대 요건도 있습니다. 동일 세대였다면 상속 시점에 이미 1세대 2주택 상태이기 때문입니다. 원래 1세대 2주택자가 상속으로 여전히 2주택자가 된 것이지, 1세대 1주택자가 부득이하게 2주택이 된 게 아니라고 보는 겁니다.

혼인합가

결혼을 앞둔 예비신랑과 예비신부가 각각 1주택을 보유하고 있다고 해봅시다. 결혼을 하지 않았다면 남남일 테고, 각각 독립세대일 테니 둘 다 1세대 1주택 비과세를 받을 수 있습니다. 그런데 결혼을 해서 1세대 2주택이 되는 바람에 양도세 비과세를 받지 못한다면 누가 결혼을 하려고 하겠습니까? 안 그래도 저출산이 중대한 사회문제로 논의되는 이 시점에서요. 혼인함으로써 1세대가 2주택을 보유하게 되는 경우에는 혼인한 날로부터 10년 이내 먼저 파는 주택에 대해서는 1세대 1주택으로 보아 비과세를 적용해주고 있습니다.

부모봉양

부모님을 봉양하기 위해 살림을 합치는 경우도 있습니다. 자녀에게 짐이 되지 않으려는 부모님의 마음은 잘 알지만 우울증, 간병 등을 위해 어쩔 수 없이 합가를 해야 하는 경우도 생길 수 있습니다. 1세대 1주택인 자녀가 마찬가지로 1주택자인 60세 이상의 '부모'를 동거 봉양하기 위하여 세대를 합칠 때는 합친 날부터 10년 이내에 먼저 파는 주택에 대해서는 비과세 혜택을 받을 수 있습니다. 봉양의 대상이 되는 부모 범위에는 직계존속인 조부모, 배우자의 직계존속도 포함되며, 부모님 중 한 분의 연령이 60세 미만이어도 가능합니다. 또한 중증질환이 있는 경우라면 부모의 나이가 60세 미만이라도 비과세 적용이 가능합니다. 이외에도 문화재보호법에 따른 주택이나 농어촌주택을 보유한 경우에도 요건을 충족한다면 일반주택 양도 시 비과세를 적용해주고 있습니다.

2주택 특례 중복도 되나?

위 2주택 특례는 2가지까지 중복 적용이 가능합니다. 예를 들어 일시적 2주택(A, B)인 남성이 1주택자(C)인 여성과 결혼한다면 1세대 3주택이 되는 것이지만, 일시적 2주택+혼인합가 특례가 중복 적용되어 비과세 혜택을 받을 수 있습니다. 일시적 2주택 규정에 따라 종전 주택(A)을 3년 내에 팔아서 비과세를 적용받고, 혼인시점으로부터 10년 이내에 B주택이나 C주택을 판다면 역시 비과세를 받을 수 있습니다.

2주택 특례 조합은 '일시적 2주택+상속주택'이 될 수 있고, '혼인합가+상속주택' 조합이 될 수도 있습니다. 3가지는 안 되고, 딱 2가지까지만 중복 적용이 가능하다는 점을 기억해둡시다.

11 일시적 2주택?
언제 샀는지에 따라 다르다

2주택 특례 중 가장 많이 알려져 있으면서 활용도가 높은 규정은 단연 **일시적 2주택 규정**입니다. 일시적 2주택 특례란 신규주택을 취득하여 집을 '갈아타기'하는 경우 일시적으로 2주택이 되었지만 기존 주택을 일정 기간 내에 팔면 1주택자처럼 양도세 비과세 혜택을 주는 제도입니다.

해설

일시적 2주택 규정은 정부 정책과 부동산 경기에 따라 최근 몇 년간 수차례 변경이 있었으니 취득 시기별로 살펴보겠습니다.

※양도소득세 절세 (일시적 2주택)

지역 구분 (A+B)	B주택 취득시기	A주택 비과세 요건		참고
		A주택 처분기한	전입	
	~18.9.13	3년	X	
	18.9.14~19.12.16	2년	X	
조정+조정	19.12.17~22.5.9	1년	1년	승계임대차는 최대 2년 내 연장
	22.5.10~23.1.11	2년	X	22.5.9 이전에 종전주택 양도한 경우 종전규정 적용
	23.1.12~	3년	X	23.1.11 이전에 종전주택 양도한 경우 종전규정 적용
조정+비조정 비조정+조정 비조정+비조정		3년	X	

2017년 8월 3일 ~ 2018년 9월 13일

2017년 8월 2일 부동산 대책이 나오기 전까지 양도세 비과세는 비교적 간단했습니다. 1세대 1주택자로 주택을 2년 '보유'만 했으면 비과세가 적용되었습니다. 일시적 2주택 또한 주택 소재 지역이나 거주 여부와 무관하게 1.2.3 요건, 즉 종전 주택 취득 후 1년 이상 지난 후 신규주택을 매수하고, 2년 이상 종전 주택을 보유하였으며, 신규 주택 취득 후 3년 이내 종전 주택을 팔면 비과세가 적용되었습니다.

하지만 17.8.2. 대책으로 양도소득세 비과세 규정이 강화되어, 종전 주택이 조정대상지역 내에 있다면 2년 보유가 아닌 2년 '거주'를 해야 비과세 혜택을 받을 수 있게 되었습니다. 다만, 8.2. 대책 이전부터 보유하고 있었거나, 8.2. 대책 발표 시점에 무주택 세대가 매매계약을 체결하고 계약금까지 지급한 상태였다면 종전과 동일하게 2년 '보유'만으로 비과세를 받을 수 있습니다.

2018년 9월 14일 ~ 2019년 12월 16일

18.9.13. 대책으로 인해 일시적 2주택의 종전 주택 처분기한이 3년에서 2년으로 줄어들게 됩니다. 당시 정부는 핀셋 규제라고 하여 종전 주택과 신규 주택 모두 조정대상지역에 위치한 경우에만 2년을 적용하였고, 1채라도 비조정대상지역에 위치한다면 전과 동일하게 3년의 기한이 적용되도록 해두었습니다.

〈일시적2주택 비과세 특례 : 조정＋조정〉

① 종전 주택(A) 취득 후 1년 지난 후 신규주택(B) 취득
② 종전 주택(A) 취득 후 2년 이상 보유(조정대상지역 내 주택은 2년 거주)
③ 신규 주택(B) 취득 후 **2년** 이내 종전 주택(A) 양도

또한, 18.9.13. 대책 발표 시점을 기준으로, 2018년 9월 13일 이전에 매매계약을 체결하고 계약금을 지급한 상황이라면 부칙에 의거하여 종전 규정인 3년이 적용됩니다.

2019년 12월 17일 ~ 2022년 5월 9일

19.12.16 대책으로 일시적 2주택의 종전 주택 처분기간이 1년으로 단축됩니다. 그뿐만 아니라 세대원 모두가 1년 이내 신규주택으로 전입을 해야만 종전 주택이 비과세되는 것으로 조건이 대폭 엄격해졌습니다.

하지만 갭투자로 주택을 산 경우, 신규주택에는 이미 임차인이 살고 있고, 임차인의 임대차 만기가 1년 이상이라면 매수인과 매수인의 세대원은 1년 이내에 입주하고 싶어도 할 수가 없습니다. 이런 경우에는 종전 주택 처분 및 전입 기한을 기존 임차인의 임대차기간 만기까지로 연장해주었습니다.

1년 이내 종전 주택을 처분하고, 신규주택에 세대원 전원이 전입까지 해야 종전 주택에 대해 비과세 혜택을 받을 수 있습니다만, 기존 임차인 때문에 전입할 수 없으니 기존 임차인이 나가는 시점까지 종전 주택 처분과 전입 기한을 늘려준 것입니다. 임차인이 중간에 퇴거하더라도 처분 및 전입 기한은 전 소유자와 임차인 간의 임대차계약 종료일까지로 보며, 최대 2년이 한도입니다.

〈일시적2주택 비과세 특례 : 조정＋조정〉

① 종전 주택(A) 취득 후 1년 지난 후 신규 주택(B) 취득
② 종전 주택(A) 취득 후 2년 이상 보유(조정대상지역 내 주택은 2년 거주)
③ 신규 주택(B) 취득 후 **1년** 이내 종전 주택(A) 양도
④ 신규 주택(B) 취득 후 **1년 이내 세대원 전원 전입**

그렇다면 세대 전원이 전입한 후에는 얼마를 거주해야 할까요? 전입 후의 거주 기간에 대한 규정이 없다 보니 잔금 후 세대원 전원이 하루 이틀만 전입해서 살다가 다시 이사를 나가도 법령상에는 문제가 없었습니다. 이처럼 법을 피해가는 사례가 나오자 기재부는 30일 이상 거주해야 전입한 것으로 보겠다는 예규를 발표하였습니다.

> **기획재정부 조세법령운용과 - 592, 2021.07.06**
> 소득령 제155조 제1항 제2호 가목의 "주민등록법 제16조에 따라 전입신고를 마친 경우"란 전입신고 당시 30일 이상 거주할 목적이 있었는지 여부 등을 종합적으로 고려하여 사실판단할 사항임

2022년 5월 10일 ~ 2023년 1월 11일

2022년 5월 10일 정권이 교체되자마자 일시적 2주택의 종전 주택 처분 기간은 다시 2년으로 연장되고, 말이 많던 세대원 전입 요건은 즉시 폐지되었습니다.

〈일시적2주택 비과세 특례 : 조정＋조정〉

① 종전 주택(A) 취득 후 1년 지난 후 신규주택(B) 취득
② 종전 주택(A) 취득 후 2년 이상 보유(조정대상지역 내 주택은 2년 거주)
③ 신규 주택(B) 취득 후 **2년** 이내 종전 주택(A) 양도

2022년 5월 10일을 기준으로 일시적 2주택 규정이 개정됨에 따라 전입 의무가 없어져서 신규 주택에 입주를 하지 않아도 종전 주택 비과세가 된다고 알고 계신 분이 많았는데, 부칙에 의거하여 해당 규정은 2022년 5월 10일 이후에 종전 주택을 판 경우부터 적용되며, 2022년 5월 9일 이전에 종전 주택을 팔았다면 종전 규정이 적용되어 신규 주택에 기한 내에 전입을 해야 비과세 혜택을 받을 수 있습니다.

2023년 1월 12일 이후

역사가 돌고 돌아 다시 원점으로 왔습니다. 현재는 종전 주택과 신규 주택이 조정대상지역 내에 있더라도 1.2.3 요건만 충족하면 일시적 2주택 특례가 가능합니다. 양도세 규정이 완화되는 것은 반갑지만 주택 경기 침체를 반증하는 것일 수도 있으니 유불리는 잘 따져볼 필요가 있겠습니다.

〈일시적2주택 비과세 특례〉

① 종전 주택(A) 취득 후 1년 지난 후 신규 주택(B) 취득
② 종전 주택(A) 취득 후 2년 이상 보유(조정대상지역 내 주택은 2년 거주)
③ 신규 주택(B) 취득 후 3년 이내 종전 주택(A) 양도

가장 대중적이지만, 잘못하면 수천만 원에서 수억 원까지 세금이 나올 수 있으니 관련 규정의 변천사를 잘 알아두어 손해 보는 일이 없도록 주의합시다.

12 지분으로 상속받아도 양도세 비과세 가능할까요? 청약은 어떻게 되나요?

"회계사님, 아버지가 몇 달 전에 돌아가셔서 집을 상속받아야 하는데, 어떻게 하는게 좋을까요?", "어머니가 저, 여동생 모두 공동으로 상속 받자고 하시는데, 그럼 제가 가지고 있는 집은 비과세 안되는 거 아닌가요? 제 동생은 청약 받는데 문제 없을까요?"

해설

부모님이 돌아가시면 남은 가족이 상속인이 되어 부모님 소유 주택을 물려받아야 합니다. 본인의 의사와 무관하게 상속으로 주택을 취득하는 경우에는 기존 주택을 양도세 비과세 받는 것에는 영향이 없다고 앞서 살펴본 바 있습니다. 단독상속이 아니라 남은 가족이 공동으로 상속받게 되는 경우에는 어떻게 될까요? 상속 편에서 다루겠지만 상속인의 협의만 있다면 법정지분과 달리 상속지분을 원하는 대로 정할 수가 있습니다.

우리 주변에서 자주 볼 수 있는 상황을 예로 들어보겠습니다.

아파트를 단독명의로 가지고 있던 아버지가 돌아가셔서 남은 가족이 집을 상속받아야 합니다. 가족은 어머니, 오빠, 여동생 이렇게 3명이 있습니다. 오빠는 결혼을 하면서 4호선 역세권에 작은 신혼집을 매수하여 살고 있고, 아직 미혼인 여동생은 회사 근처 오피스텔에서 월세로 살고 있습니다.

어머니는 교회 지인으로부터 본인이 단독으로 상속을 받게 되면 본인이 죽을 때 자녀가 상속세를 많이 낼 수도 있다는 얘기를 들었습니다. 너무 이른 걱정이긴 하지만 안 내도 낼 세금을 내는 건 너무 아깝기에 할 수 있다면 이번에 자녀들과 같이 상속을 받고 싶어 합니다. 자녀는 어머니가 계속 그 집에서 사셔야 하니 어머니 명의로 상속 받는 것이 좋다고 생각합니다. 오빠는 주택을 공동 상속 받게 되면 본인이 2주택자가 되어 본인 집을 팔 때 양도소득세 비과세를 못받는 건 아닐까 걱정합니다. 여동생은 아파트 청약을 받기위해 기회가 있을 때마다 청약을 넣고 있는데, 아파트를 공동상속 받게 되면 1주택자가 되어 청약 기회가 날라가는 것은 아닐까 걱정스럽습니다.

결론부터 말하자면 정답은 없습니다. 단독상속이 좋을지 공동상속이 좋을지는 가족이라고 하지만 각자 사정에 따라 다르기 때문입니다. 가족이 함께 대화를 나눠서 유불리를 따져보며 결정해야 합니다.

어머니가 단독상속을 받는다면?

아버지와 살던 집을 어머니가 단독으로 상속받게 되면 우선 관리는 쉽습니다. 소유와 실질이 일치하기 때문입니다. 재산세나 종합부동산세 등 세금도 소유자인 어머니가 부담하면 되고, 집을 팔거나 세를 주고 다른 곳으로 이사를 갈 때도 소유자인 어머니가 단독으로 결정할 수 있습니다. 따로 살고 있는 아들이 본인 집을 팔 때도 영향을 주지 않고, 딸이 아파트 청약을 신청하는 데도 문제가 없습니다. 하지만 상속세나 증여세는 더 낼 수도 있습니다. 추후 어머니가 단독상속한 아파트를 팔고서 매매금액의 일부를 자녀에게 주려면, 단독 상속으로 완전히 어머니 몫이 된 '어머니의 돈'을 자녀에게 주는 셈이니 돈을 받는 자녀는 증여세를 내야 합니다. 또한 어머니가 돌아가시게 되면 어머니가 가지고 있던 아파트 100% 지분에 대한 상속세를 내야 합니다.

어머니와 오빠, 여동생이 공동상속을 받는다면?

공동으로 상속을 받게 되면 일단 관리는 번거로워집니다. 아파트를 공동으로 소유하고 있으니 지분만큼 재산세, 종합부동산세도 각자 내야 합니다. 전세나 월세를 주려고 해도 부동산중개사무소에 3명이 모두 와야 하고, 집을 팔 때도 공동소유자인 어머니, 오빠, 동생이 모두 동의해야지만 팔 수 있습니다. 게다가 어머니가 계속 그 집에서 살아야 한다면 자녀 입장에서는 얻는 이익 없이 매년 세금만 나가게 되니 차라리 어머니 단독상속이 낫겠다 생각할 수도 있습니다.

하지만 공동상속받은 집을 팔게 되면 매매대금 중 각자 지분에 상당하는 금액은 증여세 없이 가져갈 수 있습니다. 공동상속으로 각자의 소유로 확정된 몫을 소유자 별로 가져가는 것이므로 증여에 해당하지 않습니다. 또한 어머니가 돌아가셔도 지분 전체가 아닌 어머니 소유 지분에 대한 상속세를 내면 되므로 상속세 부담도 낮아집니다. 자녀 입장에서 매년 내는 재산세, 종합부동산세 그리고 공동소유로 인한 번거로움은 있겠지만, 상속세나 증여세 등 큰 금액의 지출은 확실히 아낄 수 있습니다.

오빠는 비과세를 받을 수 있을까?

주택을 보유한 상태에서 공동으로 상속을 받는 경우 오빠가 소수지분권자라면 기존 주택의 양도소득세 비과세 판단 시 상속지분은 없는 것으로 봅니다.

일반적으로 공동으로 주택을 소유하는 경우에는 지분을 소유한 자 모두를 1주택자으로 보지만, 공동상속주택은 양도세 비과세 여부를 판단할 때 아래의 순서에 따라 상속인 중 한 사람의 주택으로 봅니다.

① 지분이 가장 큰 자
② 해당 주택에 거주하는 자
③ 연장자

위 사례의 경우 법정지분대로 어머니가 3/7, 오빠와 여동생이 2/7씩 상속을 받았다면 공동상속주택은 어머니의 주택으로 보게 되므로 오빠는 본인의 집을 팔 때 양도소득세 비과세를 받을 수 있습니다. 법정지분이 아닌 각자 1/3씩 받는다고 하더라도 공동상속주택은 해당 집에 거주하는 어머니의 집으로 보게 되므로 역시 오빠는 양도소득세 비과세를 받을 수 있습니다.

여동생은 청약할 수 있을까?

청약에서 무주택 세대주는 대부분의 지역에서 1순위입니다. 주택 일부 지분만 가지고 있어도 주택을 소유한 것으로 간주하므로 공동상속주택의 소수지분자는 1주택자입니다. 하지만 공동상속주택에는 어머니가 살고 있고, 따로 살고 있는 본인은 무주택이 맞음에도 상속주택 소수지분만으로 1주택자가 된다는 것은 뭔가 억울합니다.

청약에서도 공동상속으로 지분을 취득한 경우 청약에 당첨된 후 3개월 이내에 해당 지분을 처분하면 애초에 무주택인 것으로 보아 당첨을 인정해주고 있습니다. 청약에 당첨된 후 상속주택 지분이 있으면 사업주체(LH 또는 건설사)로부터 부적격 통보를 받게 됩니다. 이때부터 3개월 내에만 해당 지분을 다른 가족에게 증여하거나 매매로 팔면 됩니다. 다만, 이는 공동상속인 경우에만 해당되며, 단독상속에는 상기 조항이 해당되지 않으니 참고하도록 합시다.

주택공급에 관한 규칙 제53조 【주택 소유 여부 판정 기준】

주택소유 여부를 판단할 때 분양권등을 갖고 있거나 주택 또는 분양권등의 공유지분을 소유하고 있는 경우에는 주택을 소유하고 있는 것으로 보되, 다음 각 호의 어느 하나에 해당하는 경우에는 주택을 소유하지 아니한 것으로 본다. 다만, 무주택세대구성원에 해당하는지 여부를 판단할 때 제46조 또는 「공공주택 특별법 시행규칙」 별표 6 제2호라목에 따른 특별공급(분양전환공공임대주택은 제외한다)의 경우에는 제6호를 적용하지 않으며, 공공임대주택의 공급의 경우에는 제6호, 제9호 및 제11호를 적용하지 않는다.

1. 상속으로 주택의 공유지분을 취득한 사실이 판명되어 사업주체로부터 제52조제3항에 따라 부적격자로 통보받은 날부터 3개월 이내에 그 지분을 처분한 경우

13 배우자한테 증여한 뒤 집을 팔면 세금이 줄어든다?

 양도소득세는 산 금액과 판 금액의 차익에 대해 세금을 내는 것입니다. 그러니 양도세를 줄이려면 파는 금액을 내리던가, 산 금액을 올려야 합니다. 세금을 적게 내기 위해 무작정 싸게 팔 수는 없는 노릇이니 산 금액을 올려야 합니다.

다른 사람에게 주택을 사거나 팔면 산 금액, 판 금액 모두 명확합니다. 그런데 본인이 가지고 있던 주택을 배우자한테 증여할 때는 배우자가 그 주택을 얼마에 취득하는지 애매해집니다. 이때는 세무서에 신고한 증여재산금액을 취득가액으로 봅니다.

해설

배우자에게 증여하면서 취득가액을 높여 양도차익을 줄이는 것을 막기 위한 규정이 **[이월과세 제도]**입니다. 이월과세란 배우자나 직계존비속에게 부동산을 증여한 후 다시 제3자에게 매도하는 경우, 증여가 없던 것으로 보고 증여자가 판 것처럼 과세하는 제도입니다.

예를 들어 남편이 10년 전에 1억 원에 산 아파트가 현재 5억 원이 되었다고 합시다. 이 아파트를 배우자에게 증여한 후 세무서에 5억 원으로 증여신고를 합니다. 배우자 간에는 10년 동안 6억 원까지 증여공제가 적용되므로 납부할 증여세는 없습니다. 남편은 아파트를 1억 원에 취득했지만, 배우자는 세무서에 신고한 금액을 취득가액으로 보므로 5억 원에 취득한 것이 됩니다. 이후 배우자가 아파트를 5억에 처분하게 되면 원래 남편이 납부했어야 할 양도차익 4억 원(5억 원 - 1억 원)이 아니라 본인의 양도차익 0원(5억 원 - 5억 원)에 대해서만 신고를 하면 되므로 양도소득세 회피가 가능한 것입니다.

세법의 역사는 과세하려는 국세청과 어떻게든 세금을 줄여보려는 납세자의 끊임없는 투쟁이라고도 볼 수 있는데요, 위와 같은 사례가 생기자 세법에서는 5년이라는 기간을 두었습니다. 배우자에게서 증여를 받고 5년 이내에 처분을 한다면 취득가격은 배우자의 취득가격이 아닌 원래 소유자인 남편의 취득가격으로 양도소득세를 계산하겠다는 것입니다.

증여 후 5년 이내에는 매매를 하면 안 되는 줄 아는 분도 많습니다. 아닙니다. 매매는 언제든 가능합니다. 하지만 세법에서 정한 이월과세 기간이 5년이었기에, 증여를 받은 아내가 5년 이내에 집을 팔면 취득가액을 증여한 남편의 취득가액으로 계산할 뿐입니다. 5년의 기간이 짧지는 않지만, 장기적인 관점에서 본다면 세금을 줄일 수 있는 방법이라 많이들 활용하곤 했습니다.

하지만 이월과세 기간은 2023년 1월 1일 증여 분부터 5년에서 10년으로 늘어났습니다. 2022년까지 증여하였다면 기존의 이월과세 기간인 5년을 적용받지만, 2023년 증여 분부터는 10년이 지나야 증여 당시 취득가액을 활용할 수 있게 된 것입니다. 10년이면 초등학생 6학년 자녀가 대학을 가고 군대까지 다녀올 수 있는 긴 시간입니다. 그 사이 부동산 세금이 어떻게 바뀔지 예측할 수 없기에 2023년부터는 일선에서도 이월과세를 활용한 양도세 절세는 권해드리지 않고 있습니다. 그때는 맞았지만 지금은 틀린 절세 방법이 될 수 있기 때문입니다.

한편, 위 사례에서 이월과세가 적용된다면 취득가액은 남편(증여자)이 샀던 금액이 되며, 남편이 납부했던 취등록세도 필요경비로 인정이 됩니다. 아내(수증자)가 증여를 받으면서 납부한 취등록세 등의 등기비용은 필요경비로 인정되지 않지만, 아내가 증여세를 납부했다면 증여세납부액은 필요경비로 인정이 됩니다. 양도소득세 세율과 장기보유특별공제는 아내(수증자)가 아닌 남편(증여자) 취득 기준일로 판단합니다.

14 부동산 매매계약서 잃어버렸을 때 양도소득세 신고 방법은?

제가 어렸을때 드라마를 보면 자주 나오던 클리셰가 있었습니다. 도박과 술에 빠진 아버지가 밤늦게 집에 들어와 집 문서를 가져가는 장면인데요, 가정부 등의 일을 하며 힘들게 사는 어머니가 "길동이 아버지, 이건 절대 안 되요!" 하며 바지 자락을 잡아보지만 술에 취한 아버지는 매정하게 뿌리치며 장롱 속 깊이 숨겨둔 집 문서를 들고 집을 뛰쳐 나갑니다.

해설

집문서는 오늘날의 등기권리증인데, 보통 등기권리증에는 등기필증, 부동산취득계약서, 취등록세 영수증, 채권할인비용 등 증빙서류 일체가 함께 묶여 있습니다. 술에 취한 아버지가 등기권리증을 가져가지 않았더라도 따로 잘 챙겨두지 않아서, 또는 이사를 몇 번 하면서 분실하는 경우가 종종 있습니다.

양도소득세는 판 금액과 산 금액의 차익에 대하여 세금을 내는 것이며, 산 금액 판 금액 모두 매매계약서로 증빙을 하여 세무서에 신고를 해야 합니다. 판 계약서는 잃어버릴 수가 없습니다. 양도세는 주택을 판 달의 말일로부터 2달 이내에 신고를 해야 합니다. 그 사이 매매 계약서를 잃어버리기도 힘들지만, 만일 잃어버렸다고 해도 계약한 부동산중개업소에 가서 복사해달라고 하면 됩니다. (부동산 중개업소에서 계약서를 썼다면 매매계약서는 매도자, 매수자, 매수부동산, 매도부동산이 각각 1부씩 가질 수 있도록 총 4부를 작성합니다.)

매수 계약서를 잃어버렸다면 양도세를 계산하는 방법에는 2가지가 있습니다.

> 첫 번째, 2006년 이후에 집을 샀다면 등기사항전부증명서를 발급하면 됩니다.

2005년 이전에 집을 사거나 팔 때는 부동산중개업소에서 실제 부동산 매매계약서와 검인용 계약서를 각각 작성하였습니다. 검인용 계약서는 공시가격 기준이라 실제 매매금액보다는 낮게 작성한 경우가 대부분입니다. 이 같은 이중다운계약서는 세법상 부정행위에 속하는 건 맞지만 당시에는 부동산거래 관행에 가까웠습니다.

2006년 1월 1일부터 이 같은 이중계약 등의 관행을 없애고 부동산 거래를 투명하게 하기 위해 '부동산 실거래가격 신고의무제도'가 시행되었습니다. 2006년 이후 부동산을 취득하였다면 취득가격이 부동산 등기사항전부증명서에 표시되어 있습니다. 등기사항전부증명서(구 등기부등본)는 부동산 소재 지역과 무관하며, 소유자가 아니어도 누구나 인터넷등기소 사이트에서 건당 700원이면 열람할 수 있습니다. 매수계약서가 없다면 등기사항전부증명서에 표시된 금액을 취득금액으로 하여 양도소득세를 신고하면 됩니다. 취득부대비용 중 가장 금액이 큰 취득세는 '지방세 세목별 과세증명서'를 발급하면 과거 납부 금액을 확인할 수 있습니다. 다만, 2006년 이후에 주택을 취득했다고 하더라도 유상매매가 아닌 증여나 상속으로 취득한 경우에는 등기사항전부증명서에 취득금액은 표시되지 않습니다.

2005년 이전에 취득 했다면 등기권리증에는 대부분 검인계약서가 붙어 있습니다. 실제 취득계약서를 분실했다면 실제 취득금액보다 낮은 검인계약서상 취득금액으로 양도소득세 계산을 하는 것이 맞습니다. 실제 취득계약서를 보관하고 있다면 국세부과 제척기간 10년이 지났기 때문에 별다른 불이익 없이 실제 취득금액으로 양도소득세를 신고할 수 있습니다.

> 두 번째 방법은 기준시가로 환산하여 계산하는 방법입니다.

2005년 이전에 주택을 취득하였고 취득계약서를 분실하였다면 취득금액을 기억하고 있다 하더라도 세무서에 입증할 방법이 없습니다. 이런 경우에는 기준시가를 환산하여 취득금액을 계산합니다.

예를 들어 보겠습니다. 2000년에 8천만 원에 아파트를 샀지만 계약서는 분실하였고, 2024년에 12억 원에 처분합니다. 취득 당시 공시가격은 5천만 원, 현재 공시가격은 6억 원입니다. 취득가격은 기준시가 비율로 역산해서 계산하며 이를 '환산취득가'라고 표현합니다.

> 환산취득가격=양도가격×취득 당시 공시가격 / 양도 당시 공시가격

환산취득가는 1억 원(12억 원×5천만 원/ 6억 원)이며, 양도차익은 판 금액 12억 원에서 환산취득가 1억 원을 뺀 11억 원이 됩니다. 환산취득가를 적용하여 양도소득세를 신고할 때는 취득세, 양도 당시 중개수수료, 양도세 신고수수료 등 실제 발생한 비용은 양도소득세 필요경비로 인정되지 않으며, 필요경비개산공제라고 하여 취득 당시 공시가격의 3%(5천만 원×3%=150만 원)만 필요경비로 인정됩니다.

간혹 실제 취득계약서가 있음에도 불구하고 환산취득가를 적용한 금액이 더 커서 기준시가 환산방법으로 양도세 신고를 하는 경우도 있습니다. 이때 당시 집을 판 매도자의 양도세 신고기록이 세무서에 남아있는 경우에는 세무서 담당자가 환산취득가를 부인하고 실제 취득가격으로 양도세를 부과하는 경우도 있으니 유의하도록 합시다.

15 같은 날에 집을 사고판다면?

소유하던 집을 팔고 다른 집을 사는 것은
세 가지 경우가 있습니다.

① 기존 집을 먼저 판 후 신규 주택을 사는 경우 [A → 0 → B]
② 신규 주택을 먼저 사고 이후 기존 집을 파는 경우 [A → (A+B) → B]
③ 기존 집을 파는 것과 동시에 신규 주택을 사는 경우 [A → (−A+B)]

해설

엎치나 메치나 기존 집을 팔고 새로운 집으로 이사를 간다는 것은 똑같은데 위처럼 나누는 것이 뭐가 중요할까 싶기도 합니다만 세법에선 큰 차이가 있습니다.

첫 번째 경우는 기존 집을 파는 시점에 1주택입니다. 1주택자의 양도소득세 비과세 여부는 2년 보유(취득 당시 조정대상지역이었다면 2년 거주)만 확인하면 됩니다. 기존 집을 10억 원에 팔고 난 이후 5억 원 주택을 2채를 산다고 해도, 기존 집을 파는 시점에서는 1주택자이기 때문에 양도소득세 비과세를 받을 수 있습니다.

다음은 두 번째 경우입니다. 신규 주택을 먼저 샀기 때문에 기존 집을 파는 시점에는 2주택자입니다. 첫 번째 경우와 달리 이때는 일시적 2주택 요건을 충족해야지만 양도소득세 비과세를 받을 수 있습니다.(일시적 2주택 요건은 앞 챕터 참고) 첫 번째 경우처럼 5억 원 주택 2채를 먼저 산 후 기존 주택을 10억 원에 팔게 되면, 기존 집을 파는 시점에는 2주택이 아니라 3주택이 되기 때문에 양도소득세 비과세를 받을 수 없습니다.

마지막으로 같은 날 사고파는 경우입니다. 기존주택을 처분하고 신규주택을 취득하는 날짜가 같다 보니 첫 번째 경우처럼 기존 주택을 팔고 신규주택을 산 것으로 봐야할지, 두 번째 경우처럼 기존주택을 팔기 전에 신규 주택을 산 것으로 봐야 할지 애매할 수 있습니다. 이때는 첫 번째 경우처럼 기존 주택을 처분하고 신규 주택을 취득한 것으로 보아 양도소득세 비과세를 적용하고 있습니다.

부연 설명을 하자면, 주택을 같은 날짜에 사고팔 때는 매도/매수에 따른 소유권이
전등기는 같은 날짜에 이뤄지지만, 기존 집의 처분대금으로 신규주택의 취득대금을 치
르는 것이 대부분입니다. 과거에는 구체적인 대금의 선후를 확인해서 1주택인지 2주택
인지 판단해야 한다고 결정한 판례도 있었지만 실무상 모든 거래 건에 대해 잔금 지급
의 선후 관계를 판단하기는 어렵습니다.

그 때문에 현재는 1세대 1주택, 1세대 2주택, 1세대 3주택 등 **주택 수를 판정할 때
같은 날짜에 사고팔았다면** 취득 · 양도 대금 지급순서와 관계없이 **양도 후 취득한 것으
로 보아** 납세자에게 유리하게 판정하고 있습니다.

16 옥탑방 때문에
세금폭탄 맞는 집주인이 있다?

'옥탑방' 하면 어떤 풍경이 떠오시나요?

어렵고 힘든 삶을 상징하던 옥탑방은 10년 전 장미여관 보컬 육중완이 '나 혼자 산다'에서 옥탑방 삶을 공개하면서 이미지가 많이 좋아졌습니다. 옥탑방은 지금 의 삶은 힘들지만, 밤하늘의 별을 볼 수 있고, 앞으로 펼쳐질 나의 꿈과 미래를 품 고 있는 가능성을 상징하기도 합니다. 그로 인해 낭만 있는 옥탑방 생활을 동경하 는 젊은 청춘도 많아졌습니다.

하지만 세법에서 옥탑방은 희망보단 절망에 가깝습니다. 옥탑방 때문에 양도세 폭 탄을 맞는 사례가 종종 발생하기 때문입니다.

해설

옥탑방 때문에 양도세 7억 원 더 낸 사연?

아래는 2021년 한국경제신문에 소개된 임대인 A씨의 사연입니다.

◎ Case Study

> 서울 서초구에서 다가구주택을 매입해 임대사업을 하던 A씨는 해당 주택에서 5 년간 거주하며 9개 주택을 임대해왔다. 자녀 결혼 자금을 위해 최근 해당 주택을 매도한 A씨는 9,974만 원의 양도소득세를 신고했다. 2011년 11억 원에 산 주택을 23억 원에 판 데 따른 것이다. 하지만 관할 세무서에서는 실제 양도세가 7억 9,370만 원이라며 7억 원에 가까운 세금을 추가 청구한 것은 물론, 과거 신고액 과의 차액에 대한 추징금도 부과했다.
>
> **5년 전 다가구주택 옥상에 올린 옥탑방이 문제였다.** 세무서 담당자는 "옥탑방 때 문에 다가구주택에서 다세대주택으로 주택 형태가 바뀌어 세금 부과 기준도 달 라졌다"고 말했다.

양도소득세에서는 1세대 1주택 비과세 혜택을 온전하게 받는 것이 매우 중요합니다. 비과세, 일반과세, 중과세에 따라 양도세가 수억 원 이상 차이가 날 수 있기 때문입니다. 특히 여러 호실을 임대주고 있는 소유자가 간과하기 쉬운 다가구주택과 다세대주택의 차이는 세법에 있어 매우 큰 차이입니다. 다가구 주택은 1주택으로 보지만, 다세대주택은 다주택으로 보기 때문입니다.

다가구주택이란?

다가구주택은 여러 가구가 살고 있는 단독주택입니다. 다가구주택은 등기부등본 발급 시 보통 토지 1건, 건물 1건만 확인됩니다. '한 지붕 세 가족'이란 드라마를 기억하는 분이라면 다가구주택을 바로 이해할 수 있을 것입니다. 집주인이 1층에서 살고, 지하와 2층을 구분해서 여러 세대에 임대를 주고 있는 집이 다가구주택입니다.

다가구주택은 한 가구가 독립해 거주할 수 있도록 구획된 부분을 각각 하나의 주택으로 보는 것이 원칙이지만, 전체를 하나의 매매 단위로 양도하는 경우에는 1주택으로 봅니다. 쉽게 말해 한 지붕 세 가족에서 가족을 기준으로 나누어 팔면 3개 집으로 보고, 한 지붕으로 보아 통으로 팔면 1주택으로 보겠단 의미입니다.

다가구주택의 구체적인 정의는 건축법 시행령으로 규정하고 있습니다.

건축법 시행령 [별표 1] 용도별 건축물의 종류
다가구주택 : 다음의 요건을 모두 갖춘 주택으로서 공동주택에 해당하지 아니하는 것을 말한다.
1) 주택으로 쓰는 층수(지하층은 제외한다)가 3개 층 이하일 것. 다만, 1층의 전부 또는 일부를 필로티 구조로 하여 주차장으로 사용하고 나머지 부분을 주택(주거목적으로 한정한다) 외의 용도로 쓰는 경우에는 해당 층을 주택의 층수에서 제외한다.
2) 1개 동의 주택으로 쓰이는 바닥면적의 합계가 660제곱미터 이하일 것
3) 19세대(대지 내 동별 세대수를 합한 세대를 말한다) 이하가 거주할 수 있을 것

다가구주택 3가지 요건 중 세법에서 문제가 되는 부분은 1번입니다. 먼저, 주택으로 쓰는 층수가 3개 층 이하여야 합니다. 이때 층수에서 지하층은 제외합니다. 주택 용

도이므로 상가로 사용하고 있는 층도 제외합니다. 1층은 상가이고 지하 1층과 2~4층을 주택으로 임대를 주고 있다면 주택으로 쓰는 층수는 3개 층이므로 다가구주택에 해당합니다. 그런데 임대인이 임차인에게 세를 조금 더 받기 위해 옥상 일부를 개조해서 옥탑방으로 세를 준다면 주택으로 쓰는 층이 1개 층 더 늘어납니다. 주택으로 쓰는 층이 4개 층이라면 건축법상 다가구주택이 아닌 다세대주택으로 분류됩니다.

옥탑방 개조는 불법건축물로 대부분 과태료 대상이지만, 지자체 행정력을 감안할 경우 모든 다가구주택을 조사하기는 어렵습니다. 임대인은 과태료가 안 나오니 문제가 없다고 생각할 수 있지만, 주택으로 쓰는 층수가 4개 층이 되어 다세대주택으로 분류되면 양도세 계산법이 달라집니다. 특히 1세대 1주택 비과세를 받을 때는 문제가 심각해집니다. 다가구주택은 전체 매매금액에 대해 양도소득세 비과세가 적용되지만, 다세대주택은 다주택자로 보기 때문에 이 중 1개 호실에 대해서만 비과세가 적용됩니다. 가령 1층에서 주인이 직접 거주하고 2~3층, 4층 옥탑방을 임대로 주고 있었다면 비과세는 1층만 적용되고, 2~4층은 일반과세 혹은 중과세가 적용됩니다.

옥탑방 면적에 따라 다르다?

그런데 옥탑방이 모두 건축법상 1개 층으로 인정되는 것은 아닙니다. 건축법에 따른 다가구주택 정의를 기준으로 양도세를 부과한 것이기 때문에 마찬가지로 건축법상 1개 층으로 보지 않는다면 다가구주택으로 볼 수 있는 것입니다.

> **건축법 시행령 제119조【면적 등의 산정 방법】**
> ① 법 제84조에 따라 건축물의 면적·높이 및 층수 등은 다음 각 호의 방법에 따라 산정한다.
> 9. 층수: 승강기탑(옥상 출입용 승강장을 포함한다), 계단탑, 망루, 장식탑, 옥탑, 그 밖에 이와 비슷한 건축물의 옥상 부분으로서 그 수평투영면적의 합계가 해당 건축물 건축면적의 8분의 1(「주택법」 제15조제1항에 따른 사업계획승인 대상인 공동주택 중 세대별 전용면적이 85제곱미터 이하인 경우에는 6분의 1) 이하인 것과 지하층은 건축물의 층수에 산입하지 아니하고, 층의 구분이 명확하지 아니한 건축물은 그 건축물의 높이 4미터마다 하나의 층으로 보고 그 층수를 산정하며, 건축물이 부분에 따라 그 층수가 다른 경우에는 그중 가장 많은 층수를 그 건축물의 층수로 본다.

건축법 시행령 119조 에 따라 옥탑방으로 사용하는 면적이 건물 수평 면적의 1/8 이하라면 층수에 산입하지 않습니다. 그러므로 옥탑방으로 인한 다세대주택 여부는 정확한 옥탑방 면적까지 확인해봐야 알 수 있습니다. 하지만 애초에 옥탑방 면적까지 확인해야 하는 상황을 만들지 않는 것이 제일 좋습니다. 쉽게 가는 것이 매도인과 세무대리인, 세무서 조사관 모두에게 좋습니다.

다가구주택인지 다세대주택인지는 양도 시점을 기준으로 판단하므로 주택을 팔 계획이 있다면 그 전에 옥탑방 세입자를 내보낸 후 옥탑방은 완전히 멸실하는 것이 좋습니다. 옥탑방을 멸실하지 않고 세입자만 내보냈다면 언제든지 주거용으로 다시 사용할 수 있어 세무서에는 주택 층수로 포함할 수도 있습니다. 이 점 꼭 유의하도록 합시다.

17 자녀가 학교 때문에 따로 거주할 때도 비과세가 될까?

"회계사님, 자녀 학교 때문에 자녀랑 저는 주소를 옮겨야 할 것 같은데 괜찮을까요?"
"회계사님, 남편이 지방 발령이 나서 거주를 못할 것 같은데 집 팔아도 되나요?"

해설

1세대 1주택 양도소득세 비과세는 대한민국 거주자인 1세대가, 양도 당시 국내 1주택을, 2년 이상 보유 (혹은 거주) 해야 받을 수 있습니다. 취득 당시 조정대상지역이라면 2년 거주를 해야 비과세 혜택을 받을 수 있는데, 이때 주택 명의자만 거주하면 되는 것으로 아는 분도 많습니다. 남편 소유라면 남편만 거주하면 되고, 부부 공동소유라면 자녀는 무관하게 부부만 거주하면 2년 거주 요건을 충족했다고 생각하는 것이죠.

하지만 양도소득세에서 '1인 1주택 비과세'가 아니라 '1세대 1주택 비과세'라고 부르는 이유가 있겠죠? 주택 수를 판정할 때도, 거주여부를 판정할 때도 기준은 '세대'입니다. 세대원 중 일부가 거주하지 못했다면 나머지 세대원은 거주했다고 하더라도 세대 기준에서는 2년 거주 요건을 충족하지 못한 것입니다. 그러므로 양도소득세 비과세 혜택을 받을 수 없습니다. 그러나 예외적으로 세법에서 정한 '부득이한 사유'로 인해 세대원 중 일부가 거주하지 못할 때는 세대원 전원이 거주한 것으로 보아 비과세를 적용받을 수 있습니다. 세법에서 인정하는 부득이한 사유에는 취학, 근무 또는 사업상의 형편, 질병의 요양, 가정불화 등이 있습니다.

>
> **소득세법 집행기준 89-154-22【세대원의 일부가 부득이한 사유로 거주하지 않은 경우】**
> 세대원의 일부가 **취학, 근무 또는 사업상의 형편, 질병의 요양, 가정불화** 등 부득이한 사유로 처음부터 본래의 주소에서 거주하지 않은 경우에도 나머지 세대원이 거주요건을 충족한 경우에는 1세대 1주택 비과세 규정을 적용한다.
>

① 취학

자녀의 취학은 「초·중등교육법」에 따른 고등학교, 특수학교 등과 「고등교육법」에 따른 대학만 해당됩니다. 맹모삼천지교 마인드로 가장 이사에 진심인 유치원, 초등학교, 중학교의 취학의 경우에는 부득이한 사유로 인정되지 않습니다. 주변에서 종종 보이는 사례로 자녀가 초등학교 입학 때문에 친척 집에 전입신고를 하여 학교를 다니고, 부모는 본인 소유 주택에 전입신고된 상태로 살고 있다면 이는 거주요건의 예외로 인정되지 않으므로 비과세를 받을 수 없습니다.

② 근무 또는 사업상의 형편

근무상의 형편이라 함은 근로자가 타 지역으로 발령이 나거나 전근을 가는 경우, 혹은 퇴사 후 새로운 회사로 이직하는 경우를 말합니다. 사업상의 형편은 근로자가 아닌 자영업자 등이 사업 때문에 나머지 가족과 함께 거주하지 못하는 경우입니다.

③ 질병의 요양

1년 이상 질병의 치료나 요양을 위해 다른 시·군으로 이전이 필요한 경우에 해당합니다. 건강을 위해 공기 좋은 시골로 내려가는 것만으로는 해당되지 않고 기존 집에서 치료나 요양이 불가능한 경우만 인정되기 때문에 병원에서 받은 진단서나 요양증명서 등이 필요합니다. 판례에서는 난임부부가 출산을 위한 치료 및 요양의 이유로 지방에 내려간 경우도 포함하고 있습니다.

④ 가정불화

남편과 부인이 가정불화로 별거한 경우도 부득이한 사유에 포함하고 있습니다. 부부 별거를 거주요건 미충족으로 보는 것은 국가가 국민의 사생활을 지나치게 간섭하는 것으로 보일 수 있기 때문입니다. 관련 판례를 살펴보면 납세자는 가정불화의 근거로 사업 실패, 우울증, 신경정신과 전문의 상담 내역, 별거 후 합의이혼 사실, 합의되지 않은 부모 봉양 등을 들고 있습니다.

05

18 주택에서 상가, 상가에서 주택으로 용도변경한다면?

 우리나라에서는 주거지역을 「국토의 계획 및 이용에 관한 법률」에 따라 전용주거지역, 일반주거지역, 준주거지역 3가지로 구분하고 있습니다. 전용주거지역에서 준주거지역으로 갈수록 건물을 고층으로 지을 수 있고, 개발밀도도 높아지게 됩니다.

해설

① 전용주거지역 : 양호한 주거환경을 보호하기 위하여 필요한 지역

② 일반주거지역 : 편리한 주거환경을 조성하기 위하여 필요한 지역

③ 준주거지역 : 주거 기능을 위주로 이를 지원하는 일부 상업 기능 및 업무 기능을 보완하기 위하여 필요한 지역

일반주거지역(2종, 3종)과 준주거지역에 있는 주택은 근린생활시설(상가)로 용도변경이 가능합니다. 반대로 상가 세입자를 구하기 어려울 땐 주택으로 변경하는 경우도 있습니다.

용도변경을 하려면 지자체 인허가부터 인테리어 비용, 주차장 확보 등 따져야 할 것이 한두 가지가 아닙니다. 하지만 지난 몇 년간 주택에서 상가로 용도변경하는 케이스가 급증하였는데, 이는 다주택자 취득세 중과세를 피할 수 있었던 국세청의 아래 예규 때문이었습니다.

양도소득세는 원칙적으로 양도 시기인 잔금일을 기준으로 주택 수, 비과세 여부를 판단합니다. 하지만 매매계약상 특약에 따라 잔금 전에 주택을 멸실하거나 상가로 용도변경을 하는 경우에는 양도 시점이 아닌 매매계약일을 기준으로 비과세를 적용할 수 있었습니다. 파는 사람이 내는 양도소득세가 사는 사람이 해당 주택을 어떻게 사용하는지에 따라 달라지면 안 된다는 주장을 반영한 것입니다.

주택 매매계약 후 상가로 용도변경을 하거나 멸실하게 되면, 파는 사람은 매매계약 시점을 기준으로 1세대 1주택 비과세를 받을 수 있으니 좋고, 사는 사람은 잔금 시점을 기준으로 최대 13.4%에 달하는 주택 취득세가 아닌 상가 취득세 4.6%를 낼 수 있어서 좋았습니다.

세법은 과세하려는 국세청과 피하려는 납세자 간의 투쟁의 역사와도 같습니다. 소득세법과 지방세법의 해석 차이를 활용하는 이 방법 또한 2022년 10월 새로운 유권해석으로 인해 원천봉쇄되었습니다.

위 해석에 따라 현재는 잔금일 기준으로 1세대 1주택 비과세 여부를 판단하고 있습니다. 전처럼 매매계약서상 특약으로 잔금 전에 주택에서 상가로 변경하거나 주택 부분을 멸실한다면 파는 사람은 1세대 1주택 비과세를 적용받을 수 없게 되었습니다.

용도 변경 시 1세대 1주택 비과세는?

현재는 잔금일 기준으로 비과세 여부를 판단하므로 잔금 전에 상가로 용도변경하였다면 상가로 보아 1세대 1주택 비과세가 불가합니다. 상가는 비과세가 적용되지 않고 양도차익 전체에 대한 세금을 내야 하기 때문에 주택인 경우보다 양도세가 많이 나올 수 있습니다.

상가에서 주택으로 변경하였다면 주거용으로 사용한 날과 주거용 사용일이 불분명하다면 용도변경한 날부터 주택으로 봅니다. 용도변경일에 신규 주택을 취득한 것으로 보며, 이때부터 2년 보유(또는 거주)를 한다면 1세대 1주택 비과세를 받을 수 있습니다. 용도변경일로부터 3년 내에 종전 주택 처분을 하면 일시적 2주택 비과세 적용도 가능합니다.

용도 변경 시 장기보유특별공제는?

주택을 상가로 용도변경 하는 경우 다주택자가 아니라면 최초 취득일부터 양도일까지의 보유기간 전체에 장기보유특별공제(표1)를 적용합니다. 다주택자라면 양도소득세 중과세를 피하기 위한 것으로 보아 보유기간은 용도변경일부터 기산하여 계산합니다. 용도변경일로부터 3년 이상 보유해야만 장기보유특별공제도 적용됩니다.

상가를 주택으로 용도변경한다면 현재는 장기보유특별공제 중 보유기간 공제율을 최초 취득일부터 양도일까지로 봅니다. 하지만 2025년 1월 1일 이후 양도분부터는 용도변경으로 1세대 1주택에 해당할 때는 실제 현황에 맞게 상가와 주택 보유기간을 나눠 아래와 같이 장기보유특별공제율을 계산하여 적용합니다.

> 장기보유특별공제율＝보유기간 공제율＋거주기간 공제율
> 보유기간 공제율＝주택 외(상가 등) 보유기간×2%＋주택 보유기간×4% (최대 40%)
> 거주기간 공제율＝주택 보유기간 중 거주한 기간×4%

19 부모 소유의 10억 원 아파트를 자녀가 7억 원에 사는 방법?

 제 주변 회계사 중에도 공부를 목적으로 공인중개사 자격증을 취득한 분이 많습니다. 하지만 저처럼 부동산현장에서 중개업을 하는 회계사는 없습니다. B2B 업무를 주로 하는 회계사와 C2C 업무가 대부분인 중개업 사이의 간극이 크기 때문입니다.

해설

"현장에 늘 답이 있다!"

임장을 중요시하는 부동산업계의 격언입니다. 특이하게 중개와 세무 업무를 함께 하다 보니 독특한 전문성이 쌓이는 분야가 있는데, 그 중 대표적인 것이 '**10억 원 아파트를 7억 원에 사는 방법**', 바로 **가족 간 부동산 거래**입니다.

부모와 자식 사이에는 증여나 상속처럼 돈을 받지 않고 주택을 넘기는 것만 가능한 줄 아는 분도 있습니다. 부모와 자녀 간에도 얼마든지 돈을 주고받는 유상 매매가 가능합니다. 남한테 파는 것처럼 계약서도 쓰고 매매금액도 제대로 받는다면 과세 관청 입장에서도 문제 될 게 전혀 없습니다. 하지만 남한테 파는 것처럼 자녀한테 팔아야만 한다면 굳이 자식한테 팔 필요는 없겠죠? 자녀한테 시세보다 더 받으려는 부모도 있을 수 있겠지만, 대부분은 자녀에게 시세보다는 싸게 넘기고 싶어 합니다.

특히나 본인 주택을 비과세 기간 내에 처분하기가 어렵거나, 증여세나 취득세 중과를 피하면서 자녀에게 아파트를 넘겨주고 싶은 경우, 또는 재건축/재개발 등으로 시세가 오를 것 같은 주택을 자녀에게 주고 싶지만 그러기엔 본인의 노후가 걱정되는 분들께는 가족 간 매매가 유용한 절세방법이 될 수 있습니다.

자녀에게 싸게 팔 때 세법상 이슈는?

가족 간 거래의 핵심은 3가지입니다.

첫 번째, 자녀가 부동산을 살 돈이 있어야 합니다. 상증세법에서도 특수관계 거래에서 대가를 받고 판 것이 명백히 확인되지 않는다면 증여로 추정합니다. 가족 간 매매 거래는 유상거래이기 때문에 **매매계약일로부터 30일 이내 반드시 실거래가 신고**를 해야 합니다. 시세보다 낮게 거래했으니 스마트폰이나 인터넷에서 누구나 확인할 수 있는 국토부 실거래가 사이트에서 유독 싼 매매금액이 눈에 띄게 됩니다.

한국부동산원이나 국세청의 주목을 더 받을 수밖에 없습니다. 부모에게 돈을 지급했더라도 부동산 취득자금 출처가 불명확하다면 특수관계 매매로 인해 오히려 세무조사가 진행될 수도 있습니다. 그러니 자녀에게 주택을 싸게 팔 때는 반드시 자녀가 돈이 있어야 하고 그 **출처를 입증할 수 있어야** 합니다.

> **상속세 및 증여세법 제44조 【배우자 등에게 양도한 재산의 증여 추정】**
> ① 배우자 또는 직계존비속(이하 이 조에서 "배우자 등"이라 한다)에게 양도한 재산은 양도자가 그 재산을 양도한 때에 그 재산의 가액을 배우자 등이 증여받은 것으로 추정하여 이를 배우자 등의 증여재산가액으로 한다.
> ③ 해당 재산이 다음 각 호의 어느 하나에 해당하는 경우에는 제1항과 제2항을 적용하지 아니한다.
> 5. 배우자 등에게 대가를 받고 양도한 사실이 명백히 인정되는 경우로서 대통령령으로 정하는 경우

두 번째는 증여세입니다. 상증세법에서는 부모와 자식처럼 특수관계가 있는 사람끼리 시가보다 낮게 유상매매를 한 경우 시가와 매매가액의 차액이 3억 또는 시가의 30%를 넘는다면 초과금액만큼을 증여한 것으로 봅니다.

부모 소유의 시가 10억 원 아파트를 자녀에게 6.5억 원에 판다면 시가와 매매가의 차액 3.5억 원 중 3억 원[=Min (3억, 10억×30%)]을 뺀 5천만 원을 증여재산으로 보아 증여세를 납부해야 합니다. 물론 이때도 10년 이내 자녀에게 어떤 재산도 증여한 적이 없다면 증여재산공제 5천만 원을 적용받을 수 있습니다.

> **상속세 및 증여세법 제35조 【저가 양수 또는 고가 양도에 따른 이익의 증여】**
>
> ① 특수관계인 간에 재산(전환사채 등 대통령령으로 정하는 재산은 제외한다. 이하 이 조에서 같다)을 시가보다 낮은 가액으로 양수하거나 시가보다 높은 가액으로 양도한 경우로서 그 대가와 시가의 차액이 대통령령으로 정하는 기준금액(이하 이 항에서 "기준금액"이라 한다) 이상인 경우에는 해당 재산의 양수일 또는 양도일을 증여일로 하여 그 대가와 시가의 차액에서 기준금액을 뺀 금액을 그 이익을 얻은 자의 증여재산가액으로 한다.

마지막은 양도세입니다. 특수관계자에게 시가보다 싸게 부동산을 파는 경우 세법에서는 이 양도금액을 인정하지 않고 시가로 다시 양도소득세를 계산해서 내게끔 하는 제도를 운영하고 있습니다. 세법용어로 **'부당행위계산의 부인'**이라고 합니다. 부모 소유의 10억 원 아파트를 자녀에게 7억 원에 팔아도 부모가 세무서에 양도소득세를 신고할 때는 판 금액을 7억 원이 아니라 10억 원으로 봐야 한다는 의미입니다. 특수관계 매매는 양도소득세 절세효과가 거의 없으므로 다주택자 중과세 등으로 **부모의 양도세가 너무 크다면 실익이 크지 않을 수** 있습니다.

2021년 11월부터 부동산 정보 공개가 확대되어 부동산 실거래가 사이트에서 매매계약이 직거래인지, 중개거래인지 확인됩니다. 가족 간 직거래는 통상적인 아파트 시세와 차이가 있을 수밖에 없고 그러다 보니 제3자에게 혼선을 줄 수 있기 때문입니다. **한국부동산원이나 국세청에서도 직거래를 더 주시**하므로 가급적이면 **부동산중개업소를 통해서 계약**을 체결하는 것이 유리합니다.

또한 가족 간 저가 거래는 잔금과 소유권 이전까지 완료된 후에도 **한국부동산원이나 세무서의 소명 요청**을 받는 경우가 많으므로 이를 대비하여 처음부터 잘 준비해둬야 한다는 점도 명심하도록 합시다.

20 임차인에게 지급하는 이사비도 경비 인정이 될까?

 "사장님, 급해요 급해. 저 하나만 여쭤볼께요. 임차인이 이사비 안주면 안 나가겠 대요. 매매하려면 어쩔 수 없이 줘야할 상황인데 이거 양도세 경비로 인정되요?"

해설

평소에 친하게 지내는 근처 중개업소 사장님이 이른 아침 문이 열리자마자 저희 사무실로 급하게 찾아왔습니다. 상황인즉슨 아파트 매매계약을 진행하는데 매수인이 실입주를 할 사람이었답니다. 당초 임차인은 이사를 나갈 수 있다고 해서 매매를 진행하던 것인데, 매매계약이 체결되려고 하니 말을 바꾸어 매도인에게 이사비를 요구한 것이었습니다.

사정상 매도인은 급하게 처분을 해야 하는 상황이라 임차인의 요구를 들어줄 수 밖에 없는데, 이사비가 양도세 계산시 비용으로는 인정받을 수 있을지 궁금하셨던 것입니다. 매도인 입장에서는 양도세 경비로 인정된다면 이사비를 주더라도 덜 아까울 테고요.

결론부터 말씀드리면, **임차인에게 지급하는 이사비용은 양도소득세 경비로 인정**됩니다.

단, 매매계약서상 **특약으로 임차인 명도에 관한 책임이 표시되어 있어야** 하고, **이사비 지급사실이 확인되어야** 합니다. 이사비는 계좌이체를 하거나 임차인으로부터 증빙서류(세금계산서, 현금영수증 등) 수령으로 입증할 수 있습니다.

매매계약서의 특약은 "매도인은 잔금일까지 임차인를 책임지고 명도하기로 한다"는 취지의 문구가 있으면 충분합니다. 또한 임차인에게 현금이 아닌 계좌이체로 지급한 후 명도합의서까지 받아둔다면 더 확실하게 필요경비로 인정받을 수 있습니다.

소득세법시행령 제163조 【양도자산의 필요경비】

⑤ 법 제97조 제1항 제3호에서 "대통령령으로 정하는 것"이란 다음 각 호의 어느 하나에 해당하는 것으로서 그 지출에 관한 법 제160조의 2 제2항에 따른 증명서류를 수취·보관하거나 실제 지출사실이 금융거래 증명서류에 의하여 확인되는 경우를 말한다.

1. 법 제94조 제1항 각 호의 자산을 양도하기 위하여 직접 지출한 비용으로서 다음 각 목의 비용

가. 「증권거래세법」에 따라 납부한 증권거래세

나. 양도소득세과세표준 신고서 작성비용 및 계약서 작성비용

다. 공증비용, 인지대 및 소개비

라. 매매계약에 따른 인도의무를 이행하기 위하여 양도자가 지출하는 명도비용

마. 가목부터 라목까지의 비용과 유사한 비용으로서 기획재정부령으로 정하는 비용

21 세대구분형 아파트는 1주택일까 2주택일까?

 과천 센트레빌은 12단지 주공아파트를 재건축하여 2020년 4월 입주한 신축 아파트입니다. 이 단지는 다른 재건축 단지와 달리 특이하게 세대구분형 아파트가 있습니다.

해설

세대구분형 아파트란 중대형 **아파트 1채를 큰 집, 작은 집 2개호**로 구분한 아파트를 말합니다. 1채의 아파트에 **2개의 출입문**이 있으며, 각 호에는 욕실과 부엌이 별도로 설치되어 있습니다. 세대구분형 아파트에서는 부모님과 자녀가 한지붕 2가족처럼 분리해서 살 수도 있고, 내 집에서 거주하면서 작은 집은 **임대를 줘서 월세수익**을 얻을 수도 있습니다.

> **주택법 제2조【정의】**
> 이 법에서 사용하는 용어의 뜻은 다음과 같다.
> 19. "세대구분형 공동주택"이란 공동주택의 주택 내부 공간의 일부를 세대별로 구분하여 생활이 가능한 구조로 하되, 그 구분된 공간의 일부를 구분소유 할 수 없는 주택으로서 대통령령으로 정하는 건설기준, 설치기준, 면적기준 등에 적합한 주택을 말한다.

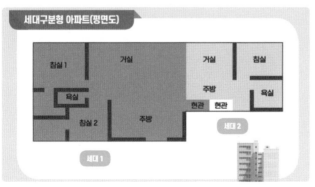

세대구분형 아파트(평면도)

출처 : 국세청 부동산납세과

이렇게 독립된 공간에서 2세대가 각각 살고 있는 세대구분형 아파트는 1주택자로 봐야할까요? 2주택으로 봐야할까요? 비과세를 받기 위해 2년 거주를 해야 한다면 큰 집에서만 거주하면 되는 걸까요? 가운데 벽을 허물어 작은 집까지 함께 사용해야 할까요?

세법에서 한지붕 세가족처럼 여러 세대가 살 수 있는 다가구주택은 가구별로 생활하는 부분을 각각 하나의 주택으로 보지만, 한번에 전체를 양도하는 경우에는 1주택으로 보아 1세대1주택 비과세를 적용합니다.

국세청에서는 세대구분형 아파트를 다가구주택과 같이 판단합니다. 세대구분형 아파트도 1~2인 가구의 소형 임대주택의 수요를 위한 것이므로 다가구주택과 다르지 않기 때문입니다.

세대구분형 아파트는 구분등기가 되지 않기 때문에 큰 집, 작은 집을 따로 팔 수 없습니다. 아파트 전체를 매매해야 하며, 이때 다가구주택과 마찬가지로 1세대 1주택 비과세를 적용받을 수 있습니다. 소유자가 아파트 일부를 임대하고, 다른 일부에 2년 이상 실제 거주하는 경우 아파트 전체에 대해 거주한 것으로 인정받을 수 있습니다.

참고로 세대구분형 아파트는 임차인이 금융기관에서 전세자금대출 받기가 상당히 어려우므로 임대차계약시 유의하도록 합시다.

Chapter

06

집 다시
지을 때

01 재건축 재개발 단계별 꼭 알아두어야 할 사항은?

 국내 1호 재건축 아파트는 마포구 도화동에 위치한 '마포삼성아파트'입니다. 1962년 국내 최초의 대규모 단지형 아파트였던 '마포주공아파트'를 재건축한 것입니다. 마포주공아파트는 당시 개별 '연탄보일러' 난방 등 획기적인 시설을 갖춰 연예인 아파트로 소문났었다고 하는데, 아파트에 연탄보일러라니 요즘 세대는 상상도 못할 모습이었을 것입니다.

1987년 마포주공아파트 재건축 추진위원회 결성 후 삼성건설이 재건축하여 1997년 5월 '마포삼성아파트'로 준공되었습니다. 마포삼성아파트 또한 준공 28년 차가 되었으니 국내 첫 재-재건축 아파트를 볼 날도 얼마 남지 않았습니다.

해설

재건축 vs 재개발

재건축은 주택만 다시 짓는 것입니다. 도로, 학교 등 주변 기반시설은 양호하지만 주택이 오래 돼서 다시 짓는 것으로 대부분 아파트가 그 대상입니다. 재개발은 '개발'이라는 단어에서 알 수 있듯이 주택뿐만 아니라 기반시설도 낙후된 지역이 그 대상입니다. 지역 전체를 허물고 다시 세팅하는 개념이며, 오래된 단독주택이나 빌라가 밀집한 지역이 대상이 됩니다. 재개발은 도시기반시설이나 주변 인프라도 다시 만들어야 하기 때문에 공익 성격이 강한 사업이기도 합니다.

재건축·재개발 절차는?

재건축·재개발사업은 2002년 12월부터 [도시 및 주거환경정비법] 으로 통합되어 운영되고 있습니다. 도정법은 대표적인 절차법으로 반드시 법에서 정한 절차에 따라 진행해야 합니다.

※재건축/재개발 단계별 절차

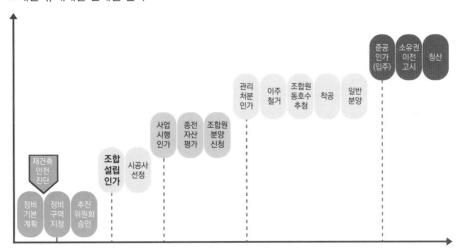

정비기본계획 수립부터 청산 시점까지 총 4번의 인가(조합설립, 사업시행, 관리처분, 준공)가 있습니다. 각 시점마다 주의할 사항은 다음과 같습니다.

1. 조합설립인가

재건축 아파트가 투기과열지구에 있다면 조합설립인가 시점부터 조합원 지위 양도가 불가능합니다. 조합원 지위를 양도받을 수 없다면 사는 사람은 조합원이 될 수 없고 현금청산자가 되기 때문에 아무도 매수하려 하지 않습니다. 이때부터는 아파트를 팔 수 없다는 말과 같습니다. 예외적으로 1세대 1주택이면서 5년 거주 10년 보유를 하였거나, 취학·결혼·근무상 또는 생업 상의 사정이나 질병 치료 등으로 다른 시 또는 군으로 이전하는 경우 등만 조합원 지위 양도가 가능합니다.

2. 사업시행(계획)인가

재건축 사업의 구체적인 계획이 확정되는 절차인 사업시행인가는 재개발 재건축 과정에서 가장 중요한 절차로 꼽힙니다. 조합원의 구체적인 이주계획 등이 정해지며, 세법에서도 사업시행인가 시점 이후부터 건축 기간 동안 거주하기 위한 '대체주택' 취득을 인정해주고 있습니다.

사업시행인가 후에 감정평가법인을 선정하여 아파트 권리가액을 정하며, 나의 권리가액보다 조합원분양가가 높은 평형을 신청하면 추가분담금을 내는 것이고, 반대로 나의 권리가액보다 조합원분양가가 낮은 평형을 신청하면 차액만큼 추후 청산금을 수령하게 됩니다.

3. 관리처분(계획)인가

관리처분인가가 완료되면 본격적으로 이주, 철거, 공사가 시작됩니다. 투기과열지구 내 재개발사업은 관리처분인가 시점부터 조합원 지위 양도가 제한됩니다. **세법**에서는 **관리처분인가를 기준으로** '주택'이 부동산을 취득할 수 있는 권리인 **'조합원입주권'**으로 전환되는 것으로 봅니다. 관리처분인가는 재개발·재건축 과정에 몇 차례 변경이 되기도 하는데 당초 관리처분계획이 무효가 되는 경우가 아니라면 당초 관리처분계획인가일이 전환일이 됩니다. 주택으로 계속 사용 중이라도 세법에서는 관리처분인가 시점부터 주택이 아닌 권리로 보아 양도소득세 계산법이 달라집니다.

관리처분인가일 전부터 주택을 소유한 사람을 **원조합원**, **관리처분인가일 이후** 취득한 사람을 **승계조합원**이라고 합니다. 이 구분은 상당히 중요합니다. 원조합원은 공사 기간이 **주택 보유기간으로 인정**됩니다. 승계조합원은 권리를 취득하였기 때문에 주택이 다 지어진 **준공인가 시점부터 주택 보유기간이 인정**됩니다. 극단적으로 관리처분인가일 다음 날 취득했다면 공사 기간 3년을 보유했다고 하더라도 해당 기간은 주택 보유기간으로 인정되지 않기에 장기보유특별공제를 전혀 적용받을 수 없습니다.

4. 준공인가

공사가 완료된 후 신축 아파트 준공인가가 나면 '조합원입주권'이 다시 '주택'으로 전환된 것으로 봅니다. 준공 완료 후 입주가 개시되는 시점에서는 대지지분 등이 확정되지 않아서 등기사항전부증명서를 바로 확인할 수 없고 소유권도 확인되지 않습니다. 조합마다 다르지만 통상 준공 후 4~8개월이 지나야 소유권보존 및 이전고시가 나게 되는데 이때부터는 일반 아파트와 동일하게 사고팔 수 있습니다.

나의 권리가액보다 분양가가 낮은 평형을 신청했다면 준공인가 이후 차액만큼 청산금을 수령합니다. 나의 종전 주택 일부를 판 것과 같기 때문에 양도소득세 신고도 해야 하며, 소유권이전 고시일의 다음 날을 양도일로 보아 신고합니다.

02 관리처분인가 전에 팔거나, 다 짓고 팔아야 하는 이유는?

때는 2019년, 부동산 상승세가 한창이던 시점에 고객 한 분이 찾아오셨습니다. 저희 사무실이 있는 경기도 과천은 12개 아파트 단지가 1기, 2기, 3기로 나누어져 순차적으로 재건축이 진행되고 있습니다. 2008년에 1기 재건축 아파트 2개 단지가 준공되었고, 2018년부터 2022년까지는 2기 재건축아파트인 5개 단지가 한창 공사 중인 시기였습니다. 저희 사무실에 온 고객은 5개 단지 중 하나인 2단지 주공아파트(현 위버필드)의 원조합원이었습니다.

해설

◎ Case Study

> "회계사님, 제가 집이라고는 공사 중인 2단지 이거 하나밖에 없는데, 팔고 시골로 내려가면 어떨까 해서요. 이거 지금 팔면 어떨까요?"
>
> "지금도 계속 오르고 있는데 파시게요? 2단지는 언제 사셨는데요?"
>
> "아유, 오래됐죠. 15년도 더 된 거 같은데, 살 때 3억 주고 샀는데 많이 오른 거 같아서 한번 팔아볼까 싶어요."
>
> "급하세요? 급하신 거 아니면 절대 지금 팔지 마세요!"

집을 한번 팔아볼까 하고 부동산으로 찾아온 고객한테 오히려 팔지 말라고 얘기하는 부동산 사장, 그게 저였습니다. 제가 고객을 말렸던 건 부동산 가격이 더 오를 것 같아서가 아니었습니다. 간혹 부동산 중개 사장님들의 시장 전망을 과도하게 신뢰하는 분이 있는데 **부동산 중개를 잘하는 것**과 **부동산 투자를 잘하는 건** 엄연히 **다른 영역**입니다. 공인중개사의 향후 전망을 맹목적으로 믿기 전에 부동산 사장님이 그동안 저점에서 샀고 고점에서 팔았는지 꼭 한번 물어보시기 바랍니다.

세법에서는 관리처분인가 시점에 '주택'이 '조합원입주권'으로 전환된 것으로 봅니다. **주택과 조합원입주권의 양도소득세 계산법은 다릅니다. 주택의 양도소득세 계산법은 산 금액과 판 금액의 차액에 대하여 세금을 부과한다면, 조합원입주권의 양도소득세 계산법은 산 금액과 판 금액 중간에 권리가액이라는 점선을 그어 두 부분으로 나누어 계산합니다.**

> 주택 양도차익 계산법 = 판 금액 − 산 금액
> 조합원입주권 양도차익 계산법 = (판 금액 − 권리가액) + (권리가액 − 산 금액)

두 부분으로 나누는 이유는 가격 상승에 대한 해석이 다르기 때문입니다. 산 금액부터 권리가액까지는 주택이 상승한 것으로 보고, 권리가액부터 판 금액까지 상승한 것은 '조합원입주권'이라는 권리가 상승한 것으로 봅니다. 주택이 상승한 부분에는 물가상승률을 고려한 장기보유특별공제가 적용되지만, 권리가 상승한 부분에는 장기보유특별공제가 적용되지 않습니다.

위 고객 사례를 예로 들어보겠습니다. 15년 전에 3억 원에 샀고, 권리가액이 7.4억 원인 조합원입주권을 14억 원에 파는 경우입니다.

※상담내용
• 2단지 조합원 / 1세대 1주택
• 보유기간 : 15년 이상 / 취득금액 : 3억
• 종전자산권리가액 : 7.4억
  34평 신청, 총 부담금 5백만원
조합원입주권 14억 양도 시

순서	계산흐름	관리처분인가 전	관리처분인가 후	합계
③	양도**차**익	7.4억−3억=4.4억	14억−7.4억=6.6억	
	과세대상 양도**차**익	1.57억	2.35억	(9억 초과분)
④	(−) **장**기보유특별공제	1.25억	X	
⑤	양도소득금액	32,000,000	235,000,000	2.67억
⑥	(−) 기본공제			2,500,000원
⑦	과세표준			264,500,000원
⑨	산출세액			81,110,000원
⑩	**총 부담세액**			**89,210,000원**

19년 당시 1세대 1주택은 9억 원까지 비과세, 장기보유특별공제 표2가 적용되어 10년 이상 보유 시 80%를 공제받을 수 있었습니다. 앞서 설명한 대로 산 금액(3억)과 권리가액(7.4억)의 차액에는 장기보유특별공제가 80%가 적용되지만, 팔 금액(14억 원)과 권리가액(7.4억 원)의 차액에는 장기보유특별공제가 전혀 적용되지 않습니다. 1세대 1주택임에도 불구하고 조합원입주권 상태로 양도하게 되면 양도소득세가 지방세 10%를 포함하여 8,921만 원이나 됩니다.

반면 준공된 후 같은 금액에 매도하는 경우를 살펴보겠습니다.

준공이 되면 조합원입주권이 다시 주택으로 전환되며, 이때는 팔 금액(14억 원)과 산 금액(3억 원)의 차액 대부분이 장기보유특별공제 80%가 적용이 됩니다. 이때는 총 양도소득세가 1,385만 원밖에 되지 않습니다. 파는 가격이 같음에도 불구하고 시점에 따라 세금이 7,500만 원 넘게 차이가 나는 것입니다.

06

※상담내용
• 2단지 조합원 / 1세대 1주택
• 보유기간 : 15년 이상 / 취득금액 : 3억
• 종전자산권리가액 : 7.4억
  34평 신청, 총 부담금 5백만원
신축 아파트 14억 양도 시

순서	계산흐름	종전부동산 분 (관리처분인가 전+후)	청산금 납부 분	합계
③	양도**차**익	10.9억	439만원	
	과세대상 양도**차**익	3.89억	157억	(9억 초과분)
④	(−) **장**기보유특별공제	3.11억	50만원	
⑤	양도소득금액	77,900,288	107만	78,967,881원
⑥	(−) 기본공제			2,500,000원
⑦	과세표준			76,467,881원
⑨	산축세액			12,592,291원
⑩	**총 부담세액**			**13,851,521원**

부동산 사장님이 물건을 내놓겠다고 찾아온 고객한테 오히려 팔지 말라고 말리는 이유가 이해되시나요? 고객분도 생각보다 많은 양도세에 놀라서 준공 이후에 다시 오기로 하셨고 준공 이후로 아파트 시세는 20억 원까지 올랐으니 고객은 여러모로 최선의 선택을 하신 셈이 되었습니다. 그러니 재건축 진행 중인 아파트를 보유하고 있다면, 공식처럼 반드시 기억해두도록 합시다.

"관리처분인가 전에 팔거나, 다 짓고 나서 팔기!"

03 조합원입주권도 비과세를 받을 수 있을까?

도시및주거환경정비법에 따른 재건축/재개발이 진행될 때 관리처분인가일을 기준으로 '주택'이 부동산을 취득할 수 있는 권리인 '조합원입주권'으로 전환된다고 말씀드렸습니다. 조합원입주권은 주택이 아님에도 [1세대 1주택 비과세]가 적용될까요?

해설

관리처분인가가 난다고 해도 실제 이주까지는 빨라도 6개월 이상은 소요됩니다. 관리처분인가 시점과 무관하게 똑같이 내 집에 살고 있는데 관리처분인가 전에 팔면 '주택'으로 보아 비과세를 해주고, 관리처분인가 후에 팔면 '조합원입주권'으로 보아 비과세 혜택을 주지 않는 것도 이상하지 않겠습니까? 그래서 **기존 주택이 조합원입주권으로 전환되어도 일정 요건을 충족할 시에는 비과세 혜택**을 주고 있습니다.

> **소득세법 제89조 【비과세 양도소득】**
> ① 다음 각 호의 소득에 대해서는 양도소득에 대한 소득세(이하 "양도소득세"라 한다)를 과세하지 아니한다.
> 4. 조합원입주권을 1개 보유한 1세대[「도시 및 주거환경정비법」 제74조에 따른 관리처분계획의 인가일 및 「빈집 및 소규모주택 정비에 관한 특례법」 제29조에 따른 사업시행계획인가일(인가일 전에 기존주택이 철거되는 때에는 기존주택의 철거일) 현재 제3호 가목에 해당하는 기존주택을 소유하는 세대]가 다음 각 목의 어느 하나의 요건을 충족하여 양도하는 경우 해당 조합원입주권을 양도하여 발생하는 소득. 다만, 해당 조합원입주권의 양도 당시 실지거래가액이 12억원을 초과하는 경우에는 양도소득세를 과세한다.
> 가. 양도일 현재 다른 주택 또는 분양권을 보유하지 아니할 것
> 나. 양도일 현재 1조합원입주권 외에 1주택을 보유한 경우(분양권을 보유하지 아니하는 경우로 한정한다)로서 해당 1주택을 취득한 날부터 3년 이내에 해당 조합원입주권을 양도할 것(3년 이내에 양도하지 못하는 경우로서 대통령령으로 정하는 사유에 해당하는 경우를 포함한다)

조합원입주권을 가지고 있는 1세대가 다른 주택이나 분양권을 가지고 있지 않거나 (1세대 1주택 개념), 다른 주택을 취득한 지 3년 이내 조합원입주권을 파는 경우(일시적 2주택 개념)에는 주택과 동일하게 비과세가 적용됩니다.

다만, 기존 주택은 관리처분인가일까지 비과세 요건(2년 보유 또는 거주)을 충족했어야 합니다. 비과세가 가능한 기존 주택이 조합원입주권으로 전환되어도 동일하게 혜택을 주자는 취지이기 때문입니다.

주택 보유기간에 대한 판정은 관리처분인가일이 원칙이지만, 관리처분계획인가일 이후에도 사실상 주거용으로 사용한 사실이 확인되는 경우에는 예외적으로 그 기간도 포함됩니다. 사실상 주거용으로 사용했다 함은 본인 세대 또는 세입자가 살고 있는 기간을 의미합니다. 해당 주택의 이주가 완료되어 아무도 살지 않는 공가 상태는 주거용 사용기간으로 인정되지 않습니다.

04 조합원입주권과 분양권이 헷갈린다고요?

 라면과 라멘은 발음도, 느낌도 비슷합니다. 하지만 우리나라 라면은 익힌 국수를 기름에 튀겨 말린 것에 분말 스프와 물을 넣고 끓이는 인스턴트 음식인 반면, 일본식 중화요리인 라멘은 간장, 된장 베이스로 국물을 내고, 얇게 썬 돼지고기, 김, 쪽파 등을 올려서 먹는 조리 음식입니다. 면 요리라는 공통점은 있지만 엄연히 다른 음식입니다.

해설

조합원입주권과 분양권도 마찬가지입니다. 둘 다 '**부동산을 취득할 수 있는 권리**'라는 점에서 비슷해 보이지만 태생이 다릅니다. 입주권을 분양권으로, 분양권을 입주권으로 섞어서 말씀하시는 분이 많지만, 아빠 엄마가 다른 것을 알면 헷갈릴 수가 없습니다.

조합원입주권은 애초에 **부동산을 가지고 있어야** 합니다. 부동산이 관리처분인가 시점에 조합원입주권으로 전환된 것입니다. a가 A가 되는 것입니다. 재건축에선 아파트처럼 토지건물을 동시에 소유하고 있는 사람만 조합원이 되며, 재개발에선 토지 또는 건물 중 하나만 가지고 있어도 조합원이 되어 입주권을 받을 수 있습니다. 기존 주택이 조합원입주권으로 전환된 것이기 때문에 주택으로 간주하여 조합원입주권을 주택 수에 포함하고 있습니다.

분양권은 쉽게 말해 **아파트 청약**입니다. 청약 일반공급 또는 특별공급으로 아파트가 당첨되어서 건설사와 (분양)계약서를 작성한 것입니다. 수도권 청약 경쟁을 고려하면 대부분 무주택자나 신혼부부 등이 당첨을 받습니다. 0에서 A가 생긴 것입니다.

예를 들어 재개발 · 재건축 사업지에 조합원이 400명이고, 총 700세대의 신축 아파트가 짓는다고 해봅시다. 조합원 400명은 조합원입주권을 가지고 있는 것이고, 나머지 300세대는 청약을 통해 당첨된 사람이 분양권을 갖게 됩니다. 같은 단지 물건이라도 조합원입주권은 종전 부동산 소유자였던 조합원과 거래하고, 분양권 매매는 청약 당첨자와 거래하게 됩니다. 일반적으로 조합원에게 좋은 동 호수를 먼저 배정해 주고 무상 옵션 혜택도 크기 때문에 같은 가격이라면 분양권보다는 조합원입주권을 매수하는 것이 더 좋습니다.

분양권은 분양이라는 형태의 매매계약서를 작성하였지만, 세법에서는 잔금일을 주택 취득 시점으로 보기 때문에 엄밀히 말해 잔금을 내기 전까지는 무주택자입니다. 그래서 종전에는 1세대 1주택 비과세, 중과대상 주택 수 판정을 할 때 분양권은 주택 수에서 제외하였는데, 부동산 투기를 막기 위해 2021. 1. 1. 이후 새로 취득하는 분양권부터는 조합원입주권과 동일하게 주택 수에 포함하고 있습니다.

조합원 vs 분양권, 중요한 3가지 차이는?

조합원입주권과 분양권은 태생이 다른 만큼 3가지의 큰 차이가 있습니다.

1. 첫 번째, 취득세입니다.

조합원입주권은 최초 취득할 때 종전부동산에 대한 **취득세**를 1번 내고, 준공 시점에 건물 신축분에 대한 취득세를 1번 냅니다. 처음에는 **토지에 대해서 내고**, 두 번째는 **건물에 대해서만 낸다고** 이해하면 쉽습니다.

최초 취득세를 낼 때 종전부동산이 멸실된 상태라면 토지 취득세인 4.6%를 냅니다. 하지만 이주를 완료하고 건물이 멸실되기 전까지는 주택으로 봐야 할지, 토지로 봐야 할지에 대해 실무상 혼선이 존재해 왔습니다. 행정안전부에서는 2018년 1월 1일부터 [재개발·재건축 구역의 멸실 예정 아파트]에 대해서 '주택의 건축물이 사실상 철거·멸실된 날, 사실상 철거·멸실된 날을 알 수 없는 경우에는 공부상 철거·멸실된 날'로 보고 있습니다. 즉 관리처분인가를 받고 이주를 완료했다고 하더라도 **멸실 신고 전까지**는 주택으로 보아 **취득세를 내야** 합니다. 주택 취득세는 1.1~3.5%이지만, 다주택자인 경우 중과세도 적용될 수 있다는 의미입니다.

준공 시점에 내는 건물분 취득세는 총 건축비를 제곱미터로 나눈 후 조합원 각자 신청한 평형을 곱해서 납부하며, 원시취득으로 보아 주택 취득세 중과는 적용하지 않습니다.

분양권은 잔금을 내야 주택을 취득하는 것으로 보기 때문에 잔금 전까지는 취득세를 내지 않습니다. **잔금을 낸 후 60일 이내** 취득세를 납부합니다. 주의할 점은 분양권 취득세 중과세 여부는 잔금일이 아닌 **주택분양권 취득일(분양사업자로부터 취득하는 경우에는 분양계약일)을 기준**으로 한다는 것입니다.

예를 들어 분양권을 취득할 때는 2주택 상태였다가 이후 2채를 모두 팔고 잔금 시점에는 다른 주택이 없다고 하여도 취득세는 3주택 기준으로 납부해야 합니다. 참고로 지방세법과 달리 양도세에서는 2021년 1월 1일 이후에 취득한 분양권 취득시기를 분양계약일보다 앞선 '분양권 당첨일'로 보고 있습니다.

2. 두 번째, 보유세입니다.

조합원입주권에 대해서는 주택을 멸실하기 전까지 주택분 재산세가 부과되며, 멸실 후부터는 토지 재산세가 부과됩니다. 멸실 이후는 지방세법상 분리과세 토지로 분류되어 종합부동산세는 부과되지 않습니다.

분양권은 청약 당첨일로부터 잔금지급일까지 권리상태이므로 재산세, 종합부동산세 모두 내지 않습니다.

3. 마지막으로 양도세입니다.

주택, 조합원입주권, 분양권 모두 단기 양도세율은 동일합니다. 1년 미만은 70%, 1년 이상 2년 미만은 60% 단일세율이 적용됩니다.

2년 이상 보유 시에는 달라집니다. 조합원입주권은 기본세율(6~45%)이 적용되고, 3년 이상 보유 시에는 장기보유특별공제도 적용됩니다. 이때 산 금액과 권리가액까지의 차익만 장기보유특별공제 대상이 됩니다(198p. 참고). 분양권은 2년이 지나도 단일세율인 60%가 적용되며 권리이기 때문에 장기보유특별공제도 적용되지 않습니다.

참고로 **오피스텔 분양권**은 잔금 전까지는 주택으로 사용할지, 업무용으로 사용할지 알 수 없으므로 공부상 현황 기준인 **업무시설 분양권으로 보고** 있습니다. 1년 미만 50%, 1년 이상 2년 미만 40%, 2년 이상 보유 시 기본세율이 적용됩니다. 마찬가지로 권리 상태이므로 장기보유특별공제는 적용되지 않습니다.

05 재건축 조합원이 대형평수를 신청하는 이유는?

"회계사님, 다음 주부터 재건축 아파트 조합원 평형신청하는데 큰 평수 받는 게 좋아요? 작은 평형 받는 게 좋아요?

해설

사업시행인가 후 조합원 평형신청을 받는 시즌이 오면 인근 부동산으로 조합원 문의가 폭증합니다. 집집마다 선호하는 평형은 다를 수 있고, 원하는 평형을 신청했다고 반드시 당첨된다는 보장도 없지만 조금 더 인기 많고 재테크에 유리한 평형이 무엇인지 해당 단지를 가장 잘 아는 부동산 사장님의 의견을 들어보고 싶은 것입니다.

2017년도부터 있었던 과천 2기 재건축 아파트 조합원 평형신청에서는 유독 40평 이상의 대형 평수를 신청한 조합원이 많았습니다. 그 이유는 바로 **청산금 양도소득세** 때문이었습니다. 양도소득세 중과세가 시행될 시기였기에 청산금을 받아서 양도소득세 세금폭탄을 맞을 수 있으니 차라리 분담금을 내고 더 큰 평수로 갈아타는 것입니다.

청산금이 뭔가요?

조합원은 종전 아파트를 허물고 신축 아파트를 지을 때 종전 아파트 평수와 관계없이 본인 선호에 따라 **원하는 평형을 신청**할 수 있습니다. 이때 인기 타입으로 조합원의 신청이 몰리게 되면 종전 권리가액 순으로 결정이 됩니다. 펜트하우스나 본인이 원하는 대형 평수를 받기 위해 권리가액이 더 높은 동을 콕 집어 매수하는 분도 있습니다. 종전 아파트 동, 호수별 공시가격을 확인해보면 어디가 권리가액이 높을지 대략 예상할 수 있습니다.

평형별로 조합원 분양가가 내정되어 있고, 본인의 종전 권리가액과 비교해서 조합원 분양가가 더 높다면 분담금을 추가로 내게 되고, 본인의 종전 권리가액이 더 높다면 청산금을 돌려받게 됩니다. **청산금은 양도소득세 대상입니다.** 내가 가진 종전 아파트

대지지분 중 일부를 일반분양자나 다른 조합원에게 판 것으로 보아 그 금액만큼 양도세를 내게 하는 것입니다.

청산금 양도소득세는 언제 내나요?

청산금은 나눠 받을 수도 있고, 준공 이후 한 번에 받는 경우도 있습니다. 청산금을 모두 받았다면 그날이 대금청산일로 양도일이 됩니다. 하지만 재개발 · 재건축에서는 대금을 다 받아도 소유권 이전고시를 하지 않으면 목적물이 확정되지 않은 것으로 보아 소유권 이전고시일의 다음 날을 양도일로 보고 있습니다. 청산금 양도소득세 또한 소유권이전고시일 다음날이 속한 달의 말일로부터 2달 이내에 신고 및 납부하게 됩니다.

> **소득세법 집행기준 98-162-14 【교부받은 청산금의 양도시기】**
>
> 「도시 및 주거환경정비법」에 의한 재건축사업에 참여하여 당해 조합에 기존건물(그 부수토지를 포함, 이와 같음)을 제공하고 기존건물의 평가액과 신축건물의 분양가액에 차이가 있어 청산금을 수령한 경우 해당 청산금에 상당하는 기존 건물의 양도시기는 소유권 이전고시가 있은 날의 다음 날이다.

청산금에 대한 양도소득세는 어떻게 계산하나요?

세법에서 재개발 · 재건축은 종전 주택의 연장으로 봅니다. 청산금에 대한 양도소득세도 종전 주택과 같이 적용됩니다. 청산금 양도 시기에 1세대 1주택 비과세 요건을 충족했다면 청산금 역시 비과세가 되는 것이고, 다주택자라면 청산금 또한 중과세가 적용될 수 있습니다.

청산금의 1세대 1주택 비과세는 양도일인 소유권이전고시의 다음날을 기준으로 판단합니다. 1세대 1주택 비과세 조건은 2년 보유(조정대상지역 당시 취득했다면 2년 거주)입니다. 일반적인 매매에서 비과세 기준금액 12억 원은 실거래가격이 되겠지만, 매매가 일어나지 않은 재개발 · 재건축에서는 종전자산 권리가액을 기준으로 합니다.

예를 들어 종전자산 권리가액이 9억 원이고, 조합원분양가 7억 원이라고 하면, 2억 원을 청산금으로 수령 받게 됩니다. 종전자산권리가액이 고가주택 기준 금액(12억 원)

이하이므로 1세대 1주택 비과세인 경우 청산금 양도소득세는 전혀 발생하지 않습니다.

종전자산 권리가액이 13억 원, 조합원분양가가 10억 원이라면, 3억 원을 청산금으로 수령하게 됩니다. 이때는 권리가액 중 고가주택 기준금액(12억 원)이 넘는 1억 원에 대해서만 양도소득세를 납부하게 됩니다.

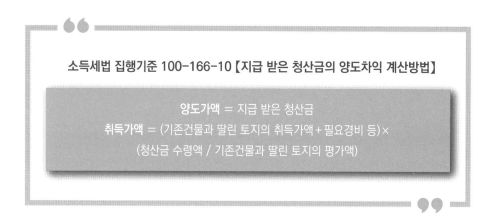

소득세법 집행기준 100-166-10【지급 받은 청산금의 양도차익 계산방법】

양도가액 = 지급 받은 청산금
취득가액 = (기존건물과 딸린 토지의 취득가액＋필요경비 등)×
(청산금 수령액 / 기존건물과 딸린 토지의 평가액)

종전자산권리가액 12억 원, 조합원분양가 10억 원, 청산금 2억 원이며, 취득가액은 5억 원이라 가정합니다.

양도가액은 수령한 청산금이므로 2억 원이며, 취득금액은 집행기준에 따르면 8,333만 원(=5억 원×2억 원/ 12억 원)이 됩니다. 양도차익은 1.167억 원(=2억 원 − 8,333만 원)입니다. 권리가액이 12억 원 이하이므로 1세대 1주택 비과세 요건을 충족했다면 전액 비과세지만, 비과세 대상이 아니라면 양도차익에 대해 일반과세나 중과세를 적용하여 양도소득세를 계산합니다.

청산금 또한 주택의 일부를 처분하는 것이므로 **장기보유특별공제가 적용**됩니다. 보유기간은 종전 주택 취득일부터 소유권이전고시일의 다음 날까지입니다.

청산금 양도소득세는 원조합원이 내는 것이며, 승계조합원은 청산금을 수령해도 양도소득세를 내지 않습니다. 승계조합원은 추후 조합원입주권으로 취득한 주택을 처분할 때 취득가액에서 청산금 수령액을 차감 후 양도세를 계산하면 됩니다.

06 조합원 이주할 때 산 집도 비과세가 된다

사업시행인가로 구체적인 계획이 확정되고, 관리처분인가까지 마치게 되면 본격적으로 이주 및 철거가 진행됩니다. 수중에 여유자금이 충분하지 않기 때문에 대부분의 조합원은 이주비 대출을 받아서 기존 세입자의 보증금을 내주거나 새로 이사 갈 집을 구하게 됩니다. 새로 이사갈 집은 전세나 월세로 임차하여 살 수도 있겠지만, 집주인 눈치 보지 않고 편하게 살기 위하여 집을 사서 거주하는 사람도 있습니다.

해설

재건축·재개발 기간 동안 거주하기 위해 산 집을 세법에서는 '**대체주택**'이라고 하며, 공사 기간 동안 내 집에서 살 수 없는 부득이한 사정을 고려하여 일정 요건 충족 시 **비과세 혜택**을 주고 있습니다. 혜택을 주는 취지에 맞게끔 대체주택에서 반드시 일정 기간을 살아야 하고, 주택이 준공되면 다시 이사 와서 일정 기간을 신축주택에서 살아야만 대체주택 비과세 특례를 받을 수 있습니다.

대체주택 비과세 규정을 활용한다면 새로 산 대체주택도 비과세를 받을 수 있고, 원래 내 집인 종전 주택도 비과세를 받을 수 있기 때문에 아주 좋은 세테크가 될 수 있습니다. 구체적으로 대체주택 비과세 요건을 확인해보겠습니다.

1. 사업시행인가일 이후 취득할 것

대체주택은 사업시행인가일 이후에 취득했어야 합니다. 대체주택은 공사기간 동안 거주할 집이니 이미 지어진 집을 사는 게 대부분일 테지만, 만약 분양권이나 조합원입주권을 취득한다면 어떻게 될까요?

분양권에 의한 주택 취득시기는 잔금일이기 때문에 사업시행인가일 이전에 분양권을 취득했다고 하더라도 사업시행인가일 이후에 잔금을 했다면 사업시행인가일 이후 취득한 것으로 인정되어 대체주택으로 인정받을 수 있습니다. 마찬가지로 사업시행인가일

이전에 조합원입주권을 승계 취득한 경우에도 승계조합원의 주택 취득 시기는 준공일 이기 때문에 사업시행인가일 이후 준공되었다면 대체주택으로 인정받을 수 있습니다.

2. 대체주택에서 1년 이상 거주할 것

대체주택에서는 반드시 1년 이상 거주해야 합니다. 이때 1년을 반드시 연속해서 거 주할 필요는 없고, 대체주택을 팔기 전까지 통산하여 1년 이상이면 됩니다.

3. 대체주택 취득일 현재 1주택자일 것

종전에는 '사업시행인가일 기준 1주택자'만 대체주택 비과세를 받을 수 있었습니 다. 하지만 23.10.23. 기획재정부의 해석 변경으로 **현재는 사업시행인가일에 다른 주 택을 보유**하고 있었다 해도 다른 주택을 처분하고 대체주택을 취득한다면 **대체주택 비 과세 특례**를 받을 수 있습니다.

기획재정부 재산세제과-1270, 2023.10.23

「소득세법 시행령」 제156조의2 제5항 적용 시 "1주택을 소유한 1세대"의 판단 시점은 대체주택 취득일이며, 동 예규는 회신일 이후 결정·경정하는 분부터 적용됨

4. 신축주택이 완성된 후 3년 이내에 세대 전원이 이사해서 1년 이상 계속하여 거주할 것

재건축·재개발 아파트가 준공이 되면 다시 내 집으로 이사를 가야 합니다. 준공 후 반드시 3년 이내에 전 세대원이 이사를 해야 하고, 신축주택에서 1년 이상 '계속' 거주 해야 합니다. 이때는 거주를 연속으로 해야 합니다. 세대 구성원 일부가 취학, 근무상의 형편, 질병의 요양 그 밖의 부득이한 사유로 거주하지 못하더라도 나머지 세대원이 거 주했다면 전 세대원이 거주한 것으로 봅니다.

5. 대체주택은 주택이 완성되기 전 또는 완성된 후 3년 이내 양도할 것

대체주택은 공사 기간 동안 거주하기 위한 용도로 산 집입니다. 내 집이 다시 지어 졌으니 이제 팔아야겠죠? 대체주택은 재건축·재개발 아파트가 준공되기 전에 팔거나 아니면 늦어도 준공 후 3년 이내에 팔아야 '대체주택 비과세'를 적용받을 수 있습니다.

---

07 상가 조합원이 주택 분양을 신청한다면?

재개발/재건축 사업에서 주택 조합원은 아파트를, 상가 조합원은 상가를 분양받는 것이 원칙입니다. 신속하게 정비 사업을 진행하려면 정비구역 내에 있는 상가 조합원의 동의가 필요합니다. 실무상 많은 조합에서 빠른 동의율 달성을 위해 상가 소유자도 아파트를 분양받을 수 있게 조합 정관에 기재를 하고 있습니다. 지금은 상가를 가지고 있지만, 준공 이후에는 아파트 소유자가 될 수 있는 것입니다.

해설

상가 조합원 모두에게 아파트 분양 자격이 있는 것은 아닙니다. **재개발이라면 상가 조합원의 권리가액이 조합에서 분양하는 가장 싼 아파트의 분양가보다 커야 합니다.** 재건축은 상가 조합원의 권리차액(상가 분양가 – 기존상가 권리가액)이 조합에서 분양하는 가장 싼 아파트 분양가에 산정비율을 곱한 값보다 커야 아파트 분양신청이 가능합니다.

세법에서는 관리처분인가일을 기준으로 종전 주택이 '조합원입주권'으로 전환된 것으로 봅니다. 상가 조합원이 아파트를 신청할 때도 동일하게 관리처분인가일에 '조합원입주권'을 취득한 것으로 봅니다. **조합원입주권은 주택 수에 포함**되므로 상가 조합원은 관리처분인가일부터 주택 **세금과 대출에 영향**을 받게 됩니다. 참고로 상가 조합원이 상가입주권을 받는 것은 세법에서 말하는 '조합원입주권'에 해당되지 않습니다.

상가 조합원의 1세대 1주택 비과세는?

상가 조합원은 관리처분인가일에 주택과 다름없는 조합원입주권을 취득하였지만, 실제 주택을 보유한 적은 없습니다. 1세대 1주택 비과세는 '주택'에만 해당됩니다. 기존에 상가로 보유한 기간은 비과세 판단 시 제외되며, 신축 아파트 준공 후의 주택 보유기간과 거주기간으로 비과세를 판단합니다.

1세대 1주택 비과세 요건은 취득 당시 조정대상지역은 2년 거주, 그 외에는 2년 보유입니다. 상가 조합원의 조합원입주권 취득시기는 관리처분인가일이므로 조정대상지역일 때 관리처분인가가 났다면 준공 후 2년 거주, 비조정지역일 때 관리처분인가 및 주택 공급계약을 체결했다면 준공 후 2년 보유를 해야 비과세를 받을 수 있습니다.

상가 조합원이 조합원입주권을 팔 때 양도세 계산은?

상가 조합원이 조합원입주권을 팔 때 [종전 부동산] 부분과 [부동산을 취득할 수 있는 권리] 부분으로 나누어 양도차익을 계산합니다. [종전 부동산] 차익은 권리가액 − 산 금액이며, [부동산을 취득할 수 있는 권리] 차익은 판 금액 − 권리가액입니다. [종전 부동산] 차익은 상가를 산 시점부터 관리처분인가일까지 장기보유특별공제가 적용되며, 주택이 아닌 상가이기에 표1(연 2%, 최대 30%)이 적용됩니다. [부동산을 취득할 수 있는 권리] 부분은 부동산이 아닌 권리로 보아 장기보유특별공제를 적용하지 않습니다.

세율은 기존 부동산의 취득일로부터 조합원입주권 양도일까지 기간을 기준으로 적용합니다.

Chapter

07

상가 세금

01 상가 투자 시작 전, 이것만은 알아두자

"얼른 회사 그만두고 따박따박 월세나 받으면서 살면 좋겠다!"

우리나라에서 임금을 받는 근로자는 2023년 8월 기준으로 약 2,200만 명(비정규직 포함)입니다. 오늘도 지하철에 지친 몸을 싣고 출퇴근을 하는 우리의 목표 중 하나는 일하지 않아도 매월 안정적인 월세가 나오는 상가를 소유하는 것입니다. 수익률이 좋은 상가를 사서 부동산 임대업의 꿈을 이루기 전, 반드시 알고 있어야 할 상가 세금에 대해 살펴보겠습니다.

해설

상가 투자, 주택과 다른 점은?

세금 측면에서 **상가와 주택 투자 간의 가장 큰 차이**는 2가지입니다. 첫째, 상가는 '**양도소득세 비과세가 적용되지 않는다**'는 것이고, 둘째, 상가는 '**부가가치세를 내야 한다**'는 것입니다. 상가 투자에 앞서 이 2가지 차이를 확실히 이해한 후 시작해야 합니다.

양도소득세는 내가 산 금액과 판 금액 간의 시세 차액에 대해 세금을 내는 것입니다. 1세대 1주택은 예외적으로 **12억 원까지 비과세 혜택**을 주고 있습니다. 그런데 상가 투자는 주택과 달리 국민 주거와 직접적인 관계가 없기에 **시세 차익에 대한 양도세를 무조건 내야** 합니다. 이 때문에 투자의 목적이 월세를 받는 것보다 매각 차익에 있다면 상가 투자가 맞지 않을 수 있습니다.

부가세는 당황스럽습니다. 보통 주택을 구입할 때는 부가세를 내지 않습니다. 주택을 임대할 때도 부가세를 내지 않습니다. 월세를 낼 때 임대인한테 부가세 10%를 추가로 내는 건 아니잖습니까? 왜냐면 **주택 임대는 부가세 면세 대상**이기 때문입니다. 하지만 **상가는** 사거나 팔 때 반드시 부가가치세를 고려해야 합니다. **건물 가액의 10%가 부가세 대상**입니다. 상가 **임대도 부가세 과세 대상**이라 임차인에게 임대료의 10%를 추가로 받아 세무서에 납부해야 합니다.

상가 투자, 살 때부터 팔 때까지 어떤 세금을 낼까?

상가 투자의 단계별 세금입니다.

1. 먼저 취득 단계입니다.

개인이 상가를 취득할 때는 매매금액의 4.6%(취득세 4%, 농어촌특별세 0.2%, 지방교육세 0.4%)를 취득세로 냅니다. 취득세는 잔금일로부터 60일 이내 해당 지자체에 납부해야 하지만, 소유권 이전을 위해 통상 매매 잔금일에 납부합니다.

일반적인 매매라면 잔금 시 건물분의 10%에 해당하는 부가세도 매도인에게 지급해야 합니다. 매도인은 매수인에게 받은 부가세를 세무서에 신고 및 납부하며, 매수인은 지급한 건물분 부가세를 부가세 신고 시 매입세액공제를 통해 환급받게 됩니다. 매입세액공제는 매수인이 일반과세자일 때만 받을 수 있으며, 간이과세자나 면세사업자인 경우에는 환급받을 수 없습니다. 다만, **포괄양수도 방식의 매매인 경우**에는 **부가세를 제외한 금액**으로 거래할 수 있습니다.

2. 보유 단계에서는 보유세와 부가세, 종합소득세를 냅니다.

재산세는 매년 6월 1일 기준, 상가 소유자에게 부과되는 세금입니다. 토지와 건물분에 대한 세금이 각각 부과되며, 7월에는 건물분을, 9월에는 토지분을 지자체로부터 고지받아서 납부합니다.

종합부동산세도 재산세와 마찬가지로 6월 1일 기준 소유자에게 부과되지만, 상가는 토지에 대해서만 종부세 과세 대상입니다. 상가 부속 토지 공시가격의 합계가 80억 원을 초과할 때만 종부세가 부과되기에 상가 소유자가 종부세를 납부하는 경우는 거의 없습니다.

부가가치세는 1기(1~6월)분 매출매입에 대해 7월 25일까지 한번 납부하고, 2기 (7~12월)분 매출매입에 대해 다음 해 1월 25일까지 또 한 번 납부합니다. 6개월마다 신고 납부를 하는 것이며, 납세자의 자금 부담을 고려하여 4월 25일, 10월 25일에 전기 납부한 부가세의 50%를 세무서로부터 고지받아서 납부합니다. **1년 동안 부가세 신고는 2번**을 하지만, **납부는 4번**을 하는 것입니다.

📅 일반과세자 부가세 납부 스케줄	
👤 4월 25일	1기 예정신고(고지납부)
💬 7월 25일	1기 확정신고(신고납부)
💼 10월 25일	2기 예정신고(고지납부)
📢 다음 해 1월 25일	2기 확정신고(신고납부)

간이과세자는 1~12월분에 대한 부가세 신고를 다음 해 1월 25일까지 1번 납부하며, 전년도 매출이 4,800만 원 이하라면 부가세 납부 의무도 면제됩니다.

종합소득세는 부가세를 제외한 1년간 임대소득에 대해 다음 해 5월 1일~31일에 신고 납부합니다. 상가 임대의 매출은 월세 수령액과 보증금에 대한 기간 이자(간주임대료)입니다. 비용은 실제 경비를 장부 작성하는 기장방식 또는 업계 평균경비율로 추정해주는 추계방식으로 계산합니다. 매출에서 비용을 차감한 이익을 타 소득과 합산하여 종합소득세 신고를 하게 됩니다.

3. 마지막 처분 단계입니다.

상가를 팔 때도 건물분의 10%에 해당하는 **부가세를 매수자로부터 받아서 납부**해야 합니다. 다만, **포괄양수도 방식인 경우에는 부가세를 제외한 금액**으로 거래할 수 있습니다. 상가를 팔고 더 이상 임대사업을 하지 않게 되었으므로 세무서에 폐업 신고와 함께 다음 달 25일까지 폐업 부가가치세 신고를 진행합니다.

시세차익이 있었다면 매매 잔금일이 속한 달의 말일로부터 2개월 내 양도세를 신고 납부합니다. 상가를 판 금액에서 산 금액과 부대비용을 차감하고, 3년 이상 보유할 시에는 장기보유특별공제(표1)도 적용하여 양도소득세를 계산한 후 납부하게 됩니다.

02 상가 사업자등록은 어떻게 신청해야 할까?

 상가를 산다면 먼저 세무서에 가서 사업자등록부터 내야 합니다. 월세 수입이 목적이라면 임대사업자로 사업자등록을 내야 하고, 학원, 병원, 음식점, 프랜차이즈 카페 등으로 직접 운영할 계획이라면 해당 업종으로 사업자등록을 내야 합니다.

해설

사업자등록은 누가 해야 하나?

사업자등록은 돈을 벌려는 목적이 있고 없고를 떠나서, 반복적으로 재화(물건)를 공급하거나 용역(서비스)을 공급하는 모두가 해야 합니다. 예를 들어 지역 카페나 맘 카페에서 반찬을 만들어 팔아도 반복적인 판매라면 사업자등록을 내야 합니다. 과세 관청이 사업자등록 의무를 부여하는 가장 큰 이유는 소득 양성화 때문인데, 사업자등록을 하지 않았다면 돈을 벌어도 국세청이 전혀 알 수 없기 때문입니다. **사업자등록은 사업장별**로 하는 게 원칙이며, **부동산임대업은 임대 소재지별로** 사업자등록을 내야 합니다.

사업자등록은 언제 하는 것이 좋을까?

부가세법에서는 '**사업개시일부터 20일 이내**'에 관할 세무서장에게 사업자등록을 신청하라고 합니다. 하지만 신규로 사업을 시작하려는 사람은 **사업개시일 이전**이라도 사업자등록을 **신청**할 수 있습니다.

사업자등록은 매매잔금을 납부하고 본격적으로 사업을 시작할 때 하는 것보다 매매계약서 작성 혹은 분양계약을 체결하고 바로 세무서에 신청하는 것이 좋습니다. 사업자등록번호가 있어야 부가세 환급이나 사업 시작 전까지 발생한 경비의 세금 처리가 쉽기 때문입니다. 사업을 개시하기 전에 공인중개사 수수료, 인테리어 비용, 컴퓨터, 비품비용을 지출하고 증빙서류로 세금계산서를 받거나 현금영수증(지출증빙)을 사업자등록번호로 받으면 부가세 매입세액공제와 소득세 신고 시 경비로 인정받을 수 있습니다.

상가 세금

07

사업자등록은 아무리 늦어도 '부가세법상 과세기간이 끝난 후 20일 이내'까지는 신청해야 합니다. 예를 들어 1기(1.1.~6.30.)에 사업을 시작했다면 7월 20일까지 해야 하고, 2기(7.1.~12.31.)에 시작했다면 다음 해 1월 20일까지 해야 합니다. 이 기간이 지난 후에 사업자등록을 신청하게 되면 사업자등록 전 발생 비용에 대한 매입세액 공제가 불가하고, 미등록가산세까지 추가로 내야 합니다.

미등록가산세

- 일반과세 : 사업개시일~사업자등록 신청 전일까지 발생한 모든 공급가액(순 매출액)의 1%
- 간이과세 : 사업개시일~사업자등록 신청 전일까지 발생한 모든 공급대가의 0.5%

과세사업 vs 면세사업

부가가치세법상 사업자는 아래와 같이 구분됩니다.

※부가가치세법상 사업자 구분

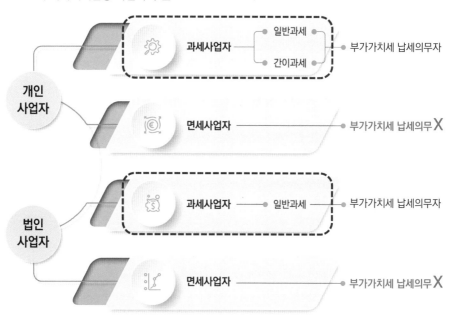

개인사업자는 과세사업자, 면세사업자로 나뉘며, 과세사업자는 매출 규모에 따라 다시 일반과세, 간이과세로 나눠집니다. 법인은 간이과세가 없으며 과세사업과 면세사

업으로만 나눠집니다.

국세청은 정책적으로 부가세가 과세되지 않는 품목 및 업종을 정해두고 있는데, 이를 면세사업이라고 합니다. 대표적인 면세사업으로는 학원 등의 교육서비스업, 병원, 치과, 한의원 등의 의료사업, 주택임대사업, 농축산물 도소매업 등이 있습니다. 참고로 **면세사업자는 부가세만 면제**되는 것이며, **소득세는 과세사업자와 동일하게 신고 및 납부**해야 합니다.

부동산임대업은 과세사업입니다. **임대목적이라면 일반과세 또는 간이과세**로 사업자를 내야 합니다. 하지만 **해당 상가를 학원, 병원** 등 면세사업으로만 **사용할 계획**이라면 **면세사업자**로 내야 합니다.

일반과세 vs 간이과세

개인사업자 중 연간 매출액(부가세 포함)이 8,000만 원 미만(24.7.1부터 1억 400만 원)일 것으로 예상된다면 최초 사업자등록 시 간이과세로 신청할 수 있습니다. 간이과세자는 일반과세자와 부가세 계산방식이 다릅니다. 일반과세자는 매출세액(매출의 10%)에서 매입세액(매입의 10%)을 차감하여 부가세를 계산합니다. 매출세액이 크면 부가세를 납부하고, 매입세액이 크면 부가세를 환급받습니다.

간이과세자는 매출액의 10%가 아니라 업종별로 1.5~4%의 낮은 세율을 곱해 매출세액을 계산합니다. 매입세액도 매입의 10%가 아닌 0.5%를 곱해 계산합니다. 매출세액을 10%보다 낮은 세율을 곱해서 계산하기 때문에 일반과세자보다 부가세 부담이 작습니다. 하지만 계산방식이 매출세액을 한도로 해서 매입세액을 빼주는 구조이기 때문에 매입이 많더라도 부가세 환급은 되지 않습니다.

신규 간이과세자 또는 전년도 매출액이 4,800만 원 미만인 간이과세자는 세금계산서 발급이 불가능하여 사업자 간의 거래가 어렵다는 단점이 있습니다. 임대사업의 경우 세금계산서는 임대인이 임차인에게 월세를 받은 것에 대한 증빙서류로 발급해주는 것입니다. **임대인이** 세금계산서를 발급할 수 없는 **간이과세자라면** 임차인이 부가세 매입세액 공제를 받을 수 없기 때문에 임차인이 **간이과세자인 임대인의 물건을 피하는 경우**도 있습니다.

03 상가 인테리어 업체에 부가세 10%를 꼭 줘야 하나요?

"인테리어 업체에 부가세 10% 꼭 줘야 해요? 현금으로 주고 현금영수증(세금계산서)을 받지 않으면 안 되나요?"

인테리어 공사를 시작한 사장님이 저에게 항상 물어보는 질문입니다. 제 블로그에서 조회수가 가장 높은 글 중 하나이기도 합니다. 최근 공사원가가 많이 올라서 15평 남짓 상가 인테리어 비용이 5천만 원도 넘게 나옵니다. 부가세만 해도 500만 원이 넘기 때문에 목돈이 많이 들어가는 사업 초창기에는 큰 부담이 됩니다. 더구나 부가세를 환급받지 못하는 간이과세나 면세사업자라면 더욱더 현금 거래의 유혹이 생길 수 있습니다.

해설

> 인테리어 업체는 부가세를 받아서 세무서에 내야 합니다.

지피지기면 백전불태.

우선 상대방인 인테리어 업체 입장부터 알아보겠습니다.

인테리어 공사업체는 세무서에 사업자등록을 신청할 때 업태는 건축업, 업종은 실내건축공사업(또는 실내외 인테리어 공사업)으로 냅니다. 해당 업종은 부가세법상 과세 업종이므로 인테리어 공사업체는 공사대금 수령 시 부가세 10%를 별도로 받아서 세무서에 납부해야 합니다.

인테리어 공사대상이 부가세 면세업종인 병원, 학원 등이라고 하더라도 '인테리어 공사' 자체는 부가세 과세용역이기 때문에 병원장님, 학원장님은 인테리어 공사에 대한 부가세를 부담해야 합니다. 이는 병원, 학원에서 간식으로 과자를 살 때 부가세가 포함된 가격으로 구입하는 것과 동일한 것입니다. 과자 자체는 '부가세 포함' 재화이기 때문에 면세업자가 먹는지, 과세업자가 먹는지에 관계없이 똑같이 부가세를 내는 것입니다.

인테리어 업체는 의뢰인에게 공사용역 대가와 부가세를 받으면 대금을 받았다는 증빙으로 세금계산서 또는 현금영수증을 발급합니다. 고객이 사업자라면 고객의 사업자등록번호를 기재하여 세금계산서를 발행해야 하고, 고객이 비사업자라면 고객의 주민번호나 핸드폰 번호로 현금영수증을 발행합니다. 실내건축공사업은 [현금영수증 의무발행업종]이라 설령 의뢰인이 원하지 않는다고 하더라도 반드시 부가세가 포함된 금액으로 현금영수증을 발행해야 합니다.

세법대로 적법하게 처리한다면 인테리어 업체와 부가세 부담을 두고 실랑이할 필요가 없습니다. 의뢰인이 원하든 원하지 않든 인테리어 업체는 무조건 현금영수증(혹은 세금계산서)을 발행해서 신고해야 하기 때문에 의뢰인에게 부가세 10%를 받아야만 합니다. 그런데 인테리어 업체가 고객이 제안한 대로 공사비를 현금으로 받고 세금계산서나 현금영수증을 발행하지 않는다면 어떻게 될까요?

국세청은 이 사실을 알기 어려우니 업체는 공사매출을 누락할 수 있습니다. 매출을 누락하면 부가세뿐만 아니라 소득세도 줄어드니 '걸리지만 않으면' 현금으로 받는 것이 좋다고 생각합니다.(그래서 인테리어 업체는 과세당국의 관심 대상이며, 정기적으로 세무조사도 받습니다.)

고객도 마찬가지입니다. 사업 초기 다른 지출이 많은데 부가세를 환급받을 수 없는 간이과세자, 면세사업자, 비사업자라면 부가세 없이 현금으로 거래하여 지출금액을 줄이고 싶은 마음이 생깁니다. 세법상 명백한 탈세지만, 거래 쌍방이 모두 선호하기에 이런 문의가 끊이지 않는 것입니다.

인테리어 업체에 부가세를 지급하지 않는다면

의뢰인이 인테리어 업체와 현금으로 거래하고 세금계산서는 발행하지 않기로 했다고 가정합니다. 의뢰인은 인테리어 공사비로 수천만 원을 지급하였지만 증빙서류가 없으므로 부가세 매입세액공제를 적용받을 수 없습니다. 현금 거래 조건으로 부가세를 내지 않았으니 이건 당연한 이야기입니다. 여기에 비용을 입증할 증빙서류가 없으니 인테리어 공사비를 필요경비로 인정받을 수도 없습니다. 인테리어 견적서와 통장이체 내역으로 실제 지출을 입증할 수 있다면 필요경비로 인정받을 수는 있으나 이때도 증빙서류를 받지 않은 것에 대한 가산세를 부담해야 합니다.

간혹 인테리어 업체가 추후 세무조사를 받게 되어 뒤늦게 의뢰인에게 미지급한 부가세를 청구하는 경우도 있습니다. 인테리어 계약서에 '부가세 별도'란 문구가 없다면 용역금액에 부가세가 포함된 것으로 보지만, '부가세 별도'로 표시되어 있다면 합의를 했다고 하더라도 계약 내용과 달리 부가세를 지급하지 않은 것으로 볼 수 있으니 의뢰인에게 청구할 수도 있는 것입니다.

또한 공사 이후에 하자보수, 시공 품질 문제로 인테리어 업체와 분쟁이 생겼을 때도 계약서나 청구서, 영수증 등이 없다면 소송에서 불리해질 수 있으니 최대한 법의 테두리 안에서 진행하는 것이 좋습니다.

04 세금계산서가 뭐죠? 누가 발행하는 건가요?

세금계산서는 누구나 한 번쯤 들어본 적이 있는 단어일 테지만, 사업을 해본 적이 없는 분이라면 정확히 세금계산서가 무슨 서류인지 모르는 경우가 대부분입니다. 단어부터 이미 듣기만 해도 머리 아픈 '세금'이 들어가 있으니 굳이 알아보고 싶은 마음이 들지 않을 것도 같습니다.

해설

세법에서는 사업자가 소득금액을 정확히 계산할 수 있도록 장부 기록 및 증빙서류 보관의무를 부여하고 있습니다.

> **소득세법 제160조 【장부의 비치·기록】**
>
> ① 사업자(국내사업장이 있거나 제119조 제3호에 따른 소득이 있는 비거주자를 포함한다. 이하 같다)는 소득금액을 계산할 수 있도록 증명서류 등을 갖춰 놓고 그 사업에 관한 모든 거래 사실이 객관적으로 파악될 수 있도록 복식부기에 따라 장부에 기록·관리하여야 한다.

사업자의 장부에는 돈이 들어오는 매출과 돈이 나가는 비용이 있습니다. 그런데 부가세법에서는 둘의 기준을 다르게 정하고 있습니다. 쉽게 설명하면 '매출은 다 매출, 비용은 증빙 제대로 받은 경우에만 비용'이라고 할 수 있습니다. 사업자의 매출은 증빙서류가 없어도 실제 매출이 맞다면 대가의 10%를 무조건 부가세 매출세액으로 납부해야 합니다. 하지만 비용은 세법에서 정해둔 적격증빙을 받은 경우에만 부가세 매입세액 공제를 해줍니다.

세금계산서는 4가지 적격증빙 중 하나

적격증빙은 '세금계산서, 계산서, 신용카드 매출전표, 현금영수증' 4가지입니다. 문방구에서 살 수 있는 간이영수증, 견적서 등은 적격증빙으로 인정되지 않습니다. 사업자는 기본적으로 위 4가지 적격증빙을 받아야만 필요경비 인정과 부가세 매입세액 공제를 둘 다 받을 수 있습니다.

세금계산서(계산서)는 사업자등록번호가 있는 사업자 간의 거래 증빙서류이며, 사업자등록번호가 없는 최종소비자와 거래할 때는 신용카드 매출전표, 현금영수증을 발행하는 것입니다. 신용카드 매출전표와 현금영수증은 익숙하시죠? 편의점이나 카페 등에서 신용카드를 긁고 받는 영수증이 신용카드 매출전표입니다. 현금을 냈다면 "현금영수증 해드릴까요?"라는 얘기를 수없이 들어보셨을 테고, 핸드폰 번호나 주민번호로 현금영수증도 받아보셨을 겁니다. 둘 다 사업자가 없는 최종소비자가 돈을 내고, 돈을 냈다는 증빙서류를 받은 것입니다.

세금계산서는 누가 발행해야 하나

세금계산서(계산서)는 돈을 받는 쪽에서 돈을 받았다는 증빙으로 발행합니다. 신용카드 매출전표나 현금영수증을 발행할 순 없을까요? 꼭 그렇지 않지만 한번 생각해봅시다. 회사 업무용으로 사용할 삼성전자 노트북 1,000대를 10억 원에 구입하기로 계약 후 구매팀에서 대금을 지급합니다. 그런데 구매팀에서 증빙서류가 필요하니 삼성전자 본사로 가서 신용카드를 10억 원치 긁을 수도 없는 노릇이고, 편의점처럼 현금영수증을 발행해달라고 하는 것도 좀 이상하지 않겠습니까? 그렇기에 사업자 간 거래에서는 세금계산서를 발행하는 것이 원칙입니다.

세금계산서는 부가세 과세사업자가 발행하는 서류이고, 계산서는 부가세 면세사업자가 발행하는 서류입니다. 면세사업자는 부가세를 내지 않기에 계산서 양식을 보면 부가세 표시란이 없습니다.

부동산 임대사업자는 과세사업자이기 때문에 세금계산서를 발행합니다. 세금계산서에는 돈을 주는 사람과 받는 사람의 사업자등록번호, 성명, 공급시기, 공급가액 등이 기재되어야 합니다. 주요 기재사항이 잘못된 경우 가산세를 내야 하므로 정확하게 발급해야 합니다.

부가가치세법 제32조【세금계산서 등】

① 사업자가 재화 또는 용역을 공급(부가가치세가 면제되는 재화 또는 용역의 공급은 제외한다)하는 경우에는 다음 각 호의 사항을 적은 계산서(이하 "세금계산서"라 한다)를 그 공급을 받는 자에게 발급하여야 한다.

1. 공급하는 사업자의 등록번호와 성명 또는 명칭
2. 공급받는 자의 등록번호. 다만, 공급받는 자가 사업자가 아니거나 등록한 사업자가 아닌 경우에는 대통령령으로 정하는 고유번호 또는 공급받는 자의 주민등록번호
3. 공급가액과 부가가치세액
4. 작성 연월일
5. 그 밖에 대통령령으로 정하는 사항

참고로 세금계산서와 계산서 양식은 아래와 같으며, 같은 내용을 2부 작성하여 돈을 받는 사람(공급자)과 주는 사람(공급받는 자)이 각각 보관합니다.

세금계산서 Web Viewer

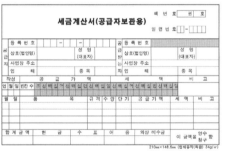

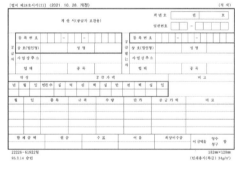

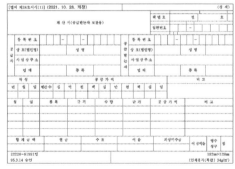

05 상가 임대인은 세금계산서를 언제 발행하나요?

세금계산서는 거래영수증입니다. 거래가 완료되고 돈을 받음과 동시에 발급합니다. 어려운 세법용어로 얘기하면 부가세법상 재화나 용역의 공급시기에 발급합니다. 공급시기라 함은 재화(물건)는 물건을 넘겨줄 때, 용역(서비스)이라면 서비스 제공이 완료되는 때입니다. 단, 공급시기 이전에 대가를 받고 세금계산서를 발행했다면 그때를 공급시기로 봅니다.

 해설

> **부가가치세법 제34조 【세금계산서 발급시기】**
>
> ① 세금계산서는 사업자가 제15조 및 제16조에 따른 재화 또는 용역의 공급시기에 재화 또는 용역을 공급받는 자에게 발급하여야 한다.
>
> ② 제1항에도 불구하고 사업자는 제15조 또는 제16조에 따른 재화 또는 용역의 공급시기가 되기 전 제17조에 따른 때에 세금계산서를 발급할 수 있다.
>
> ③ 제1항에도 불구하고 다음 각 호의 어느 하나에 해당하는 경우에는 재화 또는 용역의 공급일이 속하는 달의 다음 달 10일(그날이 공휴일 또는 토요일인 경우에는 바로 다음 영업일을 말한다)까지 세금계산서를 발급할 수 있다.
>
> 1. 거래처별로 달의 1일부터 말일까지의 공급가액을 합하여 해당 달의 말일을 작성 연월일로 하여 세금계산서를 발급하는 경우
> 2. 거래처별로 달의 1일부터 말일까지의 기간 이내에서 사업자가 임의로 정한 기간의 공급가액을 합하여 그 기간의 종료일을 작성 연월일로 하여 세금계산서를 발급하는 경우
> 3. 관계 증명서류 등에 따라 실제거래사실이 확인되는 경우로서 해당 거래일을 작성 연월일로 하여 세금계산서를 발급하는 경우

상가 월세를 선불 또는 후불로 받을 때는?

부동산 임대는 용역에 해당합니다. 월세를 후불로 받기로 했다면 매달 용역이 완료된 시기에 받는 것이므로 월세 수령일에 세금계산서를 발행하면 됩니다. 월세를 선불

로 받는다면 공급시기 전에 대가를 받은 경우에 해당하며, 월세 수령 시 세금계산서를 발행하면 그때를 공급시기로 봅니다. 선불이든 후불이든 월세를 받기로 한 때에 세금계산서를 발행하면 되는 것입니다. 세금계산서 발급은 지체 없이 해야 하지만 다음 달 10일까지 발급하는 것은 허용됩니다. 임차인에게 월세를 못 받았다고 세금계산서를 발행하지 않는 임대인도 있습니다. 대개는 임대차계약 종료 시 보증금에서 미납 월세를 차감하고 지급합니다. 수령시기에만 차이가 있을 뿐 결국 임대인은 월세를 받은 셈이기 때문에 월세를 받지 못하더라도 세금계산서는 발행하는 것입니다.

월세 수령액이 연 8,000만 원이 넘는다면 반드시 전자세금계산서 발행해야

국세청은 사업자가 종이 세금계산서로 거짓 작성하여 소급발행하는 것을 막고, 사업자의 세금계산서 작성, 보관 비용을 줄이기 위해 전자세금계산서 의무발행 제도를 시행하고 있습니다.

법인사업자는 2011년 1월부터 적용하고 있으며, 개인사업자는 직전연도 매출에 따라 점차 확대하고 있습니다. 2024년 7월부터는 **전년도 매출이 8,000만 원 이상**이라면 모두 **전자세금계산서 의무발행 대상자**가 됩니다.

부동산 **임대사업자**가 2023년에 **월평균 666만 원 이상의 월세를 수령**했다면 2024년 7월부터 종이가 아닌 **전자세금계산서를 발행**해야 하며, **종이 세금계산서로 발행 시** 월세 수령액의 **1%가 가산세**로 부과됩니다.

※전자세금계산서 발급의무 시행 연혁

시행연월	내 용
2010. 1	전자세금계산서 제도 도입
2011. 1	법인사업자 발급의무화
2012. 1	직전연도 공급가액 10억원 이상 개인사업자 발급의무화
2014. 7	직전연도 공급가액 3억원 이상 개인사업자 발급의무화
2019. 7	직전연도 과세분과 면세분 공급가액의 합계액 3억원 이상 개인사업자 발급의무화
2022. 7	직전연도 과세분과 면세분 공급가액의 합계액 2억원 이상 개인사업자 발급의무화
2023. 7	직전연도 과세분과 면세분 공급가액의 합계액 1억원 이상 개인사업자 발급의무화
2024. 7	직전연도 과세분과 면세분 공급가액의 합계액 8천만원 이상 개인사업자 발급의무화

06 부동산임대업은 간이과세, 일반과세 중 뭐가 유리할까?

 간이과세는 직전연도의 매출(VAT 포함) 합계액이 연 8,000만 원(2024.7.1부터 1억 400만원)에 미달하는 개인사업자입니다. 영세한 자영업자를 위한 제도인 만큼 간편한 절차로 부가가치세를 신고할 수 있고, 부가세액도 일반과세자와 비교했을 때 적거나 안 낼 수도 있습니다. 다만 계산 구조상 비용이 많더라도 환급받을 수는 없습니다.

해설

사업을 시작할 때는 매출액이 얼마나 될지 알 수 없기에 납세자가 간이과세 또는 일반과세 중 하나를 선택해서 사업자등록을 낼 수 있습니다. 이때 어떤 사업자로 시작하는 것이 조금이라도 유리할지 고민이 되기 마련입니다. 간이과세와 일반과세의 구분은 부가세를 어떻게 신고하고 납부하는지에 대한 차이가 그 핵심이므로, 매출에서 비용을 차감한 이익에 대한 세금인 종합소득세와는 무관합니다.

부동산임대업을 시작한다면

간이과세자의 기준금액은 연 8,000만 원(2024.7.1부터 1억 400만 원)이지만, 부동산임대업은 이보다 낮은 4,800만 원을 기준으로 합니다. 부동산 임대사업을 시작할 때 대부분은 건물분 부가세를 환급받기 위해 일반과세자로 등록을 합니다. 하지만 최초 사업자등록을 어떻게 내는 것이 유리할지 정확히 판단하려면 간이과세자일 때의 연간 부가세 절감액과 비교해 봐야 합니다.

예를 들어 매매가격 8.3억 원, 월세 330만 원(부가세 포함)이 나오는 상가를 가정해 보겠습니다. 매매가 8.3억 원은 토지가격 5억 원, 건물가격 3억 원, 건물분 부가세 3천만 원이 포함된 가격이라고 합시다. 상가를 사는 사람은 매도인에게 총 8.3억 원을 지급해야 하지만, 일반과세자로 사업자등록을 냈다면 건물분 부가세 3천만 원은 세무서로부터 환급을 받게 됩니다. 목돈이 들어가는 초기에 3천만 원이나 환급을 받을 수 있기 때문에 대부분 일반과세로 사업자등록을 내게 됩니다. 일반과세자는 1년에 2번 부가세 신고를 해야 하므로, 매월 임차인에게 수령한 부가세 30만 원을 6개월마다 모아서 180만 원씩 2번, 총 360만 원을 납부하게 됩니다.

다음은 간이과세자로 사업자등록을 하는 경우입니다. 간이과세자는 부가세 환급을 받을 수 없기 때문에 상가 매매가 8.3억 원 중 환급받는 금액은 없습니다. 하지만 간이과세자는 연간 매출액 합계가 4,800만 원 미만이라면 부가세를 내지 않아도 되는데, 이는 부동산임대업에도 동일하게 적용됩니다.

> **부가가치세법 제69조 【간이과세자에 대한 납부의무의 면제】**
> ① 간이과세자의 해당 과세기간에 대한 공급대가의 합계액이 4천800만 원 미만이면 제66조 및 제67조에도 불구하고 제63조 제2항에 따른 납부의무를 면제한다. 다만, 제64조에 따라 납부세액에 더하여야 할 세액은 그러하지 아니하다.

사업 초기에 건물분 부가세 3천만 원을 환급받을 수는 없지만, 월세를 330만 원을 받아도 부가세를 전혀 내지 않으니 일반과세자와 비교했을 때 매년 360만 원씩의 현금흐름이 더 생기는 셈입니다. 물론 임대인이 부가세를 내지 않으니 임차인은 월세에서 부가세 30만 원을 빼달라고 할 수 있으며, 논리상으로도 맞는 이야기입니다. 하지만 실무에선 월세와 부가세를 따로 나누지 않고 총액으로 월세를 받는 경우도 많습니다. 임차인이 부가세를 환급받을 수 없는 면세사업자라면 특히나 그렇습니다.

현재 330만 원인 월세는 2년마다 5%씩 올릴 수도 있습니다. 비록 간이과세자라서 건물분 부가세 환급은 받을 수 없지만, 10년간의 현금흐름을 고려했을 때는 일반과세보다 간이과세가 유리합니다. 또한 일반과세는 연간 2회 부가세를 신고하는 반면, 간이과세는 1번만 신고해도 되니 절차도 간단하고 신고 업무에 대한 부담도 적습니다.

입지는 좋으나 오래된 건물 상가를 사는 경우 매매가격에서 건물이 차지하는 비율은 더 낮습니다. 부동산 가격이 똑같이 8억 원이라도 토지 7억 원, 건물 1억 원, 건물분 부가세는 1,000만 원인 식입니다. 이같이 초기 건물분 부가세가 적은 경우에도 일반과세보다 간이과세가 유리할 수 있습니다.

일반과세자도 간이과세로 바뀔 수 있다

간이과세자는 1월 1일부터 12월 31일까지의 매출을 기준으로 판단하며, 전년도 매출이 8,000만 원 미만(2024.7.1부터 1억 400만 원)이라면 다음 해 7월 1일부터 간이과세로 전환됩니다. 부동산임대업은 매출이 4,800만 원 미만일 경우 간이과세로 전환됩니다. 간이과세자로 전환되면 기존에 일반과세자였기에 환급받을 수 있었던 부가세 중 일부를 다시 토해내야 하는데 이를 '재고매입세액'이라고 합니다.

부동산임대업은 건물분 부가세가 이에 해당되며, 간이과세로 전환 시 10년 이내에 환급받은 건물분 부가세를 다시 납부해야 합니다. 이때 환급액은 경과 기간에 따라 6개월마다 5%씩 차감하여 줍니다. 작년 초 상가를 취득할 때 건물분 부가세 3,000만 원을 환급받았고, 작년 연간 임대료가 4,800만 원 미만이라 올해 7월 1일부터 간이과세로 전환된다면 15%를 차감한 2,550만 원을 다시 내야 합니다.

환급받은 세액을 토해내고 싶지 않고, 임차인에게 세금계산서도 발급할 수 없어 불편해질 것 같다면 일반과세를 유지할 수도 있습니다. 간이과세가 적용되는 7월 1일이 되기 전달 마지막 날인 6월 30일까지 세무서에 간이과세 포기 신청서를 제출하면 됩니다. 단, 간이과세를 포기하면 이후 3년간은 간이과세를 적용받을 수 없으니 이 점 유의하시기 바랍니다.

07 상가 월세 1년마다 5%씩 올릴 수 있나요?

 상가의 매매가격은 수익률과 직접적인 연관이 있습니다. 예를 들어 시장금리가 4%일 때 보증금 3,000만 원, 월세 200만 원이 나오는 상가의 가격은 6.3억 원 [＝(200만 원×12개월) / 4%＋3,000만 원] 전후에서 형성이 됩니다. 매수자 입장에서 6.3억 원을 주고 상가를 사면 시장금리 전후로 월세를 받게 된다는 의미입니다.

해설

위 산식에 따라 상가의 매매가격은 월세가 높을수록, 금리가 낮을수록 비싸집니다. 시장금리는 임대인이 통제할 수 없으니 상가를 조금이라도 비싸게 팔려면 현재 임차인에게 받는 월세부터 올려야 합니다. 월세를 적게 받고 싶은 임대인은 없겠죠? 하지만 상가임대차보호법의 적용을 받기 때문에 임대인은 자기 마음대로 월세를 올릴 수가 없습니다.

그렇다면 임대인은 월세를 얼마나 올릴 수 있을까요? 임차인이라면 임대인이 월세 인상을 요구할 때마다 계속 올려줘야 할까요? 인상을 거부하면 어떻게 될까요?

상가 임대인이라면 많이들 궁금해 하는 내용이지만 이를 정확히 알고 있는 분은 의외로 많지 않습니다.

상가임대차는 10년이 보장된다

상가임대차보호법상 기본 임대차기간은 '1년'입니다. 기간을 정하지 아니하거나 기간을 1년 미만으로 정한 임대차는 그 기간을 1년으로 보고 있습니다. **주택임대차보호법의 기본 임대차기간이 '2년'**인 것과는 차이가 있습니다. 이는 임차인에게 유리한 법이기 때문에 임차 기간을 1년 미만으로 정했더라도 임대인은 무조건 1년을 보장해줘야 합니다. 하지만 **임차인은 1년 미만의 기간만 채우고 임대차계약을 종결할 수** 있습니다.

주택임대차는 계약갱신청구권을 1번만 쓸 수 있습니다. 2년을 거주한 이후 계약갱신청구권을 한 번 쓰면 2년 더 살 수 있으므로 총 4년(2+2년)을 거주할 수 있습니다. 이에 반해 상가임대차의 계약갱신청구권은 행사 기간이 10년입니다. 최초 임대차기간을 포함해서 총 임대차기간이 10년이 되지 않았다면 임차인은 임대인에게 계약갱신을 요구할 수 있으며, 임대인은 '정당한 사유' 없이 이를 거절할 수 없습니다.

10년 동안 월세 인상 거부로 임차인을 내보낼 순 없다

상가임대차보호법에서 규정한 정당한 사유는 아래의 8가지입니다.

상가임대차보호법 제10조【계약갱신 요구 등】
① 임대인은 임차인이 임대차기간이 만료되기 6개월 전부터 1개월 전까지 사이에 계약갱신을 요구할 경우 정당한 사유 없이 거절하지 못한다. 다만, 다음 각 호의 어느 하나의 경우에는 그러하지 아니하다.
1. 임차인이 3기의 차임액에 해당하는 금액에 이르도록 차임을 연체한 사실이 있는 경우
2. 임차인이 거짓이나 그 밖의 부정한 방법으로 임차한 경우
3. 서로 합의하여 임대인이 임차인에게 상당한 보상을 제공한 경우
4. 임차인이 임대인의 동의 없이 목적 건물의 전부 또는 일부를 전대(轉貸)한 경우
5. 임차인이 임차한 건물의 전부 또는 일부를 고의나 중대한 과실로 파손한 경우
6. 임차한 건물의 전부 또는 일부가 멸실되어 임대차의 목적을 달성하지 못할 경우
7. 임대인이 다음 각 목의 어느 하나에 해당하는 사유로 목적 건물의 전부 또는 대부분을 철거하거나 재건축하기 위하여 목적 건물의 점유를 회복할 필요가 있는 경우
가. 임대차계약 체결 당시 공사시기 및 소요기간 등을 포함한 철거 또는 재건축 계획을 임차인에게 구체적으로 고지하고 그 계획에 따르는 경우
나. 건물이 노후·훼손 또는 일부 멸실되는 등 안전사고의 우려가 있는 경우
다. 다른 법령에 따라 철거 또는 재건축이 이루어지는 경우
8. 그 밖에 임차인이 임차인으로서의 의무를 현저히 위반하거나 임대차를 계속하기 어려운 중대한 사유가 있는 경우

임대인이 임차인의 계약갱신청구권을 거절할 수 있는 '정당한 사유'에 임대인의 월세 인상을 거부하는 것은 포함되지 않습니다. 즉 임대인은 계약갱신청구권 기간 동안 임차인에게 월세 인상을 요구할 수는 있지만, 임차인이 거부할 경우 이를 이유로 임대차계약을 해지할 수 없습니다. 임차인은 월세 인상을 거부한 것이지, 임대차계약을 거부한 것이 아니기 때문입니다.

실무상 임차인은 임대인과의 관계, 소송에 대한 거부감, 비용·시간 등을 걱정하여 임대료를 어느 정도 선까지 올려주는 경우가 많습니다. 하지만 **임차인이 임대인의 월세 인상을 끝까지 거부**한다면 **임대인은** 법원을 통한 **[차임증액청구소송]**으로써만 **월세를 올릴 수** 있습니다. 임대인이 재판까지 하면서 월세를 올리는 경우는 흔치 않고, 재판을 한다고 해도 월세를 올려야 하는 '상당한 사유'가 인정받기는 쉽지 않습니다. 판례에서는 법원에서 월세를 결정할 때까지는 임차인이 기존 월세대로 계속 지급해도 임대차계약의 해지 사유인 차임연체에는 해당하지 않는다고 보고 있습니다.

임대인 입장에서 1년마다 5% 인상을 요구할 수 있다고는 하지만, 임차인이 거부할 시 월세를 올리기가 쉽지 않기 때문에 최초 임대차계약 체결이 중요합니다. 월세를 낮춰 계약하는 대신 렌트프리 기간을 길게 주면서 계약하는 경우도 있습니다. 가령 월세를 250만 원이 아닌 300만 원으로 계약하는 대신 2달을 월세 없이 사용하게 한다면 임차인 입장에서 연간 임대료는 3,000만 원으로 동일합니다(3,000만 원=250만 원×12월=300만 원×10개월). 임대인도 월세가 250만 원일 때와 받는 돈은 같지만 향후 월세 올리기는 유리하기에 이 같은 방식의 계약을 추진하기도 합니다.

한편, 임대인이 최초 상가임대차계약 시 특약으로 '상가임대차 계약 시 매년 임대료를 10% 인상한다'거나 '임대인은 임차인에게 차임의 증감을 요구할 수 있고, 임차인은 증감요구에 응해야 한다'는 식으로 월세 인상을 합법적(?)으로 요구하는 경우도 있습니다. 판례에 따르면 이와 같은 특약은 임차인에게 불리한 것이므로 강행규정인 상가임대차보호법에 위반되어 원칙상 무효입니다.

주의할 점이 있습니다. **월세 5% 이내 인상은 상가임대차보호법상 환산보증금 기준을 초과하지 않는 상가임대차에만 적용**된다는 것입니다. 환산보증금은 보증금과 월세×100으로 계산합니다.

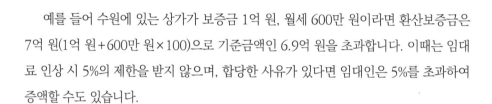

상가건물 임대차보호법 시행령 제2조 【적용범위】

① 「상가건물 임대차보호법」(이하 "법"이라 한다) 제2조제1항 단서에서 "대통령령으로 정하는 보증금액"이란 다음 각 호의 구분에 의한 금액을 말한다.

1. 서울특별시 : 9억 원
2. 「수도권정비계획법」에 따른 과밀억제권역(서울특별시는 제외한다) 및 부산광역시: 6억9천만 원
3. 광역시(「수도권정비계획법」에 따른 과밀억제권역에 포함된 지역과 군지역, 부산광역시는 제외한다), 세종특별자치시, 파주시, 화성시, 안산시, 용인시, 김포시 및 광주시: 5억4천만 원
4. 그 밖의 지역 : 3억7천만 원

예를 들어 수원에 있는 상가가 보증금 1억 원, 월세 600만 원이라면 환산보증금은 7억 원(1억 원+600만 원×100)으로 기준금액인 6.9억 원을 초과합니다. 이때는 임대료 인상 시 5%의 제한을 받지 않으며, 합당한 사유가 있다면 임대인은 5%를 초과하여 증액할 수도 있습니다.

08 상가 살 때 부가세 안 내는 방법?

부가가치세법상 토지 매매는 면세 대상이지만,
건물 매매는 과세 대상입니다.

상가를 살 때 매수인은 건물 가격의 10%에 해당하는 부가세를 매도인에게 지급
해야 합니다. 매도인은 매수인에게 받은 건물분 부가세를 세무서에 납부하면서 임
대사업자 폐업신고도 하게 됩니다. 건물분 부가세 10%를 지급한 매수인은 부가
세 신고 시 매입세액공제를 통해 냈던 부가세를 환급받습니다. 부가세 환급은 매
수인이 일반과세자인 경우에만 가능하며, 간이과세자나 면세사업자인 경우에는
환급받을 수 없습니다.

해설

※부가가치세 Cash Flow

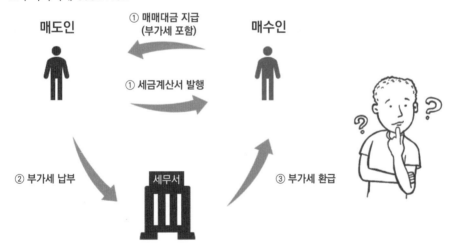

위 거래를 가만히 보면 매수인은 부가세를 납부했지만 다시 환급받게 되니 마이너
스(−) & 플러스(+)로 순현금흐름이 0입니다. 매도인은 부가세를 수령했지만 세무서
에 납부하게 되니 플러스(+) & 마이너스(−)로 역시 순현금흐름이 0입니다. 순현금흐
름이 거래당사자 모두 0이라면 굳이 부가세를 지급하고 환급받는 절차가 없어도 되지
않을까요?

부가가치세법에서는 일정 요건을 갖춘 경우에 한하여 **부가세 없이 거래를 할 수** 있게끔 하고 있습니다. 이런 방식을 '**사업 포괄양수도**' 혹은 '**포괄양수도 방식**' 거래라고 합니다.

> **부가가치세법 시행령 제23조 【재화의 공급으로 보지 아니하는 사업 양도】**
>
> 법 제10조 제9항 제2호 본문에서 "대통령령으로 정하는 것"이란 사업장별(「상법」에 따라 분할하거나 분할합병하는 경우에는 같은 사업장 안에서 사업부문별로 구분하는 경우를 포함한다)로 그 사업에 관한 모든 권리와 의무를 포괄적으로 승계시키는 것(「법인세법」 제46조 제2항 또는 제47조 제1항의 요건을 갖춘 분할의 경우 및 양수자가 승계받은 사업 외에 새로운 사업의 종류를 추가하거나 사업의 종류를 변경한 경우를 포함한다)을 말한다. 이 경우 그 사업에 관한 권리와 의무 중 다음 각 호의 것을 포함하지 아니하고 승계시킨 경우에도 그 사업을 포괄적으로 승계시킨 것으로 본다.
> 1. 미수금에 관한 것
> 2. 미지급금에 관한 것
> 3. 해당 사업과 직접 관련이 없는 토지·건물 등에 관한 것으로서 기획재정부령으로 정하는 것

포괄양수도 조건은?

부가세법상 포괄양수도 매매가 되려면 아래 조건을 모두 충족해야 합니다.

1. 매도인 사업 = 매수인 사업

매도인과 매수인은 '**사업이 동일해야**' 합니다. 매도인이 임대업을 하고 있었다면 매수인도 임대업을 해야 합니다. 매도인이 음식점을 운영하고 있다면 매수인도 그대로 음식점을 승계해야 포괄양수도가 성립합니다. 사업을 포괄양수도로 승계한 후에 업종을 변경하는 건 허용되지만, 최소한 **양수도 시점에서는 동일 업종이 유지되어야** 합니다.

매도자가 임대 중인 부동산을 해당 부동산의 **임차인에게 팔 때는** 임차인은 '임대업'이 아닌 자가 건물에서 사업을 하는 것이므로 **포괄양수도로 인정되지 않습니다**. 이때는 **반드시 부가가치세를 주고받아야** 합니다.

2. 매도인과 매수인의 사업자등록 유형이 다르다면?

매도인, 매수인이 면세사업자만 아니라면 포괄양수도 거래는 성립합니다. 2006년 2월 9일까지는 일반과세자(매도인)가 간이과세자(매수인)에게 매도할 때는 포괄양수도로 인정되지 않았으나, 법 개정으로 이후 과세사업자 간 포괄양수도는 모두 인정됩니다.

양동인	양수인	포괄양수도 가능여부	참고사항
일반과세자	일반과세자	○	
일반과세자	간이과세자	○	06.2.9 이전에는 간이과세자인 경우 포괄양수도 불가하였으나, 세법 개정으로 현재 일반과세자로 부터 사업 포괄양도 받는 경우 간이과세 배제됨(즉 양수인이 신규 사업자등록 신청 시 세무서에서 간이과세자로 등록 불가)
일반과세자	면세업자 / 비사업자	×	
간이과세자	일반과세자	○	
간이과세자	간이과세자	○	
간이과세자	면세업자 / 비사업자	×	

3. 사업장별 전체 승계

사업장별로 전체를 인수해야 합니다. 매도인이 2개의 사업장을 가지고 있고, 그중 한 사업장에 관한 **모든 권리와 의무를 넘기는 것은** 사업의 **포괄양수도**에 해당합니다. 하지만 매도인이 1개의 사업장에서 두 가지 이상의 사업을 하는 경우 이 중 한 가지 사업만을 양도하는 것은 포괄양수도에 해당하지 않습니다. 매도인이 붙어있는 집합건물 상가 2개를 취득한 후, 각각 다른 사업자에게 임대하다가 그중 하나를 다른 임대사업자에게 파는 경우에는 포괄양수도에 해당됩니다. 매도인이 사업자등록을 호실별로 각각 내지 않고 하나의 사업자등록으로 부동산임대업을 영위한 경우도 마찬가지입니다.

4. 사업에 관한 모든 권리의무 승계

포괄양수도는 미수금, 미지급금, 업무무관자산을 제외하고 모든 사업의 권리와 의무를 승계해야 합니다. 미처 알지 못한 채무도 인수할 수도 있기 때문에 국세, 지방세

완납증명서를 확인하거나 계약서에 미지급금은 인수하지 않는다는 특약을 작성하기도 합니다. 매도인이 직접 영업을 하고 있다면 종업원도 모두 승계받아야 하며, 일부를 제외하는 경우엔 포괄양수도로 인정되지 않습니다.

부동산 임대사업자가 상가건물을 매각하면서 임차인 일부를 양수인에게 승계하지 않고 내보내는 조건으로 사업을 양도한다면 이는 포괄양수도에 해당되지 않습니다.

포괄양수도가 무조건 좋을까

매수인 입장에서는 목돈이 들어가는 시점에 건물 가격의 10%를 내지 않아도 되니 포괄양수도 방식의 거래를 선호할 수밖에 없습니다. 하지만 **요건 미충족으로 추후 세무서에서 포괄양수도 거래를 부인하게 되면** 상황이 복잡해집니다. 포괄양수도가 인정되지 않는 거래이므로 **누군가는 부가세를 내야하는 상황**을 맞이하게 됩니다.

먼저 매매계약서에 부가가치세 부담을 표시한 경우입니다. '본 계약은 포괄양수도 방식으로 한다. 포괄양수도계약이 인정되지 않을 경우 건물분 부가가치세는 매수인의 부담으로 한다'라는 식의 특약이 있다면 매수인은 매도인에게 건물 가격의 10%를 지급해야 합니다. 매도인은 부가세를 받았으니 매수인에게 세금계산서를 발급해줘야 합니다. 그래야 매수인이 매입세액공제로 건물분 부가세를 환급받을 수 있습니다. 그런데 매도인은 부동산 잔금 후 이미 사업자등록을 폐업한 상태이기 때문에 매수인에게 세금계산서를 발행해줄 수가 없습니다. 상황이 복잡해집니다. 매매계약서에 부가가치세에 대한 언급이 없었다면 거래금액에 부가가치세가 포함된 것으로 봅니다. 이때는 매수인에게 부가세를 요구할 수 없고, 매도인이 본인이 수령한 매매대금 중 일부를 부가세로 내야만 합니다.

포괄양수도 거래는 매수인의 자금 부담을 줄일 수 있는 좋은 방법입니다. **하지만** 상황이 애매하거나 포괄양수도 성립 여부가 불안하다면 부가가치세를 내고 다시 환급받는 것이 깔끔합니다. 잔금 시 매도인에게 부가세를 지급하고 세금계산서를 받았다면 매수인은 다음 달 25일까지 부가세 조기환급 신청을 할 수 있습니다. 조기환급 신청을 하면 다음 달 10일 이내로 환급됩니다. 두 달 남짓한 기간 동안 자금이 필요하겠지만 세무서에서 연락이 올까 봐 걱정하며 마음 졸일 필요는 없습니다. 그러므로 **포괄양수도가 능사가 아니라는 점** 꼭 기억해두도록 합시다.

09 상가 권리금을 주고 받는다면?

살면서 한번쯤 권리금이란 말을 들어보신 적 있으실 텐데요,
네이버 시사상식사전에서는 권리금을 다음과 같이 설명하고 있습니다.

해설

◎ Case Study

> 도시의 토지나 건물 특히 점포의 임대차에 부수하여 법적으로 그 가치를 평가할 수는 없지만 단골손님의 확보나 그 상권 내에서 지명도, 특수한 영업비법 등 그 부동산이 갖는 특수한 장소적 이익 또는 특수한 권리이용의 대가로 임차권의 양수인이 양도인에게 지급하는 금전이다.
>
> 예를 들어, 갑(甲)으로부터 점포를 임차하고 있는 을(乙)이 그 임차권을 병(丙)에게 양도함에 있어서 그 양도의 대가로서 병(丙)이 을(乙)에게 지급하는 금전이 권리금에 해당한다. 이러한 권리금에 대해 민법에는 규정이 없으며, 관행에 의해 규율되고 있다. 권리금을 지급하고 점포의 임차권을 양수한 사람은 자기가 그 점포의 임차권을 양도할 때 다음 양수인에게 권리금을 받을 수 있다.
>
> [네이버 지식백과] 권리금(시사상식사전, 저자 pmg 지식엔진연구소)

예시에서 보듯이 권리금은 임대인과는 직접적인 관계가 없으며, 기존 임차인과 신규 임차인 간의 관계에서 발생합니다. 가령 내가 임대인과 임대차계약을 맺고 분식집을 운영하다가 건강이 악화되는 등 개인적인 사정으로 다른 사람에게 가게를 넘기려고 할 때, 사업장 시설에 투자한 금액도 있고, 단골 고객도 많을 텐데 새로운 임차인에게 이 모든 걸 얼마를 받고 넘겨야할까? 생각이 듭니다.

이때 신규 임차인한테 받는 돈이 "권리금"입니다.

권리금은 어떻게 책정하나

권리금은 점포를 넘기는 기존 임차인이 책정하겠지만, 일반적으로 **권리금 산정은 3가지를 기준**으로 합니다.

첫째, 점포를 오픈할 때 지출했던 인테리어, 에어컨, 포스기, 테이블 등의 가격(**시설
　　권리금**)
둘째, 점포를 운영하면서 확보한 단골 고객 및 영업 노하우에 대한 가격(**영업권리금**)
셋째, 상가 자리가 너무 좋고 귀해서 구하기 어려울 때 지불하는 프리미엄(**바닥권리금**)

실무에서는 위 3가지 금액을 모두 고려해서 권리금을 책정하고 있으며, 상권이 활성화된 곳은 대개 권리금 시세가 어느 정도 형성되어 있습니다.

권리금 계약서 작성 시 주의사항은

권리금은 법정 계약서 양식은 없으나, 대부분 국토교통부에서 배포한 상가건물임대차 권리금 양식을 참고하여 작성하고 있습니다.

권리금 계약서를 작성할 때는 **주의할 부분은 경업금지 조항**입니다. 경업금지는 경쟁되는 영업을 금지한다는 의미이며, 신규 임차인은 반드시 경업금지 조항을 신경을 써서 작성을 해야 합니다. 왜냐면 해당 지역에 단골 고객, 인지도, 영업 노하우가 있는 기존 임차인이 상가를 권리금을 받고 넘긴 후 바로 **인근 지역에** 다시 경쟁 사업장을 오픈할 수 있기 때문입니다.

---

*영업시설, 비품 등 유형물이나 거래처, 신용, 영업상의 노하우 또는 점포 위치에 따른 영업상의 이점 등 무형의 재산적 가치
　의 양도 또는 일정 기간 동안의 이용 대가. 세법상 영업권이라고 표현하며, 보통 신규 임차인이 기존 임차인에게 지급함(건
　물주는 관계 없음)

권리금 계약서상 별다른 특약이 없다면 상법 41조가 **적용**이 되며 양도인은 10년간 동일 시군구에서 동종영업을 하지 못합니다. 계약서에 경업금지 조항을 어떻게 써야 할지 잘 **모르겠으면, 차라리 쓰지 않는 게** 낫습니다. 다만, 가게를 인수받는 입장에서 경업금지 조항을 확실히 하고 싶다면 상법상 경업금지 조항을 명시하시고 위반 시 손해배상액을 구체적으로 기재하는 것이 좋습니다.

> **상법 제41조 【영업양도인의 경업금지】**
> ① 영업을 양도한 경우에 다른 약정이 없으면 양도인은 10년간 동일한 특별시·광역시·시·군과 인접 특별시·광역시·시·군에서 동종영업을 하지 못한다.
> ② 양도인이 동종영업을 하지 아니할 것을 약정한 때에는 동일한 특별시·광역시·시·군과 인접 특별시·광역시·시·군에 한하여 20년을 초과하지 아니한 범위내에서 그 효력이 있다.

권리금 중개수수료는 임대차계약 수수료와 별개?

　　신규 임차인이 기존 상가를 인수할 때 계약순서는 먼저 기존 임차인과 신규 임차인 간에 권리금 계약을 체결하고, 이후 임대인과 신규 임차인 간에 임대차계약을 체결합니다. 이때 수수료를 얼마나 줘야 할까요? 수수료는 상가 임대차계약 수수료와 권리금계약 수수료를 각각 지급해야 합니다. 권리금계약은 기존 임차인과 신규 임차인의 계약이고, 임대차계약은 임대인과 신규 임차인의 계약으로 거래당사자가 엄연히 다른 별도의 계약이기 때문입니다.

　　상가 임대차계약은 수수료율이 정해져 있지만, **권리금계약**에 대해서는 별도로 **수수료가 정해져 있지 않습니다.** 실무에서는 상가 권리금 수수료를 10% 전후로 받고 있으나, 상권에 따라서 20%까지 받는 경우도 있고, 아예 안 받는 경우도 있으니 사전에 협의하는 것이 좋습니다.

상가건물 임대차 권리금계약서

┌───┐
임차인(이름 또는 법인명 기재)과 신규임차인이 되려는 자(이름 또는 법인명 기재)는 아래와 같이 권리금 계약을
체결한다.
└───┘

※ 임차인은 권리금을 지급받는 사람을, 신규임차인이 되려는 자(이하 「신규임차인」이라한다)는 권리금을 지급하는 사람을
　의미한다.

[임대차목적물인 상가건물의 표시]

소 재 지		상 　 호	
임 대 면 적		전 용 면 적	
업 　 종		허가(등록)번호	

[임차인의 임대차계약 현황]

임 대 차 관 계	임차보증금		월 차 임		
	관 리 비		부가가치세	별도(　　), 포함(　　)	
	계약기간	년　　월　　일부터	년　　월　　일까지(　　월)		

[계약내용]

제1조(권리금의 지급) 신규임차인은 임차인에게 다음과 같이 권리금을 지급한다.

총 권리금	금	원정(₩ 　　　　　　　)		
계 약 금	금	원정은 계약시에 지급하고 영수함. 영수자(　　　(인))		
중 도 금	금		년　　월　　일에 지급한다.	
잔 　 금	금		년　　월　　일에 지급한다.	
	※ 잔금지급일까지 임대인과 신규임차인 사이에 임대차계약이 체결되지 않는 경우 임대차계약 　체결일을 잔금지급일로 본다.			

제2조(임차인의 의무) ① 임차인은 신규임차인을 임대인에게 주선하여야 하며, 임대인과 신규임차인 간에
임대차계약이 체결될 수 있도록 협력하여야 한다.

② 임차인은 신규임차인이 정상적인 영업을 개시할 수 있도록 전화가입권의 이전, 사업등록의 폐지 등에
협력하여야 한다.

③ 임차인은 신규임차인이 잔금을 지급할 때까지 권리금의 대가로 아래 유형·무형의 재산적 가치를 이전한다.

유형의 재산적 가치	영업시설·비품 등
무형의 재산적 가치	거래처, 신용, 영업상의 노하우, 상가건물의 위치에 따른 영업상의 이점 등

※ 필요한 경우 이전 대상 목록을 별지로 첨부할 수 있다.

④ 임차인은 신규임차인에게 제3항의 재산적 가치를 이전할 때까지 선량한 관리자로서의 주의의무를
다하여 제3항의 재산적 가치를 유지·관리하여야 한다.

⑤ 임차인은 본 계약체결 후 신규임차인이 잔금을 지급할 때까지 임차목적물상 권리관계, 보증금, 월차임
등 임대차계약 내용이 변경된 경우 또는 영업정지 및 취소, 임차목적물에 대한 철거명령 등 영업을 지속
할 수 없는 사유가 발생한 경우 이를 즉시 신규임차인에게 고지하여야 한다.

- 1 / 3 -

제3조(임대차계약과의 관계) 임대인의 계약거절, 무리한 임대조건 변경, 목적물의 훼손 등 임차인과 신규임차인의 책임 없는 사유로 임대차계약이 체결되지 못하는 경우 본 계약은 무효로 하며, 임차인은 지급받은 계약금 등을 신규임차인에게 즉시 반환하여야 한다.

제4조(계약의 해제 및 손해배상) ① 신규임차인이 중도금(중도금 약정이 없을 때는 잔금)을 지급하기 전까지 임차인은 계약금의 2배를 배상하고, 신규임차인은 계약금을 포기하고 본 계약을 해제할 수 있다.

② 임차인 또는 신규임차인이 본 계약상의 내용을 이행하지 않는 경우 그 상대방은 계약상의 채무를 이행하지 않은 자에 대해서 서면으로 최고하고 계약을 해제할 수 있다.

③ 본 계약체결 이후 임차인의 영업기간 중 발생한 사유로 인한 영업정지 및 취소, 임차목적물에 대한 철거명령 등으로 인하여 신규임차인이 영업을 개시하지 못하거나 영업을 지속할 수 없는 중대한 하자가 발생한 경우에는 신규임차인은 계약을 해제하거나 임차인에게 손해배상을 청구할 수 있다. 계약을 해제하는 경우에도 손해배상을 청구할 수 있다.

④ 계약의 해제 및 손해배상에 관하여는 이 계약서에 정함이 없는 경우 「민법」의 규정에 따른다.

[특약사항]

본 계약을 증명하기 위하여 계약 당사자가 이의 없음을 확인하고 각각 서명 또는 날인한다.

년   월   일

임 차 인	주 소						(인)
	성 명		주민등록번호		전화		
대 리 인	주 소						
	성 명		주민등록번호		전화		
신규임차인	주 소						(인)
	성 명		주민등록번호		전화		
대 리 인	주 소						
	성 명		주민등록번호		전화		

- 2 / 3 -

별지

10 상가 권리금 세금 신고는?

"회계사님, 이번에 가게 넘기면서
권리금 3천만 원을 받았는데 세금 신고 해야 하나요?"

권리금은 좋은 목에 위치했거나 매출이 안정적으로 확보된 가게를 다른 사람에게 넘길 때 발생하게 됩니다. 상가를 넘기는 기존 임차인 입장에서 권리금은 퇴직금과 같은 느낌이라 세금 신고를 최대한 하지 않고 싶어 합니다만, 상가를 인수하는 임차인은 추후 소득세 절세를 위해 권리금에 대한 세금 신고를 하고자 합니다.

해설

권리금은 세금 신고를 하지 않아도 될까요?

결론부터 말씀드리면 권리금도 신고해야 합니다.

권리금은 세법상 '소득'에 해당합니다. 소득이 맞으니 당연히 **세금 신고를 해야** 합니다. 권리금 세금 신고를 하지 않는 것은 원칙상 소득 누락과 동일한 **탈세 행위**라고 볼 수 있습니다. 가게의 매출은 사업소득으로 분류되는 반면, 권리금은 일시적으로 발생하는 **기타소득**이라는 점만 다를 뿐입니다.

실무에서 권리금에 대한 세금 신고를 하지 않는 건 2가지 이유 때문입니다.

첫째, 권리금이 소득이 아닐 수도 있습니다.

권리금 계약은 강남이나 명동과 같은 핵심 상권이 아니라면 몇백만 원에서 몇천만 원 수준입니다. 이는 기존 임차인이 투자한 인테리어 비용(유형자산)과 크게 차이가 나지 않습니다. 그렇다면 권리금은 기타소득이 아니라 유형자산을 처분하는 것으로 보아 사업소득으로도 처리할 수 있습니다. 사업소득은 권리금 수령액에서 유형자산 잔액을 차감하여 계산합니다.

예를 들어 내가 가게를 오픈할 때 들어간 인테리어 비용이 1억 원이고, 가게를 2년 간 운영했다고 해보겠습니다. 인테리어 비용은 5년 동안 정액으로 감가상각된다고 하면, 2천만 원씩 2번이 비용으로 인정되었을 테니 유형자산 잔액은 6천만 원이 됩니다.

> 유형자산 장부가액 6천만 원 = 1억 원(인테리어 비용) - 2천만 원×2년

가게를 넘길 때 권리금을 5천만 원 받았다면 이는 이익이 아니라 오히려 손실일 수도 있는 것입니다. 권리금을 받는다고 하더라도 비용을 차감한 실질 소득은 미미한 경우가 많습니다.

둘째, 권리금은 현금거래 비중이 높습니다.

과세 관청에서 일일이 확인하여 세금을 부과하기 어렵습니다. 그렇기 때문에 모르고 넘어가는 경우가 많은 것이지, 세법상 문제가 없다는 의미는 아니라는 점 유의하시기 바랍니다. 술을 한잔하고도 음주운전 단속에 걸리지 않을 수 있지만, 음주운전 자체는 불법인 것과 마찬가지입니다.

권리금 세무처리는?

권리금은 세법 용어로는 '영업권'이라고 표현합니다. 돈을 받는 기존 임차인과 돈을 지급하는 신규 임차인의 세금 처리 방법을 각각 살펴보겠습니다.

1. 신규 임차인 (권리금 준 사람)

신규 사업자는 원천징수세액를 차감하고 기존 임차인에게 권리금을 지급합니다. 원천징수세액은 권리금의 8.8%입니다. 권리금에서 필요경비율 60%를 차감한 기타소득 금액의 20%(지방세 2%)를 원천징수하기 때문입니다.

> 권리금 원천징수액 : [권리금×(1 - 60%)]×22%

신규 임차인은 원천징수세액을 다음 달 10일까지 세무서에 납부를 하고, 다음 해 2월 말까지 기타소득 지급명세서를 제출합니다.

신규임차인은 권리금 전액을 소득세 필요경비로 처리할 수 있습니다. '영업권'이라는 무형자산으로 등재하여 5년간 감가상각을 통해 매년 20%씩 경비로 인정받게 됩니다.

소득세법 제21조 【기타소득】

① 기타소득은 이자소득 · 배당소득 · 사업소득 · 근로소득 · 연금소득 · 퇴직소득 · 금융투자소득 및 양도소득 외의 소득으로서 다음 각 호에서 규정하는 것으로 한다.

7. 광업권 · 어업권 · 양식업권 · 산업재산권 · 산업정보, 산업상 비밀, 상표권 · 영업권(대통령령으로 정하는 점포 임차권을 포함한다), 토사석(土砂石)의 채취허가에 따른 권리, 지하수의 개발 · 이용권, 그 밖에 이와 유사한 자산이나 권리를 양도하거나 대여하고 그 대가로 받는 금품

소득세법 제37조 【기타소득의 필요경비 계산】

② 다음 각 호의 경우 외에는 해당 과세기간의 총수입금액에 대응하는 비용으로서 일반적으로 용인되는 통상적인 것의 합계액을 필요경비에 산입한다
2. 광업권의 양도대가로 받는 금품의 필요경비 계산 등 대통령령으로 정하는 경우

소득세법 시행령 제87조 【기타소득의 필요경비계산】

법 제37조 제2항 제2호에서 "광업권의 양도대가로 받는 금품의 필요경비 계산 등 대통령령으로 정하는 경우"란 다음 각 호의 어느 하나를 말한다.
1의 2. 법 제21조 제1항 제7호 · 제8호의 2 · 제9호 · 제15호 및 제19호의 기타소득에 대해서는 거주자가 받은 금액의 100분의 70(2019년 1월 1일이 속하는 과세기간에 발생한 소득분부터는 100분의 60)에 상당하는 금액을 필요경비로 한다. 다만, 실제 소요된 필요경비가 거주자가 받은 금액의 100분의 70(2019년 1월 1일이 속하는 과세기간에 발생한 소득분부터는 100분의 60)에 상당하는 금액을 초과하면 그 초과하는 금액도 필요경비에 산입한다.

2. 기존 임차인 (권리금 받은 사람)

기존 임차인은 원천징수를 제한 권리금을 수령합니다. 권리금은 소득의 6가지 종류(이자소득, 배당소득, 사업소득, 연금소득, 기타소득, 근로소득) 중 '기타소득'으로 분류되며, 타 소득과 합쳐서 다음해 5월에 종합소득세로 신고 납부합니다.

권리금으로 5천만 원을 받는다면, 5천만 원에서 원천징수 8.8%인 440만 원을 제한 4560만 원을 수령하게 되고, 다음 해 5월 종합소득세 신고 시 5천만 원 중 필요경비 60%를 차감한 2천만 원을 타 소득과 함께 합산신고합니다. 이때 원천징수를 한 440만 원은 기납부세액이 됩니다. 해당연도에 타 소득이 없어서 실효세율이 8%보다 낮다면 오히려 원천징수한 세액을 환급받을 수도 있습니다.

한편, 권리금 거래는 부가가치세법상 과세대상이므로 **부가세 신고도 해야** 합니다.

기존 임차인은 권리금의 10%를 부가세로 받으면서 세금계산서 발행 및 세무서에 신고납부하고, 신규 임차인은 부가세 지급한 후 매입세액 공제로 환급을 받습니다. 만약 포괄양수도 요건에 해당한다면 부가세는 주고받지 않아도 무방합니다.

11 오피스텔 세금, 알고 계신가요?

오피스텔(officetel)은 오피스(office)와 호텔(hotel)을
합친 합성어로 우리나라에서만 사용하는 말입니다.

1985년, 상업지역에 공동주택을 지을 수 없는 규제를 회피하기 위해 처음으로 등
장하였습니다. 오피스텔 규제는 차츰 완화되어 현재는 바닥 난방, 욕실 설치가 가
능해졌으며 이에 따라 주거용으로 많이 사용하고 있습니다.

해설

　　오피스텔은 주택법상 '준주택'으로 분류됩니다. 준주택이란 **주택은 아니지만 주거
용으로 사용 가능한 시설**을 말합니다. 오피스텔은 공부(건축물대장, 등기사항증명서와
같은 공적 장부)상으로는 업무시설이기 때문에 원칙상 업무시설 세금이 부과됩니다. 하
지만 세법의 실질과세 원칙에 따라 오피스텔을 주택용으로 사용한다면 **주택 세금이 적
용**됩니다. 주택이 될 수도 있고 업무시설이 될 수도 있기에 **세무당국과 납세자 사이의
분쟁**이 많은 부동산 유형이기도 합니다.

오피스텔 취득세

　　오피스텔을 처음 살 때 매수자가 주택으로 사용할지, 업무시설로 사용할지는 취득
세를 부과하는 지자체 입장에선 알 수 없습니다. 그러므로 취득세는 사용 목적과 무관
하게 공부 기준으로 4.6%(취득세 4%, 농어촌특별세 0.2%, 지방교육세 0.4%)를 냅니다.

　　취득 이후 오피스텔을 주거용으로 사용한다면 해당 오피스텔은 다른 주택을 취득할
때 주택 수에 포함됩니다. 이때도 오피스텔 재산세가 주택으로 부과되는 경우에만 주
택 수에 포함되며, **지방세법 개정 전인 2020.8.11 이전에 취득**했거나 매매계약을 체결
했다면 주택으로 재산세를 납부하더라도 해당 오피스텔은 취득세 계산시 **주택 수에서
는 제외**됩니다.

오피스텔 보유세

　　오피스텔 보유세는 재산세와 종합부동산세가 있습니다. 납부의무자는 모두 6월 1

일 기준 소유자입니다. 6월 1일 기준 소유자에게 7월 16~31일 건물분 재산세, 9월 16~30일 토지분 재산세, 12월 1~15일에 종합부동산세가 각각 부과됩니다. 준공 또는 취득일이 **6월 2일 이후**라면 **해당연도 보유세는 부과되지 않고 이듬해부터 부과됩니다.**

1. 오피스텔 재산세

오피스텔 재산세는 공부상 기준인 [업무시설]로 분류되어 일반건축물 재산세가 부과됩니다. 하지만 주택임대사업자를 냈거나 주거용으로 사용한다면 주택 재산세가 부과됩니다. 오피스텔 소유자 중에서는 주택 재산세율이 건축물에 대한 재산세율보다 유리하기 때문에 재산세 절감을 위해 주택으로 자진해서 신고하는 분도 있습니다. 구체적으로 얼마나 차이가 나는지 오피스텔 공시가격을 2억 원(건물 1억 원, 토지 1억 원)으로 가정해서 비교해보겠습니다.

---

① 오피스텔 업무용 재산세 부과 시

건물분 재산세 : 1억×70%(공정시장가액비율)×0.25% = 175,000원

토지분 재산세 : 1억×70%(공정시장가액비율)×0.2% = 140,000원

---

② 오피스텔 주거용 재산세 부과 시

주택분 재산세 : 2억 원×60%(공정시장가액비율)×0.15% - 3만 원(누진공제) = 150,000원

공시가격 2억 원, 시세는 4~5억 원 수준의 오피스텔의 경우 재산세가 업무용으로 부과되면 315,000원이지만, 주거용으로 부과되면 150,000원이 되므로 그 금액에 있어 2배 넘게 차이가 납니다.

오피스텔을 주택분 재산세로 납부하기 위해서는, 매년 6월 1일부터 10일간 관할 지자체에 재산세 과세대상 변동신고를 해야 합니다. 오피스텔을 취득하면서 취득세 감면을 위해 주택임대사업자로 신고했다면 관할 지자체에서 주택분 재산세를 부과하므로 이때는 별도의 재산세 변동신고를 할 필요는 없습니다.

◎ **Case Study**

> **<주거전용 오피스텔 재산세 변동신고 안내>**
>
> • 신고대상 :
>
>   과세기준일 (6월 1일) 현재
>
>   1. 거주자(소유자 또는 임차인)가 전입신고를 하고
>
>   2. 해당 오피스텔에 사업자등록이 되어 있지 않고
>
>   3. 오피스텔을 주거용으로만 사용(공실 제외)하는 경우
>
> • 신고기간 : 과세기준일(매년 6월 1일)부터 10일간

2. 오피스텔 종합부동산세

재산세만 비교할 경우 주택분이 유리하므로 오피스텔을 주택으로 자진신고를 해야겠다는 생각이 들 수 있습니다. 하지만 반드시 확인해야 할 것이 있습니다. 바로, 종합부동산세입니다.

종합부동산세는 주택과 토지에 대해서 부과됩니다. 오피스텔을 공부상 기준인 업무시설로 사용하게 되면 **오피스텔의 토지 지분만 종합부동산세 대상**이 됩니다. 오피스텔 부속토지는 별도합산과세대상으로 **공시가격이 80억 원이 넘을 때만** 종합부동산세가 과세되므로 대부분 부과되지 않습니다.

오피스텔을 주택으로 사용해서 오피스텔 재산세가 주택분으로 부과된다면 **종합부동산세도 주택으로 부과**됩니다. 기존에 보유한 주택과 오피스텔이 모두 주택으로 간주되어 종합부동산 중과세율이 적용된다면 상당한 금액이 부과될 수도 있으니 **반드시 사전에 검토를 해봐야** 합니다.

오피스텔 양도소득세

오피스텔을 업무용으로 사용했다면 상가처럼 양도소득세를 계산합니다. 1세대 1주택 비과세는 해당되지 않으며, 3년 이상 보유 시 장기보유특별공제 표1(1년 2%, 최대 30%)이 적용됩니다. 세율은 일반세율이 적용됩니다.

오피스텔을 주거용으로 사용했다면 주택처럼 양도소득세를 계산합니다. 요건 충족 시 1세대 1주택 비과세 혜택이 가능하고, 12억 이하로 팔 때는 양도세도 내지 않습니다. 3년 이상 보유 시 장기보유특별공제 표1(1년 2%, 최대 30%)이 적용되지만, 2년 이상 거주했다면 표2(보유, 거주 1년당 4%, 최대 80%)도 적용됩니다. 주택이기 때문에 다주택자에 해당된다면 장기보유특별공제 배제 및 중과세율이 적용될 수도 있습니다.

전입신고만 안 하면 주택이 아니다?

세입자가 오피스텔에 전입신고를 하면 주택이고, 전입신고를 안 하면 업무용이라고 오해하는 분도 많습니다. 세법에서 중요한 것은 '실질적인 내용'이기 때문에 전입신고를 하지 않았다 하더라도 현장 조사, 전기 및 도시가스 사용 등으로 주거용 사용이 확인되면 주택으로 보아 양도세가 부과됩니다.

오피스텔 부가가치세

소유자가 오피스텔을 분양받거나 매수할 때 세무서에 **사업자등록을 일반임대사업자**로 냈다면 건물분 **부가세 10%를 환급**받을 수 있습니다. 부가세 환급을 받았다면 **10년간 업무용으로 임대**를 해야 하며, 10년이 되기 전에 전입신고를 하여 주거용으로 쓰거나 주택임대사업자로 전환하게 되면 **환급받은 부가세는 가산세까지 포함하여 다시 납부**하여야 합니다. 이러한 사례가 워낙 많아 2021년 국민권익위에서는 다음 페이지와 같이 발표하기도 하였습니다.

2021. 6. 28. (월)

국민권익위, 오피스텔 분양받는 경우 부가가치세 가산세 유의 당부

#1. ㄱ씨는 2016년 5월에 전용면적 25m²인 오피스텔 분양계약을 맺고 업무용 임대목적으로 사업자등록을 해 분양대금 관련 부가가치세액 5백여만 원을 환급받았다. 오피스텔 완공 후 2018년 5월에 임차인이 주거 목적으로 임대를 요청해 주택 임대사업자로 변경해 사업자 등록을 했는데, 약 1년 후 환급받았던 부가가치세에 가산세를 더한 납부고지서를 받았다.

□ 현행 세법상 업무용 임대를 목적으로 분양받는 경우 일반사업자로 등록하면 분양대금에 대한 부가가치세를 환급받을 수 있다. 이후 부가가치세가 면세되는 주택 임대사업자로 전환하거나 분양 계약을 해지하면 기존에 환급받았던 세금을 반환해야 하는데 이를 모르고 신고·납부하지 않은 경우 가산세까지 더하여 납부고지서를 받게 되는 것이다.

아파트 청약 시 오피스텔은 무주택으로 본다

아파트 청약 시에는 공적장부(건축물대장) 기준으로 무주택, 유주택을 판단합니다. **오피스텔은** 준주택이지만 공부상 업무시설로 분류되기 때문에 주거용으로 사용된다고 하더라도 **주택 청약 시에는 무주택입니다.** 오피스텔 수십 채를 가지고 있어도, 주택이 없다면 무주택자 자격으로 아파트 청약을 할 수 있습니다.

Chapter

08

증여세

01 증여를 할까? 상속을 할까?

"회계사님, 제가 이번에 저희 부모님께 아파트를
상속받으려고 하는데요."
"네, 부모님은 언제 돌아가셨어요?"
"아뇨. 아직 안 돌아가셨는데요.
아, 상속이 아니라, 그 뭐죠? 증여요 증여!"

해설

　상속과 증여는 모두 재산을 무상으로 넘겨준다는 공통점이 있습니다. 세법에서도
[상속세 및 증여세법]이라는 동일한 법령으로 다루고 있기도 합니다. 둘을 헷갈려 하시
는 분도 많으신데, 증여를 상속으로 잘못 표현하는 건 그 의미를 생각하면 부모님께 실
례가 될 수도 있습니다.

　증여 상담 시 가장 많이 받는 질문은 "증여가 좋을까요? 상속이 좋을까요?"입니다.
어떤 방법이 유리한지는 각자 사정에 따라 다를 텐데, 우선 증여와 상속에 어떤 차이가
있는지부터 살펴보겠습니다.

증여는 생전에, 상속은 사망 후에

　증여는 부모님이 살아계실 때 본인의 의사로 자녀에게 재산을 물려주는 것입니다.
반면 상속은 부모님이 돌아가시면서 부모님 소유의 재산을 자녀가 물려받는 것입니다.
언뜻 보면 비슷한 것 같지만 자세히 살펴보면 '재산을 무상으로 받는다는 것' 외에는 공
통점이 없습니다.

　증여는 부모님의 증여 의사에서 시작됩니다. 본인이 살아 있을 때 자녀에게 재산을
넘겨주는 것입니다. 증여 절차로 먼저 부모님과 자녀가 증여계약서를 작성합니다. 증
여재산이 부동산이라면 소유권이전등기가 필요하므로 작성한 증여계약서를 가지고 지
자체 세무과에 방문하여 검인을 받고 취득세를 납부합니다. 이후 관할 등기소에서 소
유권이전등기 신청을 하면 3~7일 뒤에 등기사항전부증명서상에서 소유권이 변경되었

음을 확인할 수 있습니다. 일련의 과정을 직접 하기 어려울 땐 법무사에게 의뢰합니다. 이후 증여일이 속한 달의 말일로부터 3개월 이내에 세무서에 증여세 신고를 하면서 증여세를 납부합니다.

증여는 상속과 비교해서 2가지 장점이 있습니다.

첫째, 본인이 생전에 재산을 주는 것이므로 본인의 의사대로 증여할 수 있습니다. 상속은 금액이 클수록 자녀들 간에 재산분쟁이 생기는 경우가 많은데, 부모님이 자녀들과 사전에 조율해서 증여하면 부모님 의사도 충분히 반영하면서, 자녀 간의 분쟁도 줄일 수가 있습니다.

둘째, 상속세를 줄일 수 있습니다. 증여를 통해 재산이 자녀에게 넘어가면 부모님 재산은 줄어들기 때문입니다. 하지만 10년 이내 부모님이 돌아가시면 자녀가 받은 증여재산은 상속재산에 포함하여 상속세를 계산하게 됩니다. 상속세 절세 목적으로 증여를 생각할 때 반드시 부모님 건강 상태를 고려해야 하는 이유입니다.

증여는 받은 사람 기준, 상속은 주는 사람 기준

증여세와 상속세의 가장 큰 차이는 '누구를 기준으로 하는지'입니다. **증여세는 '받는 사람(수증인)' 기준**입니다. 받는 사람별로 받은 재산에 대한 세금을 계산하여 각자 납부합니다. 예를 들어 부모님이 자녀1, 자녀2에게 10억 원씩 20억 원을 증여한다면 자녀1, 자녀2는 각자 받은 10억 원에 대한 증여세를 각각 내면 됩니다. 그러므로 증여세는 1명에게 주는 것보다 여러 명에게 나누어 줄 때 누진세율이 낮아져서 절세효과가 발생합니다.

반면, **상속세는 '주는 사람(피상속인)' 기준**입니다. 돌아가신 분의 재산 전체를 기준으로 상속세가 부과됩니다. 위의 예시처럼 부모님 소유의 재산 20억 원을 자녀1, 자녀2가 10억 원씩 상속한다고 해도 상속세는 전체 20억 원을 기준으로 계산합니다. 상속인이 1명이든지, 2명이든지 간에 상속세는 동일합니다. 또한 상속재산 전체를 기준으로 계산된 **상속세는 상속인 전체가 함께 납부**해야 하며, **연대납세의무**가 있습니다. 상속세를 나눠 내기로 했음에도 불구하고 상속인 일부가 상속세를 납부하지 않으면 다른 상속인들이 본인이 받은 상속재산 범위 내에서 연대하여 납부해야 합니다. 반대로 연대납세의무가 있기 때문에 다른 상속인이 부담할 상속세를 본인이 상속받은 재산 범위 내에서 대신 납부하더라도 증여세가 부과되지 않습니다.

증여가 좋을까 상속이 좋을까

세금만 봤을 때는 증여보다는 상속이 유리합니다. 하지만 **다음과 같은 경우에는 증여가 유리**할 수 있습니다.

첫째, 지금은 가치가 낮지만 향후 많이 오를 것 같은 부동산을 보유한 경우입니다. 이때는 조금이라도 시세가 낮을 때 증여하는 것이 좋습니다. 지금 증여를 한다면 상속 재산이 줄어드는 효과가 있고, 부모님이 10년 이상 건강하시다면 상속재산에서도 빠지기 때문에 절세효과가 큽니다. 만약 10년 이내 부모님이 돌아가신다고 해도 상속재산으로 포함되는 금액은 돌아가신 시점의 시세가 아니라 증여 시점의 가액으로 합산하기 때문에 유리합니다.

둘째, 다주택자 중과세가 적용되는 경우입니다. 부모님이 다주택 보유로 인해 종합부동산세와 양도세가 많이 나온다면 자녀에게 주택을 미리 증여하는 것이 유리합니다. 증여세는 중과세율이 적용되지 않으며, 증여세는 받는 자녀가 내기 때문에 부모님과 무관합니다. 자녀 입장에서도 증여세를 내긴 하지만 부모님 재산을 미리 받아서 처분하는 등 재산 형성에 사용할 수 있기 때문에 유리합니다.

셋째, 부모와 자녀 간, 혹은 자녀끼리 사이가 좋지 않을 때입니다. 부모님을 모신 자녀와 모시지 않은 자녀, 부모님이 결혼할 때 일부 지원을 해준 자녀와 그렇지 않은 자녀 사이 등 갖가지 분쟁이 생길 수 있습니다. 같은 피붙이끼리는 그나마 협의가 쉬운 편이지만, 각각 1세대를 이뤘다면 사위, 며느리 등의 의사도 더해지면서 원만하게 협의하기 어렵습니다. 이럴 땐 부모님이 미리 기준을 가지고 자녀에게 증여하는 것이 추후 상속세를 더 내더라도 보다 깔끔할 수 있습니다.

02 증여세는 얼마나 나올까?

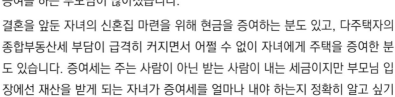

몇 년간 부동산 시세가 크게 오르면서 자녀에게
증여를 하는 부모님이 많아졌습니다.

결혼을 앞둔 자녀의 신혼집 마련을 위해 현금을 증여하는 분도 있고, 다주택자의
종합부동산세 부담이 급격히 커지면서 어쩔 수 없이 자녀에게 주택을 증여한 분
도 있습니다. 증여세는 주는 사람이 아닌 받는 사람이 내는 세금이지만 부모님 입
장에선 재산을 받게 되는 자녀가 증여세를 얼마나 내야 하는지 정확히 알고 싶기
마련입니다.

해설

증여세는 계산방식 및 신고 절차가 간단한 편에 속합니다. 증여가 고민될 때 손쉽게
셀프 계산을 해보는 방법을 알아보겠습니다.

증여세 계산은 아래와 같습니다.
① 증여할 순재산(재산 – 채무)이 얼마인지 평가하여
② 증여재산공제를 빼고
③ 세율을 곱한 뒤 누진공제액을 차감합니다.

증여할 재산은 시가를 기준으로 하되, 시가가 불확실한 경우에는 보충적 평가 방법
을 적용합니다. 여기선 시가 확인이 용이한 현금 증여를 가정하겠습니다.

※증여세 계산은 어떻게?

순서	계산흐름	비고
①	**증여재산가액**	**시가 원칙**
②	(−) 채무액	전세보증금, 대출금 등
③	증여재산가산액	10년 이내 동일인(배우자 포함) 증여재산 포함
③	**(−) 증여재산공제**	**배우자 6억 / 직계존비속(성년) 5천 / 직계존비손(미성년) 2천 / 친인척 1천 / 혼인출산공제 1억**
④	(−) 감정평가수수료	500만원 한도
⑤	과세표준	
⑥	**X 세율**	
⑦	산출세액	
⑧	세대생략가산액	수증자가 손자손녀인 경우 30% 할증
⑨	**(−) 신고세액공제**	**산출세액 3% 공제**
⑨	납부세액	

증여재산 공제 : 10년마다 발행되는 4개의 쿠폰

증여재산공제는 증여재산가액에서 **일정 금액을 차감해주는 규정**입니다. 차감하는 금액은 받는 사람과 나와의 관계에 따라 다릅니다. 재산을 받는 사람(수증자)이 배우자라면 6억 원, 직계존속은 5천만 원, 직계비속은 5천만 원(미성년자는 2천만 원), 기타친족은 1천만 원입니다.

※관계별 증여재산공제 한도

주는 사람(증여자)	받는 사람(수증자)	공제한도
배우자	배우자	6억원
직계존속※	직계비속 / 성년자	5천만원
	직계비속 / 미성년자	2천만원
자녀	직계존속	5천만원
기타 친족	기타 친족	1천만원
합산 기간		10년

※ 직계존속으로부터 증여를 받는 경우 증여하는 직계존속의 배우자를 포함하여 합산함

증여재산공제는 국세청에서 발행하는 할인쿠폰이라고 생각하면 이해가 쉽습니다.

할인쿠폰 사용 시 증여재산에서 쿠폰에 표시된 금액을 차감한 후 증여세를 계산합니다. 할인쿠폰은 개인별로 4장(배우자, 직계존속, 직계비속, 기타친족)이 발행되며, 한 번 사용한 쿠폰은 10년 뒤에 재발행됩니다. 쿠폰은 동시에 쓸 수도 있습니다. 배우자 쿠폰을 사용해서 6억 원을 증여세 없이 받았다 하더라도, 직계존속 쿠폰을 또 사용하여 부모님으로부터 5천만 원을 세금 없이 증여받을 수 있습니다. 가족 모두가 부자라면 이론상 10년마다 7.1억 원(배우자 6억 원＋직계존속 5천만 원＋직계비속 5천만 원＋기타친족 1천만 원)을 세금 없이 증여받을 수 있는 셈입니다.

여기에 **2024년 1월 1일부터 하나의 쿠폰이 추가**되었습니다. 결혼과 출산 문제가 심각한 사회문제로 대두되면서 자녀의 결혼출산자금에 대해 공제를 해주는 **[혼인출산공제]가 신설**되었습니다. 혼인신고일 전후 2년 또는 자녀(손주)출생일부터 2년 이내 직계존속으로부터 증여를 받는 경우 1억 원까지 공제가 됩니다. 혼인출산쿠폰은 평생 1회만 제공됩니다.

같은 사람한테 받을 때는 10년간 합산한다

5억 원을 1번에 증여하는 것과 5천만 원씩 10번에 걸쳐 증여하는 것 중 어느 방법이 증여세가 많이 나올까요? 이처럼 총 금액은 같은데 주는 횟수가 다를 때 증여세가 달라지면 어떻게 될까요? 1천만 원씩 50번을 주지 않을까요? 100만 원씩 500번을 줄 수도 있을 테고요.

증여세는 주는 재산이 커질수록 세율이 높아지는 누진세 구조입니다. 나눠서 줬을 때 증여세가 줄어든다면 누진세 구조는 애초에 의미가 없습니다. 모두가 5억 원을 1번에 주지 않고 쪼개서 줄 테니까요. 그래서 증여세는 동일인에게 10년간 증여받은 금액을 모두 합산하여 계산합니다. 돈을 주는 사람이 직계존속(부모님, 조부모님)인 경우에는 그 직계존속의 배우자까지 동일인으로 봅니다.

즉 아버지가 주고, 어머니가 주는 경우에는 합산하고, 할아버지가 주고, 할머니가 주는 경우에도 합산해서 증여세를 부과합니다. 하지만 할아버지가 주고, 아버지가 주는 건 합산하지 않고 각각 증여세를 계산합니다.

08

증여세

증여세 자진신고 시 3%를 더 빼준다

증여재산가액에서 증여재산공제액을 차감한 금액에 세율을 곱합니다. 증여세율은 상속세와 동일합니다.

※증여세율 및 계산식

과세표준	세율	누진공제	계산식
1억원 이하	**10%**	**–**	**과세표준×10%**
5억원 이하	**20%**	**1,000만원**	**과세표준×20% – 1천만원**
10억원 이하	30%	6,000만원	과세표준×30% – 6천만원
30억원 이하	40%	1억 6,000만원	과세표준×40% – 1억 6천만원
30억원 초과	50%	4억 6,000만원	과세표준×50% – 4억 6천만원

여기에 신고세액공제까지 빼주면 정확한 증여세가 나옵니다. 신고세액공제는 납세자의 자진신고를 유도하기 위해 산출세액에서 일정 비율을 공제해주는 것입니다. 2016년 이전에는 10%를 적용하다가 2017년 7%, 2018년 5%, 2019년 이후 현재까지는 3%를 적용하고 있습니다.

증여세 자진납세를 유도하기 위한 혜택이었던 신고세액공제가 연도별로 축소되고 있는 것의 의미를 생각해봅시다. 납세자가 자진신고하지 않아도 과세 관청에서는 충분히 증여, 상속을 파악할 수 있다는 자신감의 반증일 수 있습니다. 그러니 증여를 받는다면 신고기간 내에 반드시 자진신고하여 신고세액공제 혜택까지 받도록 합시다.

03 증여 순서만 바꿔도 절세가 된다?

증여는 계산구조가 단순하지만,
경우에 따라서 받는 순서만 바꿔도 절세가 됩니다.
5억 원을 직계존속으로부터 증여받는 경우를 케이스별로 나누어 살펴보겠습니다.

해설

 1. 아버지로부터 5억 원을 받을 때

아버지가 5억 원을 증여할 때의 증여세입니다.

① 증여재산 5억 원입니다.

② 증여재산공제 5천만 원(직계존속 쿠폰)을 차감합니다.

③ 4.5억 원에 대해 20%를 곱하고 누진공제 1천만 원을 차감하면 산출세액은 8천만 원입니다.

④ 신고세액공제 240만 원(=8,000만 원×3%)을 차감한 후 7,760만 원을 납부합니다.

 2. 아버지로부터 각 2.5억을 2번 받을 때

아버지가 5억 원을 한 번에 주지 않고, 올해 2.5억 원을 먼저 주고 다음 해에 다시 2.5억 원을 주는 경우입니다. 동일인은 10년 이내 합산하기 때문에 증여세 절세효과는 없습니다. 어떤 식으로 합산되는지 살펴보겠습니다.

아버지가 첫 2.5억 원을 줄 때 증여세 계산입니다.

① 증여재산 2.5억 원입니다.

② 증여재산공제 5천만 원(직계존속 쿠폰)을 차감합니다.

③ 2억 원에 대해 20%를 곱하고 누진공제 1천만 원을 차감하면 산출세액은 3천만 원입니다.

④ 신고세액공제 90만원(=3,000만 원×3%)을 차감한 후 2,910만 원을 납부합니다.

아버지가 추가로 2.5억 원을 줄 때입니다.

① 금번 증여 2.5억 원에 작년에 준 2.5억 원을 더하여 5억 원으로 계산합니다.

② 증여재산공제 5천만 원(직계존속 쿠폰)을 차감합니다.

③ 4.5억 원에 대해 20%를 곱하고 누진공제 1천만 원을 차감하면 산출세액은 8천만 원입니다.

④ 신고세액공제 240만 원(=8,000만 원×3%)을 차감하면 납부세액은 7,760만 원입니다. 앞서 냈던 2,910만 원을 기납부세액으로 차감한 후 4,850만 원을 추가 납부합니다.

▣ 총 증여세는 7,760만 원(=2,910만 원+4,850만 원)으로 한 번에 5억 원을 주는 것과 동일합니다.

3. 아버지, 어머니가 각각 2.5억씩 줄 때

아버지, 어머니가 5억 원을 2.5억 원씩 나눠서 자녀에게 줄 수도 있습니다. 하지만 부부는 일심동체입니다. 아버지와 어머니는 같은 사람은 아니지만 증여세 계산 시에는 동일인처럼 보아 10년 이내 증여분을 합산합니다. 두 분에게서 나눠 받았지만 한 사람한테서 받는 것처럼 계산을 합니다. 총 증여세는 7,760만 원으로, 아버지가 2.5억씩 2번 나눠줄 때와 동일합니다.

4. 아버지가 2.5억 원, 할아버지가 2.5억 원을 줄 때

증여재산 합산대상은 직계존비속과 '그'의 배우자만 해당됩니다. 아버지와 할아버지는 주는 사람이 다른 것으로 보기에 증여세도 합산하지 않고 각각 계산합니다.

아버지가 주는 돈에 대한 증여세 계산입니다.

① 증여재산 2.5억 원입니다.

② 증여재산공제 5천만 원(직계존속 쿠폰)을 차감합니다.

③ 2억 원에 대해 20%를 곱하고 누진공제 1천만 원을 차감하면 산출세액은 3천만 원입니다.

④ 신고세액공제 90만 원(=3,000만 원×3%)을 차감한 후 2,910만 원을 납부합니다.

할아버지가 주는 돈에 대한 증여세 계산입니다.

① 증여재산 2.5억 원입니다.

② 직계존속 쿠폰을 이미 위에서 사용하였으므로 차감할 금액은 없습니다.

③ 2.5억 원에 대해 20%를 곱하고 누진공제 1천만 원을 차감하면 산출세액은 4천만 원입니다. 아버지를 건너뛰고 증여하였기 때문에 세대생략할증에 해당되어 여기에 30%를 할증합니다. 최종 산출세액은 5,200만 원(=4,000만 원×130%)이 됩니다.

④ 신고세액공제 156만 원(=5,200만 원×3%)을 차감한 후 5,044만 원을 납부합니다.

▣ 총 증여세는 7,954만 원(=2,910만 원+5,044만 원)입니다.

5. 증여 순서를 바꿔서 할아버지가 2.5억 원, 아버지가 2.5억 원을 준다면

할아버지가 주는 돈에 대한 증여세 계산입니다.

① 증여재산 2.5억 원입니다.

② 증여재산공제 5천만 원(직계존속 쿠폰)을 차감합니다.

③ 2억 원에 대해 20%를 곱하고 누진공제 1천만 원을 차감하면 3천만 원이 나옵니다. 세대생략할증 30% 적용으로 최종 산출세액은 3,900만 원(=3,000만 원×130%)이 됩니다.

④ 신고세액공제 117만 원(=3,900만 원×3%)을 차감한 후 3,783만 원을 납부합니다.

아버지가 주는 돈에 대한 증여세 계산입니다.

① 증여재산 2.5억 원입니다.

② 직계존속 쿠폰을 이미 위에서 사용하였으므로 차감할 금액은 없습니다.

③ 2.5억 원에 대해 20%를 곱하고 누진공제 1천만 원을 차감하면 산출세액은 4천만 원입니다.

④ 신고세액공제 120만 원(=4,000만 원×3%)을 차감한 후 3,880만 원을 납부합니다.

▣ 납부할 세액은 총 7,663만 원(=3,783만 원+3,880만 원)입니다.

4번 케이스와 비교하여 5번에서는 아버지와 할아버지가 주는 순서만 바꿨음에도 291만 원이나 절세를 할 수 있습니다. 이처럼 부모와 조부모 등 주는 사람이 여러 명일 때는 증여순서에 따라 증여세를 몇백만 원까지 줄일 수 있음을 꼭 기억하도록 합시다.

04 국세청은 모든 것을 알고 있다

2022년 국세청은 금수저 자녀 등 편법증여 혐의자에 대한
세무조사 착수를 발표하였습니다.

고액대출로 부동산이나 주식 등을 취득한 후 '부모 찬스'를 이용하여 손쉽게 대출
금을 상환한 자녀들이 조사 대상으로 선정된 것인데 구체적인 사례는 아래와 같
습니다.

해설

◎ Case Study 1.

'부모 도움'으로 부를 축적한 금수저 자녀

◈ 전문직 고소득자인 부친으로부터 고가의 아파트 취득자금 ○○억원과 오피스
텔 전세보증금 ○억원을 증여받고,

- 증여받은 부동산에 담보된 금융채무의 원금 및 이자까지 부친이 대신 변제
하는 등 편법 증여받은 혐의

◈ 부친의 사업장에 근무사실이 없음에도 가공급여를 지급받고, 부친 명의의 신
용카드를 이용하여 사치생활을 영위하는 등 제세탈루한 혐의

◎ Case Study 2.

부모명의 신용카드로 호화 · 사치 생활을 영위하는 자녀

◈ 자녀가 부동산 임대업자인 부친 명의의 신용카드로 호화 사치생활을 영위하
면서 본인 및 배우자 소득은 모두 저축함

- 이후, 저축 및 대출금으로 주식 및 부동산 등을 취득하였으나, 부동산 취득 시
설정한 근저당 채무 ○억원을 부친이 대신 변제하는 등 편법 증여받은 혐의

증여세

08

◎ Case Study 3.

부모가 부동산 취득자금 · 대출이자 · 신용카드 결제대금까지 대납

◈ 소득이 적은 자가 고액의 부동산을 다수 취득하였으나, 취득 및 이자 지급시점에 해당 자금을 지급할 자력이 없고, 명품쇼핑 및 빈번한 해외여행 등 사치생활로 인한 고액의 신용카드 사용액이 확인되는 등

- 부동산 취득자금, 이자, 신용카드 결제대금을 모두 모친이 대납한 혐의

◎ Case Study 4.

부모가 채무를 대신 변제하고 이를 은닉한 혐의자

◈ 부친으로부터 부동산 취득자금을 증여받고, 부동산을 담보로 금융기관에서 ○○억원 차입

- 이후, 부친이 자녀의 대출이자 및 대출원금 중 일부를 남기고 대부분 상환하면서 근저당가액은 변경 없이 계속 등기하여 채무 상환 사실을 은닉하는 등 편법 증여받은 혐의

위 사례를 다 읽고서 '아니 저렇게 탈세를 하더니 나쁜 사람들!' 하고 생각한다면 하수입니다. 각 사례를 타산지석으로 삼아 '이렇게 하면 걸리는구나, 난 이렇게 안 해야지' 생각한다면 중수입니다. 고수는 어떻게 국세청 레이더에 발각된 건지 그 원인부터 확인합니다.

조지오웰의 소설 '1984'에 등장하는 빅 브라더도 아닌데 국세청은 어떻게 위와 같은 탈세 사례를 발각할 수 있었을까요? 그건 바로 국세청이 가지고 있는 2개의 칼, 소득-지출분석시스템(PCI)과 금융정보분석원(FIU) 때문입니다.

국세청은 다 알고 있다 – 소득지출 분석시스템(PCI)

국세청은 2010년 **소득 – 지출 분석시스템**, 영문으로는 PCI(Property, Consumption and Income Analysis System)라고 불리는 시스템을 도입하였습니다. 소득 – 지출분석시스템은 국세청에서 보유하고 있는 과세 자료를 통해 일정 기간 동안 **납세자가 신고한 신고소득(Income)과 납세자의 재산증가(Property) · 소비지출액(Consumption)을 비교 분석하는 시스템입니다.**

PCI 시스템, 단어만 들었을 때는 뭔가 복잡해 보이지만 실상은 단순한 더하기 빼기입니다. P는 자산(Property), C는 소비(Consumption), I는 소득(Income)입니다. 납세자의 소득(I)에서 소비(C)를 차감한 만큼만 납세자의 자산(P)이 되어야 합니다. 즉 I – C=P인 셈입니다. 국세청은 이 3가지 모두를 파악할 수 있습니다.

우선 자산(P)은 현금이나 금 같은 실물 재산이 아닌 이상에야 대부분 파악이 가능합니다. 은행에 있는 예금액은 이자 원천징수세액(15.4%)을 역산하여 추정할 수 있고, 부동산은 등기사항증명서를 통해서 취득, 처분을 확인할 수 있습니다. 주식도 양도세 및 증권거래세 신고를 통해 파악할 수 있습니다.

소득(I)은 대한민국 거주자라면 매년 국세청에 종합소득세를 신고를 하고 있으니 확인할 수 있으며, 소비(C)는 신용카드 사용액, 현금영수증 등을 통해 금액을 파악할 수 있습니다.

I – C=P 등식이 성립한다면 정상입니다. 하지만 국세청이 가지고 있는 데이터를 분석해봤더니 자산증가액(P)이 소득(I)에서 소비(C)를 뺀 금액보다 큰 경우가 있었던 것입니다. 등식으로 표현하면 P=I – C+α가 되는 것이죠. 우변을 좌변으로 다 옮기면

소득 – 지출분석시스템 모델

P+C-I=α가 되어 PCI 시스템 체계가 됩니다. 알파(α), 즉 확인되지 않는 자산증가액을 국세청은 [**탈루혐의금액**]으로 추정하는 것입니다.

현재 PCI 시스템은 고액자산 취득 시 자금출처 확인, 고소득 자영업자의 세무조사 대상자 선정 등에 적극적으로 활용되고 있으며 시스템이 정교해짐에 따라 활용도 또한 높아질 것으로 예상됩니다.

2022.2.3. 국세청 보도자료 中

국세청은 앞으로 계층 간 자산 양극화를 심화시키는 '세금 없는 부의 대물림'에 대해 더욱 엄정히 대응할 계획입니다. 연소자를 포함하여 소득 대비 고액자산 취득자에 대한 **재산·채무 현황 및 자력 취득 여부를 수시로 분석하고, 검증체계를 보다 정교화**하겠습니다.

특히, **대출의 증감 내역과 소득 및 소비 패턴에 대한 분석을 강화**하여 자력 없는 재산 취득 및 부채상환 행위에 대한 검증 수준을 한층 향상시키고, 재산 취득 과정에서 취득 자금으로 인정된 채무 또는 해당 재산에 담보된 채무에 대해서는 자력 상환 여부를 끝까지 확인하여 **채무를 이용한 편법증여를 원천 차단**하도록 하겠습니다. **성실신고가 최선의 절세**이므로 납세자 여러분의 성실한 납세의무 이행을 당부드립니다.

국세청의 과학수사가 가능한 이유 - 금융정보분석원 FIU(Financial Intelligence Unit)

금융정보분석원은 금융위원회 소속으로 지난 2001년 설립되었습니다. 금융정보분석원은 법무부·금융위원회·국세청·관세청·경찰청·한국은행·금융감독원 등에서 파견 나온 전문 인력으로 구성된 별도의 기관입니다. 금융기관 등으로부터 정보를 수집하여 법 집행기관인 검찰청, 경찰청, 국세청, 관세청, 금융위, 중앙선관위 등에 수집한 정보를 제공하는 업무를 주 업무로 하고 있습니다.

금융정보분석원은 자금세탁 등을 막기 위해 금융기관으로부터 크게 2가지 정보를 받습니다.

첫째는 의심거래(Suspicious Transaction Report, STR)입니다. 은행 영업점 직원은 고객이 평소와 다르게 거래하거나 직업, 사업내용 등을 고려했을 때 불법거래로 의심되면 그 내용을 FIU에 보고하고 있습니다.

두 번째는 고액현금거래(Currency Transaction Report, CTR)입니다. 은행에서 일정 금액 이상 현금을 입출금할 때 FIU에 보고하게끔 하는 제도입니다. 현금인출액 기준은 2006년 최초 도입 시에는 5천만 원이었으나, 2008년에 3천만 원, 2010년에 2천만 원, 2019년 7월에 1천만 원으로 단계적으로 낮아졌습니다. 동일 은행에서 하루 동안 1,000만 원 이상의 현금이 입금 및 출금된다면 거래자의 신원과 거래일시, 거래금액 등이 자동으로 FIU에 보고됩니다. 금액을 나눠서 1,000만 원 이하로 여러 번 나누어서 입출금하는 경우도 보고 대상입니다. 990만 원씩 여러 은행을 돌면서 인출하는 경우에는 고액현금거래가 아닌 의심거래로 보고될 수 있다는 점도 기억하시기 바랍니다.

금융정보분석원이 국세청 등 법집행기관 요청으로 고액현금거래정보(CTR)를 제공할 때는 본인에게 해당 내역을 통보해주고 있습니다. 정보제공 통지가 왔다고 하여 반드시 세무조사를 받는 것은 아니지만 국세청에서 예의주시하고 있다는 의미이므로 탈세나 불법으로 볼 수 있는 금융 거래나 행동은 자제하여야 합니다.

05 부모님으로부터 돈을 빌릴 때 이자는 얼마를 줘야 할까?

 "회계사님, 인터넷 보니까 부모가 자녀에게 2억 원까진 이자 없이 빌려줄 수 있다고 하더라고요. 큰딸이 이번에 신혼집 구하는데 저도 자녀한테 빌려주는 걸로 해도 될까요?"

"그런데 빌려주는 걸로 하면 이자는 얼마나 받아야 해요?"

해설

결혼을 앞둔 예비부부가 신혼집을 마련할 때, 부동산을 살 때, 아파트 청약을 받았는데 자금이 부족할 때 등 여유자금이 있는 부모로부터 자금을 빌려오는 경우가 많습니다. 부모로부터 돈을 지원받았지만 부모가 '갚지 않아도 된다'고 했다면 증여입니다. 이 경우 증여세를 납부해야 합니다. 하지만 증여세 내기는 뭔가 아깝다고 생각해서 증여가 아니라 빌린 것, 즉 차용거래로 진행하는 경우가 많습니다. 부모와 자식 간의 차용거래는 형식은 차용이지만 실질은 증여에 가까울 수 있다는 것을 우리도 알고, 세무 당국도 잘 알고 있습니다.

부모 - 자녀 간 거래는 원칙적으로 증여로 본다

세무 당국은 부모와 자녀 간의 차용 거래를 합법적인 자금조달로 인정하지 않습니다. 부모 자녀 간에 실제 자금을 증여했음에도 불구하고 이를 차용(소비대차)으로 위장하고 차용증 작성 등의 입증자료를 만드는 것이 얼마든지 가능하기 때문입니다.

> **상속세 및 증여세법 기본통칙 45-34…1 【자금출처로 인정되는 경우】**
> ① 영 제34조 제1항 각 호에 따라 입증된 금액은 다음 각호의 구분에 따른다.
> 4. 재산취득일 이전에 차용한 부채로서 영 제10조 규정의 방법에 따라 입증된 금액. 다만, 원칙적으로 배우자 및 직계존비속 간의 소비대차는 인정하지 아니한다.

원칙적으로 인정되지 않지만 객관적인 증거자료가 있는 경우에 한해서 예외적으로 인정하고 있습니다. 이때 객관적인 증거라 함은 형식적으로 차용증을 작성하는 것만으로는 부족하고, '실제' 차용이라는 것을 정황 및 증거로 제시할 수 있어야 합니다.

차용증 작성 시 주의사항?

세무서에서는 객관적인 증거로 차용증, 차용증상 변제계획, 담보설정, 이자지급 내역, 자금출처, 자녀의 변제능력 등을 종합적으로 봅니다.

1. 차용증만 작성하면 된다?

차용증을 작성하고 공증만 받으면 세무서에서도 인정해준다고 잘못 알고 계신 분이 많은데, 차용증은 차용을 입증하기 위한 자료에 불과합니다. 이때는 실제 차용이라는 것부터 인정을 받아야 합니다. 이를 위해선 '실제로 자녀가 상환할 수 있는지의 여부'가 가장 중요합니다. 자녀가 부모로부터 빌린 돈을 상환할 능력이 없거나 별다른 상환계획이 없다면 세무 당국에서는 증여로 볼 수밖에 없습니다. 차용증 작성 시 언제까지 얼마를 상환하겠다거나, 차용한 자금으로 부동산을 취득했다면 언제까지 부동산을 매각하여 상환하겠다는 계획이 포함되는 것이 중요합니다. 객관성을 확보하기 위해 금액이 크다면 자녀 소유 재산에 근저당권을 설정하는 것도 좋은 방법입니다.

2. 차용증 작성은 어떻게?

차용증에는 빌리는 금액, 상환일, 상환 방법, 이자율(이자가 없다면 무이자), 이자지급일을 반드시 기재해야 합니다. 상환일자를 10년 이상 장기간으로 잡은 경우 차용으로 인정하지 않은 판례도 있으므로 상환일은 2년 또는 3년으로 작성하고, 그때까지 상환하지 못하면 재연장하는 걸로 차용증을 다시 작성하는 것이 좋습니다.

차용증을 미리 작성하지 않고 있다가 세무 당국에서 자금출처조사가 나온다고 했을 때 급조하는 경우도 있는데 이는 객관적인 증빙으로 인정받기 어렵습니다. 차용증이 차용 시점에 작성되었다는 것을 증명하는 방법으로 법률사무소 공증, 우체국 내용증명, e메일 송부, 등기소 확정일자 등을 사용할 수 있습니다.

참고로 공증 비용은 정해진 요율표에 따르며 전국 어디서나 동일합니다. 사문서 인증 방식으로 진행 시 공증 비용은 1억 원 기준 17만 원이며, 3억 2,600만 원 이상은 모두 상한액인 50만 원이 적용됩니다.

차용증에 이자는 얼마로 기입해야 할까

부모 자녀 간의 차용 거래 시 이자는 서로 협의하여 작성하면 됩니다. 세법에서는 무상대출 등으로 사실상 증여하는 것을 막기 위해 적정 이율(현재 4.6%)을 정해두고 있으며, 적정 이자보다 낮게 받는다면 매년 차액만큼 증여받은 것으로 봅니다. 다만, 그 차액이 연 1,000만 원 미만일 때는 제외합니다.

> **상속세 및 증여세법 제41조의 4 【금전 무상대출 등에 따른 이익의 증여】**
> ① 타인으로부터 금전을 무상으로 또는 적정 이자율보다 낮은 이자율로 대출받은 경우에는 그 금전을 대출받은 날에 다음 각 호의 구분에 따른 금액을 그 금전을 대출받은 자의 증여재산가액으로 한다. 다만, 다음 각 호의 구분에 따른 금액이 대통령령으로 정하는 기준금액 미만인 경우는 제외한다.
> 1. 무상으로 대출받은 경우: 대출금액에 적정 이자율을 곱하여 계산한 금액
> 2. 적정 이자율보다 낮은 이자율로 대출받은 경우: 대출금액에 적정 이자율을 곱하여 계산한 금액에서 실제 지급한 이자 상당액을 뺀 금액

예를 들어 3억 원을 부모에게 빌렸을 때 세법상 적정 이자는 1,380만 원(=3억 원×4.6%, 매월 115만 원)이 됩니다. 무이자로 빌렸다면 매년 적정 이자보다 낮게 받은 금액은 1,380만 원이 되고, 이자 차액이 연 1,000만 원 이상이므로 매년 1,380만 원씩 증여받은 것으로 보아 증여세가 과세됩니다.

하지만 이자를 연 400만 원(월 33만 원)으로 한다면 적정 이자와 실제 이자의 차이는 980만 원으로 연 1,000만 원 미만입니다. 이때는 이자 차액에 대해서 증여세가 과세되지 않습니다.

역산해보면 차용금이 2억 1,700만 원 이하일 때는 적정이자율을 곱해도 연이자가 1,000만 원이 되지 않습니다. 무이자로 진행해도 이자 차액에 대한 증여세는 과세할 수 없습니다. 하지만 이자 지급 사실이 없으므로 과세관청이 애초에 차용이 아닌 증여로 볼 가능성이 높습니다. 차용금이 2억 1,700만 원 이하라도 소액의 이자를 주고받거나, 원리금을 분할상환하는 식으로 차용증을 작성해두는 것이 좋습니다.

한편, 차용에 대한 이자는 소득세법상 이자소득 중 비영업대금의 이익에 해당합니다. 자녀는 부모님에게 이자 지급 시 원천징수(27.5%)를 차감한 후 지급해야 하며, 부모님은 매년 5월 종합소득세 신고 시 수령한 이자에 대한 종합소득세 신고를 해야 합니다. 부모에게 차용을 한다면 소득세 신고 처리 방법까지 미리 생각해두어야 합니다.

06 결혼하면서 3억 원을 세금 없이 받는 방법은?

 재무관리의 핵심 개념 중 하나는 시간에 따른 화폐가치의 변화입니다. 예를 들면 현재의 1,000만 원과 10년 뒤의 1,000만 원은 같은 1,000만 원이 아니라는 겁니다. 현재의 1,000만 원은 은행이자율이 5%일 때 1년 뒤 1,050만 원이 됩니다. 2년 뒤에는 또 5%의 이자가 붙을 테니 1,102.5만 원이 됩니다. 이렇게 5%씩 이자가 붙는다면 10년 뒤에는 1,628만 원이 됩니다. 두말할 나위 없이 현재의 1,000만 원이 10년 뒤의 1,000만 원보다 훨씬 가치가 높습니다.

해설

수많은 재테크 책에서도 최대한 빨리 1억 원 만드는 것을 최우선 목표로 삼으라고 합니다. 목돈은 시간이 흐를수록 눈덩이 효과로 인해 점점 더 빠른 속도로 불어나기 때문입니다. 굳이 경제적인 측면을 고려하지 않더라도 우리나라 정서상 부모님이 여유가 있다면 결혼을 준비하는 자녀를 위해 전세자금을 보태주거나 신혼집을 마련하는 데 도움을 주고 싶어 합니다.

그동안은 자녀를 도와주고 싶어도 증여세가 걱정되어 혼인자금을 직접적으로 지원해주기가 어려웠습니다. 하지만 2024년 1월 1일부터는 혼인출산증여공제 신설로 인해 합법적인 방법으로 3억 원을 지원받을 수 있게 되었습니다.

※혼인/ 출산 증여재산공제

구 분	내 용	비 고
주는 사람(증여자)	직계존속	부모 / 조부모 모두 가능
받는 사람(수증자)	직계비속	본인
기준일	혼인신고일 전후 2년 자녀 출생일부터 2년	결혼일자 X 입양은 입양신고일 기준
공제금액	통합 1억원	
합산기간		해당없음

혼인출산증여공제는 직계존속인 부모, 조부모, 외조부모가 증여할 때 적용됩니다. 결혼을 했다면 혼인신고일 전후 2년 이내, 자녀를 낳았다면 자녀 출생일부터 2년 이내 직계존속으로부터 1억 원까지 세금 없이 받을 수 있습니다. 이는 2024년 1월 1일 이후 증여분부터 적용이 되므로 2023년 이전에 증여한 금액에 대한 소급 적용은 되지 않습니다.

부부라도 증여재산공제는 각각 적용됩니다. 남편은 남편대로 본인의 부모로부터 1억 원을 받을 수 있고, 아내는 아내대로 본인의 부모로부터 1억 원을 받을 수 있습니다. 또한 혼인출산 증여공제는 종전의 증여재산공제와는 별도이므로 10년 이내 부모로부터 증여받은 재산이 없다면 각각 5천만 원을 증여세 없이 받을 수 있습니다. 여유만 된다면 양가를 합하여 총 3억 원까지 증여받을 수 있는 것입니다.

혼인증여 재산공제를 받은 후 혼인을 하지 않는다면?

결혼 준비과정에서 마음이 맞지 않아 파혼하는 경우도 종종 생깁니다. 결혼자금으로 부모로부터 1억 원을 이미 증여를 받은 후 증여세 신고까지 하였지만 혼인을 하지 못한다면 어떻게 될까요?

이때는 2가지 방법이 있습니다.

첫 번째는 다시 부모에게 돈을 돌려주는 것입니다.

부득이한 사유로 혼인을 하지 못했다면 그 사유가 발생한 달의 말일부터 3개월 이내에 부모에게 돈을 돌려주면 됩니다. 이때는 처음부터 증여가 없었던 것으로 봅니다. 혼인을 하지 못한 '부득이한 사유'는 다음 페이지와 같습니다.

◎ Case Study

> ◈ 약혼자의 사망 등 대통령령으로 정하는 부득이한 사유
>
> 1. 약혼자의 사망
>
> 2. 「민법」 제804조 제1호부터 제7호까지의 약혼해제 사유
>
>> 1호. 약혼 후 자격정지 이상의 형을 선고받은 경우
>>
>> 2호. 약혼 후 성년후견개시나 한정후견개시의 심판을 받은 경우
>>
>> 3호. 성병, 불치의 정신병, 그 밖의 불치의 병질(病疾)이 있는 경우
>>
>> 4호. 약혼 후 다른 사람과 약혼이나 혼인을 한 경우
>>
>> 5호. 약혼 후 다른 사람과 간음(姦淫)한 경우
>>
>> 6호. 약혼 후 1년 이상 생사(生死)가 불명한 경우
>>
>> 7호. 정당한 이유 없이 혼인을 거절하거나 그 시기를 늦추는 경우
>>
>> 8호. 그 밖에 중대한 사유가 있는 경우
>
> 3. 그 밖에 혼인할 수 없는 중대한 사유로서 국세청장이 인정하는 사유

두 번째는 돈을 돌려주지 않고 증여세 신고를 다시 하는 것입니다.

증여를 받고 2년 이내에 혼인하지 못했다면 혼인증여공제를 적용받지 못하므로 기존에 증여받은 1억 원에 대한 증여세를 내야 합니다. 증여세 수정신고는 증여일부터 2년이 되는 날이 속하는 달의 말일부터 3개월이 되는 날까지 해야 합니다.

원래대로라면 1억에 대한 증여세 외에 과소신고가산세, 납부지연가산세를 모두 내야 합니다. 하지만 혼인 취소는 본인의 귀책 사유가 아닐 수 있으므로 원래 냈어야 할 증여세와 그에 대한 이자상당액만 가산하여 납부합니다.

> 이자상당액 = (수정신고일 - 최초 증여세 과세표준 신고기한의 다음 날) ×
> 납부지연가산세 이자율 (현재 22/10000, 연 환산 시 약 8%)

07 자금출처조사를 안하는 기준금액이 있다?

"회계사님, 증여하고 신고 안 해도 세무서에서 일정 금액 밑으로는 조사 안 한다고 하던데 맞나요?"

해설

최근 SNS에 너무나 많은 정보가 있다 보니 진짜 정보를 판단하기는 되려 어려워진 것 같습니다. 특히 세금은 나의 지출과 직접적으로 연관이 있다 보니 출처가 명확하더라도 2중, 3중으로 검증해 볼 필요가 있습니다. 위 문의처럼 증여 후 무신고 시 일정 금액까지는 세무조사가 나오지 않는다는 속설은 **[자금출처조사 배제기준]**을 잘못 해석한 것입니다.

자금출처조사란?

국세청은 세금을 부과징수하는 기관이지 우리를 감시하는 곳이 아닙니다. 자녀에게 증여 후 신고를 하지 않는다면 국세청이 이를 실시간으로 알 수는 없습니다. 다만, 앞서 설명드린 PCI 시스템으로 근로소득 및 종합소득세 신고, 부동산 소유권 이전 내역, 전월세 신고금액 등으로 자녀의 재산 상태를 간접적으로 추정하여 증여 탈루금액을 예측할 수 있습니다.

세무 당국은 직업이나 연령, 소득을 감안할 때 자녀가 재산을 스스로 취득하거나 채무를 스스로 상환했다고 보기 어려운 경우 일단 누군가로부터 증여받은 것으로 추정합니다. 세무서에서 1차적으로 자금출처 소명자료를 요구하고, 만일 소명자료로 자금출처 입증이 되지 않으면 자금출처조사를 하여 증여세를 과세하고 있습니다.

자금출처조사 배제 기준금액이 있다?

세무공무원 인원과 업무량을 감안하면 모든 증여추정 건에 대해 자금출처조사를 진행할 수는 없습니다. 도둑 1명을 잡기 위해 경찰은 10명이 있어도 부족합니다. 숨기는

증여세

08

건 쉽지만 찾기는 훨씬 어렵다는 뜻입니다. 행정력을 고려하여 세무 당국은 가이드라인을 두고 있습니다. 연령대를 감안하여 해당 나이대에 일정 규모의 자산 취득, 채무상환은 할 수 있다고 보는 것입니다. 가령 40세 남성이 집을 샀다면 20~30대에 벌어둔 소득이 있었을 테고, 3억 원 정도의 주택은 충분히 자기 돈으로 살 수 있었을 거라고 보는 겁니다.

상속세 및 증여세 사무처리규정, 제42조 증여추정배제기준

구 분	취득 재산		채무 상환	총액 한도
	주 택	기타 재산		
30세 미만	5,000만 원	5,000만 원	5,000만 원	1억 원
30세 이상	1.5억 원	5,000만 원	5,000만 원	2억 원
40세 이상	3억 원	1억 원	5,000만 원	4억 원

하지만 [증여추정 배제기준]을 이 금액 이하로는 증여를 해도 문제가 없다는 식으로 오해를 해서는 곤란합니다. 그렇다면 자녀한테 10년간 5천만 원까지 증여재산공제가 가능하다는 규정을 둘 이유도 없습니다. 상기 금액은 나이대별로 증여로 추정하지 않

는 기준금액에 불과하며, 이와 관계없이 부모님 등으로부터 증여를 받아 재산을 취득하거나 채무를 상환했다면 증여세 과세 대상이 됩니다.

참고로 2023년 11월 기준 서울 아파트 평균 매매가격은 12억 원이 넘습니다. 수도권 소재 주택이라면 애초에 가격이 높기 때문에 증여추정배제기준 금액을 기대하여 증여세 신고를 하지 않는 것은 무리가 있습니다.

자금출처조사 대상에 선정된다면?

자금출처조사 대상자로 선정되면 우선 세무서로부터 '재산취득자금 출처에 대한 사전안내문'을 받게 됩니다. 사전안내문을 받게 되면 자금출처를 입증할 수 있는 증빙자료를 첨부하여 세무서에 제출해야 합니다.

증빙자료는 근로소득, 퇴직소득, 이자배당소득 원천징수내역, 대출이 있다면 부채증명서, 임대차계약서 등이 있지만 사실 웬만한 자료는 세무 당국도 알고 있습니다. 자금출처조사가 나왔다는 것 자체가 이를 모두 고려한 후에 나온 것입니다. 증여 사실이 있다면 추징을 염두에 두고 마음의 준비를 하시는 것이 좋습니다. 다만 상장주식이나 코인 매매차익 등은 과세 관청이 일일이 파악하기 힘들 수 있으므로 거래 사실이 있다면 적극적으로 소명하여 증여추징금액을 최소화할 필요가 있습니다.

08 증여세가 많이 나올 땐 나눠서 내자

증여를 받았다면 받는 사람(수증인)은 증여일이 속한 달의 말일로부터 3개월 이내 증여세를 신고 및 납부하여야 합니다. 증여세는 증여재산금액에 따라 누진세율이 적용됩니다. 받는 사람이 누구인지에 따라 증여재산공제 및 신고세액공제를 차감하면 예상증여세액은 286p, 287p 페이지와 같습니다.

해설

증여세의 누진구조에 따라 받는 금액이 커질수록 실효세율은 급격히 높아집니다. 증여세는 받는 사람이 내는 세금이고, 현금으로 증여를 받는다면 그중 일부로 증여세를 납부하면 됩니다. 하지만 부동산이나 주식 등 당장 현금화하기 어려운 자산을 증여받을 때는 증여세를 일시에 납부하기 어려울 수가 있습니다.

이런 경우에는 분납과 연부연납 방식을 통해 증여세를 나눠서 낼 수 있습니다.

분납 : 2달 이내 나눠 낼 수 있다

납부할 증여세액이 1,000만 원이 넘는 경우에는 납부할 세금 일부를 납부기한이 지난 후 2개월 뒤에 분할납부할 수 있습니다.

분납은 별도의 허가 절차가 없으며, 증여세를 신고할 때 증여세 과세표준신고서 **우측 하단 47번 항목에 분납금액을 표기**하여 제출하면 됩니다.

단, 최초 납부기한까지 최소 1,000만 원은 납부해야 합니다. 예를 들어 증여세가 1,500만 원이라면 최초 납부기한까지 1,000만 원을 납부하고 이후 2달 이내 500

㊹ 공익법인 등 관련 가산세 (「상속세 및 증여세법」 제78조)		
㊺ 자진 납부 할 세 액 (합계액) (㉞ + ㉟ - ㊱ - ㊲ + ㊷ + ㊸ + ㊹)		
납부방법	납부 및 신청일	
㊻ 연 부 연 납		
현금	㊼ 분 납	
	㊽ 신고납부	

「상속세 및 증여세법」 제68조 및 같은 법 시행령 제65조제1항에 따라 증여세의 과세가액 및 과세표준을 신고하며, 위 내용을 충분히 검토하였고 신고인이 알고 있는 사실을 그대로 적었음을 확인합니다.

　　　　　년　　　월　　　일
신고인　　　　　　　　　　　(서명 또는 인)

세무대리인은 조세전문자격자로서 위 신고서를 성실하고 공정하게 작성하였음을 확인합니다.
세무대리인　　　　　　　　　(서명 또는 인)

세무서장 귀하

만 원을 내는 것입니다. 증여세가 2,000만 원이 넘는다면 최초 납부기한까지 50% 이상을 납부한 후, 이후 2달 이내 나머지를 내야 합니다.

연부연납 : 5년간 나눠 낼 수 있다

증여세 금액이 2,000만 원을 넘어간다면 연부연납 방식으로 납부할 수 있습니다. 연부연납은 세금을 수년간 나누어 매년 1회씩 납부하는 방식입니다. 현재 상속세는 10년, 증여세는 5년에 걸쳐 연부연납 신청을 할 수 있습니다. 연부연납 신청 시 최초 납입분은 (연부연납기간+1)로 나눈 금액 이상을 납입해야 하며, 매년 납부세액은 1,000만 원을 넘어야 합니다.

예를 들어 증여세가 4,000만 원이라면 연부연납은 3년까지 신청할 수 있습니다. 최초 납부기한까지 1,000만 원을 납부하고, 다음 해부터 3년간 1,000만 원씩 납부하게 됩니다. 최초 납부 시 1,500만 원을 냈다면 연부연납 대상 금액은 2,500만 원이므로 3년이 아닌 2년까지만 연부연납 신청을 할 수 있습니다.

연부연납 신청 시 알아둬야 할 사항이 3가지 있습니다. 첫째 연부연납은 허가를 받아야 하고, 둘째 무이자는 아니라는 것, 셋째 담보를 제공해야 한다는 것입니다. 우선 연부연납은 관할 세무서장 허가사항입니다. 납세자는 증여세 신고 시 연부연납허가신청서를 제출하면서 신청하고, 세무서에서는 법정결정기한(신고기한 이후 6개월) 이내 납세자에게 허가 여부를 통지하게 됩니다. 세무서 담당자에 따라 다르지만, 통상 결정기한이 가까워지는 시점에 통지를 받습니다. 증여세는 신고기한이 3개월, 결정기한이 6개월이므로 증여일을 기준으로 약 9개월 정도 뒤에 세무서로부터 연락을 받게 됩니다.

다음은 이자율입니다.

최초 증여세액 납부 이후 이듬해부터 연부연납세액 납부 시 본세와 함께 가산금을 더하여 납부해야 합니다. 가산금 이자율은 매년 기획개정부에서 세법 시행규칙 개정안을 통해 발표하고 있으며, 현재는 3.5%입니다.

※연도별 가산금 이자율

기 간	2018.3.19 ~	2019.3.20 ~.	2020.3.13 ~	2021.3.16 ~	2023.3.20 ~	2024.3.22 ~
가간금	1.8%	2.1%	1.8%	1.2%	2.9%	3.5%

마지막, 납세담보를 제공해야 합니다.

증여세 신고 시 연부연납신청서와 함께 납세담보제공서도 제출합니다. 납세담보로 유가증권, 납세보증서, 부동산 등을 제공할 수 있으나 현실적인 이유로 대부분 부동산

※증여금액별 세액 비교표

증여재산금액	배우자	아들/딸
		성년
10,000,000	–	–
20,000,000	–	–
30,000,000	–	–
40,000,000	–	–
50,000,000	–	–
60,000,000	–	970,000
70,000,000	–	1,940,000
80,000,000	–	2,910,000
90,000,000	–	3,880,000
100,000,000	–	4,850,000
200,000,000	–	19,400,000
300,000,000	–	38,800,000
400,000,000	–	58,200,000
500,000,000	–	77,600,000
600,000,000	–	101,850,000
700,000,000	9,700,000	130,950,000
800,000,000	29,100,000	160,050,000
900,000,000	48,500,000	189,150,000
1,000,000,000	67,900,000	218,250,000
1,500,000,000	203,700,000	407,400,000
2,000,000,000	388,000,000	601,400,000
2,500,000,000	582,000,000	795,400,000
3,000,000,000	776,000,000	989,400,000

국세청 손택스 세금모의계산

을 제공하고 있습니다. 부동산 가액에서 임차보증금, 근저당권 등을 차감한 금액이 연부연납세액의 120% 이상이 되어야 납세담보로 제공할 수 있습니다. 부동산 가액은 상증세법상 평가액을 준용하여 시가가 있다면 시가로, 없으면 공시가격 등의 보충적 평가 방법으로 평가합니다.

(단위: 원)

아들/딸	손자/손녀		기타친족
미성년	성년	미성년	(사위, 며느리)
–	–	–	–
–	–	–	970,000
970,000	–	1,261,000	1,940,000
1,940,000	–	2,522,000	2,910,000
2,910,000	–	3,783,000	3,880,000
3,880,000	1,261,000	5,044,000	4,850,000
4,850,000	2,522,000	6,305,000	5,820,000
5,820,000	3,783,000	7,566,000	6,790,000
6,790,000	5,044,000	8,827,000	7,760,000
7,760,000	6,305,000	10,088,000	8,730,000
25,220,000	25,220,000	32,786,000	27,160,000
44,620,000	50,440,000	58,006,000	46,560,000
64,020,000	75,660,000	83,226,000	65,960,000
83,420,000	100,880,000	108,446,000	85,360,000
110,580,000	132,405,000	143,754,000	113,490,000
139,680,000	170,235,000	181,584,000	142,590,000
168,780,000	208,065,000	219,414,000	171,690,000
197,880,000	245,895,000	257,244,000	200,790,000
226,980,000	283,725,000	295,074,000	229,890,000
419,040,000	529,620,000	544,752,000	422,920,000
613,040,000	781,820,000	796,952,000	616,920,000
807,040,000	1,034,020,000	1,049,152,000	810,920,000
1,001,040,000	1,286,220,000	1,301,352,000	1,004,920,000

증여세

08

09 주택을 증여할 땐 부담부증여를 활용하자

 세금에 관심이 있는 분이라면 '부담부증여'를 통해 절세할 수 있다는 내용의 기사를 한 번쯤 읽어보셨을 겁니다. 부담부증여를 단어 그대로 해석하면 증여는 증여인데 '무언가'를 부담하는 조건의 증여라는 뜻입니다. 여기에서의 '무언가'는 해당 증여재산에 걸려있는 채무로 담보대출, 전세보증금 등이 해당됩니다.

해설

채무 없이 순수 부동산만 증여하는 것을 '**단순증여**'라고 하고, **부동산에 설정된 담보대출이나 보증금을 함께 증여**하는 것을 '**부담부증여**'라고 합니다. 임차인이 살고 있는 주택을 자녀에게 증여하면서 임차보증금을 부모가 상환한다면 자녀에게는 주택만 준 것이므로 단순증여가 되고, 보증금을 자녀가 상환해야 한다면 부모가 갚아야 할 채무(보증금)도 넘긴 것이므로 부담부증여가 됩니다.

단순증여는 재산을 증여하는 부모가 낼 세금이 전혀 없습니다. 받는 자녀만 취득세와 증여재산에 대한 증여세를 냅니다. 부담부증여는 부모가 갚아야 할 채무를 자녀에게 넘겼으므로 채무 이전만큼을 양도로 봅니다. 부모는 채무 부분에 해당하는 양도세를 내며, 받는 자녀는 취득세와 채무 부분을 제외한 증여재산에 해당하는 증여세를 냅니다.

부담부증여는 단순증여와 비교해봤을 때 양도세를 추가 부담하지만, 세금을 내는 사람이 늘어나는 만큼 세금분산효과가 발생하여 절세효과가 발생하게 됩니다.

부담부로 인정되는 채무는?

부담부증여의 채무로 인정받기 위해서는 4가지 요건이 필요합니다.

① 증여자 본인의 채무일 것

② 증여일 현재 존재하는 채무일 것

③ 해당 증여재산에 담보된 채무일 것

④ 수증자가 채무를 실제로 인수할 (능력이 있을) 것

채무는 증여일 현재 재산을 주는 사람의 채무로써 해당 재산의 담보대출이나 임차인의 임차보증금을 말합니다. 담보 대출이 아닌 일반대출이나 신용대출, 담보로 설정되어 있지만 부모의 채무가 아닌 제3자의 채무(담보제공)인 경우에는 부담부 채무로 인정되지 않습니다. 부담부증여를 위해 증여 직전에 형식적으로 금융기관으로부터 대출을 받고 근저당권을 설정할 수도 있습니다. 하지만 이때도 부모가 대출 사용처를 입증하지 못한다면 증여자의 진정한 채무로 볼 수 없어 부담부증여로 인정하지 않는다는 판례도 있으니 주의해야 합니다.

등기사항전부증명서상 담보대출 명의를 채무자에서 자녀로 변경하지 않았다 하더라도 실제 재산을 증여받은 후 자녀가 해당 대출 이자를 부담하고 있는 것이 입증된다면 부담부 채무로 인정받을 수 있습니다. 하지만 자녀가 납입 중인 이자 내역 등을 보내주기 전까지는 세무서 조사관은 이 사실을 확인할 수 없기 때문에 다툼이 있을 수 있습니다. 가능하다면 증여계약서에 대출 인수 여부를 확실히 명기하고 은행에 방문하여 채무자 명의도 변경하는 것이 좋습니다. 실무상 **자녀의 소득에 따라 DSR 규정이 적용**되어 **채무승계가 불가능한 경우도** 있으니 증여를 하기 전에 은행에 방문하여 채무승계 가능 여부를 확인해봐야 합니다. 자녀가 별다른 소득이 없는 미성년자 등이라면 담보대출 상환능력이 없는 것으로 보아 부담부 채무로 인정하지 않습니다.

부담부증여가 얼마나 유리할까?

시세 20억 원 아파트, 취득가격 5억 원, 10년 보유, 임차인 전세보증금 10억 원인 경우로 예를 들어보겠습니다.

1. 단순증여

성년인 자녀에게 단순증여한다면 증여세는 다음과 같습니다.

① 증여재산 20 억 원입니다.

② 증여재산공제 5천만 원(직계존속 쿠폰) 차감합니다.

③ 19.5억 원에 대해 40%를 곱하고 누진공제 1.6억 원을 차감하면 산출세액은 6.2억 원입니다.

④ 신고세액공제 1,860만 원(= 6.2억 원 × 3%)을 차감한 후 6억 140만 원을 납부합니다.

2. 부담부증여

부담부증여 시 부모는 전세보증금 10억 원에 대한 양도소득세를 내며, 자녀는 시세 20억 원에서 보증금 10억 원을 공제한 10억 원에 대해 증여세를 납부합니다.

1) 증여세

① 증여재산 10억 원입니다.

② 증여재산공제 5천만 원(직계존속 쿠폰) 차감합니다.

③ 9.5억 원에 대해 30%를 곱하고 누진공제 6,000만 원을 차감하면 산출세액은 2.25억 원입니다.

④ 신고세액공제 675만 원(=2.25억 원×3%)을 차감한 후 2억 1,825만 원을 납부합니다.

2) 양도세

① 부담부증여의 양도금액은 증여가액×(채무인수액/증여가액)입니다. 증여가액은 시세 20억 원이므로 양도금액은 10억 원이 됩니다.

② 부담부증여의 취득금액은 실지취득가액×(채무인수액/증여가액)입니다. 취득금액은 2.5억 원 (=5억 원×10억 원/ 20억 원)이 됩니다.

③ 양도차익은 7.5억(=10억 원 – 2.5억 원)이며, 장기보유특별공제 1.5억 원(표1, 연 2%×10년)과 기본공제 250만 원을 적용할 시 과세표준은 5억 9,750만 원이 됩니다.

④ 세율 42%를 곱하고 누진공제 3,594만 원을 차감하면 2억 1,501만 원, 지방세 10%를 가산하면 2억 3,651만 원을 양도세로 내야 합니다.

부담부증여 시 양도세와 증여세를 합하면 총 4억 5,476만 원으로, 단순증여를 할 때 증여세인 6억 140만 원보다 1억 4,664만 원이나 더 절세할 수 있습니다.

위 사례에서는 양도세 일반과세를 가정했지만, **부모가 1세대 1주택 비과세가 적용된다면 절세액은 더욱 커집니다.** 반대로 부모가 양도소득세 중과세 대상이라면 단순증여보다 불리해질 수도 있습니다. **부담부증여의 핵심은** 자녀가 아닌 '**부모의 양도세**'라는 것을 명심해야 합니다.

또한 단순증여 취득세율은 3.8%(85제곱미터 이하)지만, 자녀가 무주택(혹은 비규제지역 1주택자)이라면 부담부증여 시 보증금 10억 원에 대해선 3.3%의 취득세율이 적용되어 취득세 측면에서도 절세효과를 누릴 수 있습니다.

부담부증여 시 주의사항은?

부담부증여에서 증여세를 낮출 수 있는 이유는 받는 사람이 실질적으로 채무를 인수하기 때문입니다. 세무 당국에서는 부담부증여의 채무에 대해 사후관리를 하고 있습니다. 부담부증여 후에도 부모가 이자를 계속 내고 있거나 임차인 보증금을 부모가 상환한다면 부담부증여가 아닌 단순증여로 보아 증여세와 가산세를 부과합니다. 보증금을 부모가 아닌 조부모, 삼촌 등을 통해 우회하여 상환한 경우에도 또 다른 증여 이슈가 발생할 수 있습니다.

부담부증여를 받은 자녀가 10년 이내에 해당 자산을 제3자에게 양도하게 된다면 어떻게 될까요? 이 경우 증여 부분에 대해서는 이월과세 대상이 됩니다. 자녀가 증여받을 때의 금액이 아니라 애당초 증여한 부모의 취득금액으로 양도세를 계산한다는 뜻입니다. 단기간 내에 부동산을 양도할 계획이 있다면 취득세를 포함한 거래비용, 이월과세 적용 시 양도세까지 검토해야 한다는 것을 꼭 기억합시다.

증여세

08

10 증여를 취소해도 세금을 낼까?

자녀에게 증여를 한 후 부득이한 사정으로 취소를 하면서
다시 증여재산을 반환받는 경우가 있습니다.
이럴 때도 증여세는 내야 할까요?

해설

한두 푼도 아닌 자산을 누가 줬다가 취소하겠냐 싶지만 의외로 **증여재산 반환 사례**
는 많습니다. 자녀에게 부동산을 증여한 후 관계가 나빠져 증여를 취소하는 경우도 있
고, 몇 년 전 한국판 '세기의 결혼식' 주인공이었던 재벌가 장녀 A 씨의 사례처럼 결혼
8개월 만에 이혼을 하여 아버지로부터 받은 주식을 다시 반환하는 사례도 있습니다.

금전 증여는 증여재산 반환이 인정되지 않는다

증여 반환 시 증여세는 재산 종류에 따라 다르게 처리됩니다. 증여재산이 금전이라
면 증여 반환은 인정되지 않습니다. 최초 증여와 반환 모두 증여로 보아 증여세를 과세
합니다.

'금전' 증여라 함은 자녀에게 현금을 지급하거나 계좌이체로 증여하는 경우입니다.
돈에 이름이 쓰여 있는 것도 아닐 테니 '당초 증여받은 금전'과 '반환하는 금전'이 같은
돈인지 확인할 수가 없습니다. 또한 금전은 증여와 반환이 용이해 증여세의 신고 기한
내 증여와 반환을 반복하는 방법으로 증여세를 회피할 수도 있습니다. 이런 이유로 대
법원 판례에서도 금전의 증여 취소는 인정하지 않으며, 증여 및 반환 시 각각 증여세를
부과하고 있습니다.

증여받은 부동산은 3개월 내 반환 시 증여세가 부과되지 않는다

반환재산이 금전이 아닌 부동산 등이라면 증여세는 신고기한을 기준으로 달라집니
다. 증여세 신고기한은 증여일이 속한 달의 말일로부터 3개월입니다.

1. 신고기간 내에 반환할 시

2월 20일에 증여를 받았다면 5월 31일이 신고기한입니다. 신고기한 전에 증여를 취소하고 재산을 반환하는 경우에는 애초에 증여가 없었던 것으로 봅니다. 당초 증여세 및 반환 시 증여세 모두 과세되지 않습니다. 단, 증여세 신고를 미리 하여 세무서 담당자가 결정기한(증여세 신고기한 후 6개월)에도 불구하고 조기에 과세표준과 세액을 결정하였다면 증여 취소는 인정되지 않고 당초의 증여세가 과세됩니다.

2. 신고기간 후 3개월 이내에 반환할 시

다음은 과세표준 신고기한이 지난 후 3개월 이내입니다. 예시 기준으로 8월 31일까지입니다. 이 기간 동안 증여자에게 반환하는 경우에는 당초 증여는 인정되고 증여세도 납부해야 하지만, 반환에 대해서는 증여세를 부과하지 않습니다.

3. 신고기간 이후 3개월 경과 후 반환할 시

마지막 과세표준 신고기한이 지난 후 3개월 후 반환하는 경우입니다. 예시 기준으로 9월 1일 이후 반환할 때입니다. 이때는 증여재산 반환을 또 다른 증여로 봅니다. 당초 증여에 대해서도 증여세를 내야 하고, 반환 시에도 증여세를 내야 합니다.

한편, 증여재산이 부동산이라면 취득세 납부와 함께 소유권이전등기까지 진행됩니다. 취득세 자체는 취득 사실에 대한 과세로 증여재산 반환과는 무관합니다. 그렇기에 일단 납부한 취득세는 환급되지 않습니다.

반환받은 증여재산을 양도할 때 취득시기와 취득금액은

부모가 자녀로부터 증여재산을 반환받은 후 제3자에게 파는 경우에는 양도세 계산이 복잡해집니다. 증여재산을 언제 반환받았는지에 따라 취득시기와 취득금액이 달라집니다.

1. 신고기간 내에 반환하였다면

증여세 신고기한 이내 반환을 받았다면 애초에 증여는 없던 것으로 봅니다. 재산의 취득시기는 최초 부모의 취득 시점이며, 취득금액 또한 부모의 취득금액이 됩니다.

증여세

08

2. 신고기간 경과 후에 반환하였다면

증여세 신고기한이 지난 뒤 반환을 했다면 자녀에게 준 최초 증여는 인정된 것입니다. 다시 3개월이 경과하여 반환에 대한 증여세를 내는 지의 여부와는 상관없이 최초 증여는 인정되었으므로 일단 자녀 소유재산이 된 것입니다. 이 재산을 다시 부모가 반환받은 것이므로 부모의 증여재산 취득시기는 '반환한 날'이 됩니다. 새로이 자산을 취득한 것으로 보는 것입니다. 기존에 부모가 자산을 얼마나 오래 보유했는지는 고려되지 않습니다.

증여받은 후 10년(2022년 이전 증여는 5년) 이내 양도시 이월과세도 적용됩니다. 이월과세 적용 시 취득시기 및 취득금액은 반환한 자녀의 취득시기 및 취득가액(증여재산평가액)이 됩니다.

증여재산을 반환 또는 재증여한 경우

반환 및 재증여 시기		당초 증여 증여세 과세	반환 증여 증여세 과세
금전	시기 무관	○	○
금전 외	증여세 신고기한 이내 (증여받은 날이 속하는 달의 말일부터 3개월 이내)	X	X
	신고기한 경과 후 3개월 이내 (증여받은 날이 속하는 달의 말일부터 6개월 이내)	○	X
	신고기한 경과 후 3개월 후 (증여받은 날이 속하는 달의 말일부터 6개월 후)	○	○
	증여재산 반환 전 증여세가 결정된 경우	○	○

11 축의금, 용돈도 증여일까?

부모가 자녀의 전세자금, 주택 취득자금을 지원해준다면
누가 보아도 증여입니다.

세무 당국과 납세자 간의 다툼이 생길 여지가 별로 없습니다. 하지만 어렸을 때부터 받은 용돈이나 결혼식 축의금처럼 증여인지 아닌지 판단하기 어려운 경우는 충분히 다툼의 소지가 될 수 있습니다. 사례를 들어보겠습니다.

해설

◎ Case Study

A씨는 유복한 환경에서 자랐습니다. 할아버지가 6.25 전쟁 이후 힘들게 시작한 무역업이 성공을 거두고, 여유자금으로 사둔 땅도 개발이 되면서 더 이상 일을 하지 않아도 될 정도의 자산가가 되었습니다. 할아버지의 지원으로 미국 유학을 다녀온 아버지와 고모는 모두 대학교수가 되었습니다. A씨는 어렸을 때부터 할아버지와 친척으로부터 적지 않은 용돈을 받았고, A씨의 부모님은 그 돈을 고스란히 A씨의 통장에 저축하였습니다. 대기업에 취업을 하게 된 A씨는 그동안 모은 용돈이라며 3억 원을 부모님에게 받았고, 이 돈으로 본격적으로 부동산 투자를 해보려고 합니다. 하지만 부동산 취득 시 세무 당국의 자금출처조사 대상이 될 수 있다는 얘기를 듣고 고민에 빠졌습니다.

◎ Case Study

B씨는 결혼정보회사를 통해 만난 남편과 최근에 결혼식을 올렸습니다. 부모님은 사업을 오랫동안 해온 터라 결혼식에 많은 손님이 오셨습니다. 식장 내에 자리가 부족해서 식사도 못하고 축의금만 주고 가신 분도 많았습니다.

B씨는 식을 마치자마자 신혼여행을 떠났고 결혼 준비로 지친 몸과 마음을 회복하는 즐거운 여행을 마치고 돌아왔습니다. 돌아온 후 결혼식에 참석해준 지인들에게 감사의 인사를 전하려고 축의금을 정리해보니 2억이 넘었습니다. 사업을 하시는 부모님 손님이 많았던 데다 축의금 단위도 컸기 때문이었습니다. 부모님은 너의 결혼식에 들어온 돈이니 B씨가 돈을 다 가지면 된다고 하시지만, B씨는 축의금을 다 가지게 되면 세무서에서 증여세 조사가 나오진 않을까 걱정스럽습니다.

증여세는 2004년부터 완전포괄주의를 택하고 있습니다. 법에서 일일이 증여항목을 정해두지 않아도 사실상 증여에 해당한다면 증여세를 부과할 수 있다는 의미입니다. 대신 증여세가 과세되지 않는 항목을 열거하고 있는데, **실무에서 가장 적용하기 애매한 것이 5호 '사회통념상'의 금액들**입니다.

상속세 및 증여세법 제46조【비과세되는 증여재산】
다음 각 호의 어느 하나에 해당하는 금액에 대해서는 증여세를 부과하지 아니한다.
5. 사회통념상 인정되는 이재구호금품, 치료비, 피부양자의 생활비, 교육비, 그 밖에 이와 유사한 것으로서 대통령령으로 정하는 것

'사회통념'은 법률에서 많이 쓰이는 단어로, 해석하자면 사회구성원의 일반상식 정도가 됩니다. 사회구성원이라면 너도나도 모두 비슷하게 생각하고 있는 것들을 말합니다. 사회통념은 일견 합리적인 기준으로 보이지만 실상은 유동적인 기준입니다. 각자의 상황에 따라서 달라집니다. 수백만 원짜리 명품 원피스도 재벌가 자녀가 입는다면 '검소한 편'이라고 할 수 있지만, 일반인이 입으면 '사치'가 됩니다.

시대에 따라서도 달라질 수 있습니다. 극단적인 예로 1500년대 유럽에서 일어난 마녀 사형을 들 수 있습니다. 반사회적인 늙은 여자들이 주술을 걸고 고약한 저주를 내린다고 의심하며 수백 명을 화형시킨 것도 그 당시 사회통념에서 기인된 것입니다.

위 5호에 따라 용돈을 포함한 피부양자의 생활비, 교육비, 축의금 등은 증여세 비과세 대상입니다. 그렇다면 **사회통념상 얼마까지 비과세 한도로 인정**받을 수 있을까요?

각자 상황에 따라 다르겠지만 세법에서 정해둔 기준금액은 증여재산공제액입니다. 성년 자녀에게는 증여재산공제 5천만 원이 적용됩니다. 용돈을 1년에 500만 원씩 10년을 준 경우 총 5천만 원입니다. 이 정도 규모의 용돈은 10년 치를 모아 봤자 세무서 입장에서 추징할 세액이 없기 때문에 세무조사가 나오지 않습니다.

A씨처럼 받은 용돈이 3억 원에 육박한다면 언제든지 증여세 조사대상에 선정될 수 있습니다. 용돈은 조금씩 나누어 받았기 때문에 세무 당국이 이를 적시에 파악할 순 없지만 부동산을 사는 순간 국세청 PCI 시스템 등으로 자금출처조사 대상에 선정될 수 있습니다.

또한 A씨처럼 사회생활을 시작하여 더 이상 부모가 자녀를 부양할 의무가 없는 경우에는 자녀에게 주는 용돈도 증여세 과세 대상입니다. 자녀의 월급은 모두 저축하고 부모의 신용카드로 자녀가 생활비를 쓰는 경우도 종종 있습니다. 이는 과세당국이 파악하기 쉽지 않고, 증여재산가액 규모를 확정하기도 어려운 측면이 있지만 자금출처조사가 나온다면 카드사용 금액 모두 증여로 볼 수 있다는 사실도 명심해야 합니다.

B씨가 수령하는 축의금도 증여세로 추징될 수 있습니다. 판례를 보면 축의금은 일시에 많은 비용을 쓰게 되는 혼주의 경제적 부담을 덜어 주기 위해 친분이 있는 하객으로부터 받는 금품으로 보고 있습니다. 원칙적으로 부모의 귀속으로 본다는 것입니다. 축의금 액수가 크다면 부모 측 손님과 본인의 손님을 나누어 관리하고 증빙으로 방명록도 보관해두어야 합니다. 하지만 하객 규모와 생활 수준 대비 과하지만 않다면 세무당국에서도 굳이 문제로 삼진 않고 있습니다. 또한 하객이 본인에게 준 축의금은 대부분 상증세법상 면제기준인 50만 원 미만에 해당하므로 별도의 증여세가 부과되지 않습니다.

증여세

08

12 부모님 소유의 주택에 자녀가 공짜로 산다면?

KB부동산 주택가격동향에 따르면, 2024년 2월 서울 아파트 평균 전세 가격은 5억 9,113만 원입니다. 대기업 직원의 월평균소득은 591만 원이지만, 대기업은 국내 전체 기업의 1%가 채 되지 않습니다. 중소기업의 평균소득은 대기업의 절반 수준에 불과합니다. 종합해보면 사회초년생이나 결혼을 앞둔 예비부부가 부모의 도움 없이 아파트에서 시작하기는 어렵다는 뜻입니다.

해설

부모님이 집을 여러 채 가지고 있거나 귀농 등으로 다른 지역에서 거주할 때 부모님 집에 자녀가 거주하는 경우가 있습니다. 이때도 상황에 따라 증여세가 부과될 수 있습니다. 부모님에게 돈을 받는 것도 아니고 거주할 뿐인데 무슨 증여인가 싶지만, 세법에선 이를 **[부동산 무상사용에 따른 이익의 증여]**로 규정하고 있습니다.

> **상속세 및 증여세법 제37조 【부동산 무상사용에 따른 이익의 증여】**
> ① 타인의 부동산(그 부동산 소유자와 함께 거주하는 주택과 그에 딸린 토지는 제외한다. 이하 이 조에서 같다)을 무상으로 사용함에 따라 이익을 얻은 경우에는 그 무상 사용을 개시한 날을 증여일로 하여 그 이익에 상당하는 금액을 부동산 무상 사용자의 증여재산가액으로 한다. 다만, 그 이익에 상당하는 금액이 대통령령으로 정하는 기준금액 미만인 경우는 제외한다.

부동산 무상사용 증여 규정은 부모님과 함께 거주할 때는 적용되지 않고, 자녀 세대만 부모 소유 주택에 거주할 때 적용됩니다.

부모 소유 주택에 무상 거주 시 증여받는 금액은 얼마인가?

부동산을 무상으로 사용하는 이익은 세법에 따라 다음과 같이 계산합니다.

> 무상사용이익 = 부동산 가액×2% (기획재정부령 이자율)

부동산 가액은 상증세법상 평가액으로 합니다. 원칙은 시가(매매가, 감정가) 기준이지만, 시가 확인이 어렵다면 아파트는 유사매매사례로, 단독주택 등은 공시가격인 개별주택가액이 적용됩니다. 연간 무상사용이익은 시가×2%로 계산하며, 주변 아파트의 평균 전세가는 고려되지 않습니다.

시세가 15억 원인 아파트라면 연간 무상사용이익은 3,000만 원(=15억 원×2%)입니다. 무상사용 이익에 대한 증여세는 5년간 합계가 1억 원이 넘을 때만 과세합니다. 5년간 합계를 계산할 때는 연간 무상사용이익×5가 아니라 시간가치를 고려한 현가계수를 곱하여 계산하고 있습니다.

> 5년간 무상사용이익 = 3,000만원×3.7908 (연금 현가계수 10%, 5년) = 113,724,000원

성년 자녀가 부모 소유 시세 15억 원 아파트에서 5년간 무상거주를 한다면, 5년간 무상사용이익은 113,724,000원이며, 여기에 증여재산공제 5천만 원을 차감하면 증여세 과세표준 금액은 63,724,000원입니다. 1억 원까지 세율 10%가 적용되니 산출세액은 6,372,400원, 신고세액공제(3%)를 차감하면 최종 납부세액은 6,181,220원이 됩니다. 15억 원 아파트에 자녀가 5년간 무상으로 거주할 때는 620만 원의 증여세를 내야 하는 것입니다.

한편 계산식을 역산하면 5년간 무상사용이익이 1억 원이 넘지않는 부동산 가액은 약 13.18억 원이 됩니다. 부동산 시세가 13억 원 이하라면 자녀가 무상 거주해도 증여세가 부과되지 않는다는 의미입니다. 무상사용기간이 5년이 넘는다면 5년이 되는 날의 다음 날부터 다시 증여한 것으로 증여세 대상 여부를 판단합니다.

부모와 전세계약을 체결한 후 거주한다면?

부모님 소유 주택에 무상으로 거주하지 않고 부모님과 임대차계약을 체결할 수도 있습니다. 전세든 월세든 주변 아파트의 평균 임대차시세를 기준으로 계약을 체결했다면 전혀 문제가 되지 않습니다. 실제 자녀로부터 보증금을 받았다는 입출금 내역은 반드시 있어야 하며, 확실하게 입증하기 위해 당사자 간 거래가 아닌 중개업소를 통해 객관성을 확보하는 것도 좋은 방법입니다.

실무상 주택 저가임대에 대한 과세 사례는 많지 않지만, 주변 시세보다 현저히 낮게 계약한 경우에는 증여세가 부과될 수도 있습니다. **저가 임대에 대한 증여세는 시가보다 30% 이상 낮을 때만 부과**됩니다. '시가'와 '대가'와의 차액 상당액을 증여로 보아 과세하며, 무상거주와 달리 **1년 단위로 증여세를 부과**됩니다.

상속세 및 증여세법 제42조【재산사용 및 용역제공 등에 따른 이익의 증여】
① 재산의 사용 또는 용역의 제공에 의하여 다음 각 호의 어느 하나에 해당하는 이익을 얻은 경우에는 그 이익에 상당하는 금액(시가와 대가의 차액을 말한다)을 그 이익을 얻은 자의 증여재산가액으로 한다. 다만, 그 이익에 상당하는 금액이 대통령령으로 정하는 기준금액 미만인 경우는 제외한다.
3. 타인에게 시가보다 낮은 대가를 지급하거나 무상으로 용역을 제공받음으로써 얻은 이익

시가는 주변 임대시세를 기준으로 하되, 시가가 불확실하다면 무상거주와 마찬가지로 부동산 가액×2%(기획재정부령 이자율)를 시가로 봅니다. 대가는 보증금에 법인세법에서 정한 정기예금이자율(현재 2.9%)을 곱하여 산출한 가액으로 합니다.

예를 들어 시세 15억 원 아파트를 자녀에게 5억 원으로 전세를 주는 경우입니다. 주변 전세 시세가 7억 원이라면 7억 원의 70%인 4.9억 원 이상으로 전세를 줬기 때문에 증여세가 부과되지 않습니다. 주변 시세 확인이 어렵다면 위 계산식에 따라 증여 상당액을 계산합니다.

시가 = 15억 원×2% = 3,000만 원
대가 = 5억 원×2.9% = 1,450만 원

시가와 대가의 차액 1,550만 원(=3,000만 원 − 1,450만 원)은 시가의 30%인 900만 원보다 크므로 1,550만 원에 대해 증여세가 과세됩니다. 이때도 10년 이내 부모로부터 받은 증여재산이 없다면 5천만 원까지 증여재산공제가 가능하므로 저가임대 시점으로부터 만 3년 이후에 실제 증여세를 납부하게 됩니다.

Chapter

09

상속세

01 상속세는 언제 어떻게 신고하는 건가요?

가족이 사망한 후 정신없이 장례를 치르고 나면 상속에 대한 생각도 조금씩 해야 합니다. 상속에서 가장 중요한 것은 상속인 간에 고인의 재산을 어떻게 분할할지 협의하는 것입니다. 재산분할에 따라 상속세도 달라지므로 믿을만한 세무대리인 을 선정하여 초기부터 함께 논의한다면 좀 더 순조롭게 진행할 수 있습니다.

해설

상속세는 언제, 어디에 신고하는 건가요?

상속세는 피상속인의 사망일(상속개시일)이 속하는 달의 말일부터 6개월 내에 세무 서에 신고합니다. '피상속인(被相續人)'은 사망 또는 실종선고로 인하여 상속재산을 물 려주는 사람을 말하며, '상속인(相續人)'은 상속재산을 물려받는 사람을 말합니다. 피상 속인의 사망일이 3월 10일이라면 상속세 신고는 3월 말일로부터 6개월 후인 9월 30일 까지 해야 합니다.

신고대상 세무서는 **돌아가신 분(피상속인)의 주소지 관할 세무서**입니다. 예를 들어 자녀는 서울에 거주하고 돌아가신 부모님은 천안에 거주했다면 상속세는 서울이 아닌 천안세무서에 납부하는 것입니다.

상속세 신고절차는 어떻게 진행되나요?

사망일로부터 상속세 신고 납부까지 6개월의 기간이 있으니 여유 있는 것으로 느껴 질 수 있지만 막상 신고를 준비해보면 그렇지 않습니다. 특히 상속인 일부가 이민을 갔 거나 해외에 거주하고 있다면 위임장 등의 관련 서류를 받는 데만 해도 상당한 기일이 소요됩니다.

가장 먼저 할 일은 돌아가신 분의 상속재산과 채무를 파악하는 것입니다. 보수적인 한국 문화에서 생전에는 부모님의 재산이 어디에 있고 얼마나 되는지 확인하기 어렵습니다. 그래서 행정안전부에서는 **[안심상속 원스톱 서비스]**를 시행하고 있으며, 상속인이나 배우자가 가까운 주민센터에 방문하거나 정부24 홈페이지를 통해 안심상속 원스톱 서비스를 신청하면 피상속인이 남긴 재산과 채무를 확인할 수 있습니다. 조회대상은 예금, 보험, 대출 등 금융재산과 채무, 연금, 부동산, 자동차, 4대 보험, 미납세금 등입니다. 서비스 조회 결과는 신청 당시 선택한 방법으로 순차적으로 통보받게 됩니다.

정부 24 원스톱 서비스

상속재산이 모두 파악되면, 이후 상속인 간에 어떻게 분할해야 할지 의견을 나눕니다. 협의가 원만하게 진행되지 않는 경우 소송이 진행되기도 합니다. 협의가 완료되면 상속재산협의분할서를 작성하고 약정된 비율대로 재산을 분할해서 나눕니다. 상속재산이 부동산이라면 상속재산협의분할서를 가지고 지자체 세무과에 방문하여 상속 취득세를 납부하고, 관할 등기소에서 소유권이전등기를 진행합니다. 이후 **사망일이 속한 달의 말일로부터 6개월 이내**에 세무서에 상속세 신고를 하면서 **상속세를 납부**합니다.

상속세를 누가 얼마를 낼지도 정해둬야 합니다. **상속재산 중 부동산 비중이 높다면** 상속세를 일시에 납부하기 힘들 수 있으므로 **분납이나 연부연납 방식**도 적극적으로 검토해야 합니다.

상속세는 누가 내야 하나요?

상속세는 상속인이 상속비율대로 공동 납부해야 하지만, **연대납부의무**도 있습니다. 만약 상속세가 3억 원이 나왔고 자녀1, 자녀2가 각각 1.5억 원씩 납부하기로 협의했음에도 만약 자녀1이 납부하지 않았다면 자녀2가 나머지 1.5억 원도 납부해야 합니다. 이때 상속세는 본인이 상속받은 재산을 한도로 합니다. 또한 연대납세의무가 있기 때문에 상속인 중 1명이 모두 납부하더라도 증여로 보지 않습니다. 자녀에게 향후 가치상승이 예상되는 부동산을 증여하고, 예금 등 **현금성 자산은 배우자가 상속**을 받은 후 **상속세 전액을 배우자가 납부**하는 것도 **자녀에게 세 부담 없이** 많은 재산을 물려줄 수 있는 좋은 방법입니다.

상속세는 신고만 하면 끝나는 건가요?

상속세는 납세자가 신고를 하면 세액이 확정되고, 신고오류 등이 있을 때만 세무서의 연락을 받는 종합소득세와는 다릅니다. 정부부과세목이라고 하여 납세자가 신고를 하더라도 신고에 확정력이 없으며 **반드시 정부가 결정**해줘야 **확정**이 됩니다.

상속세는 세무 당국의 조사 이후 결정됩니다. 상속세 조사는 **상속재산 50억 원 미만은 세무서에서, 50억 원 이상은 국세청**에서 진행하고 있습니다. 세무서는 조사 건수가 많기에 상속세 신고를 하더라도 1년은 지나야 나오며, 국세청 조사는 이보다 빠른 6개월 전후에 나오는 편입니다. 조사는 보통 3개월 정도 진행되지만 특별한 이슈가 없고 간단한 경우에는 자체 검토로 종결되는 경우도 있습니다. 하지만 반드시 **조사절차가 끝나야지만 상속세 신고가 확정**됩니다.

02 상속은 누가, 얼마나 받는 건가요?

2022년 통계청 인구총조사에 따르면
우리나라의 평균 가구원 수는 2.2명이며, 4인 가구 이상은
전체의 18%에 불과합니다. 가구원 수가 점점 줄다 보니 살면서 상속을 겪어볼 일
도 거의 없습니다. 겪어봐야 알 수 있고, 반복해야 지식도 느는 법인데 애초에 경
험할 일 자체가 거의 없으니 상속은 누가 받고, 얼마를 받는지 알기 어렵습니다.

해설

상속 재산은 누가 받게 될까?

상속은 유언 → 협의분할 → 법정분할 순으로 결정됩니다.

피상속인의 유언이 최우선으로 적용됩니다. 피상속인은 사망 전에 유언을 통해 상
속인의 재산분할을 정해둘 수 있습니다. 유언의 방식은 5가지(자필증서, 녹음, 공증증
서, 비밀증서, 구수증서)로 법에서 엄격히 규정하고 있으며, 방식에 맞지 않을 경우 무
효가 될 수 있으므로 변호사의 도움을 받아 작성하는 것이 좋습니다.

유언이 없다면 다음은 상속인 간의 협의분할에 따릅니다. **협의분할은 공동상속인
전원이 동의**해야 하며, 상속인 중 1명이라도 동의하지 않는다면 진행할 수 없습니다.
하지만 반대로 **모두의 동의만 이루어진다면** 법정 상속 지분과 관계없이 **상속인 일방에게
재산을 몰아줄 수도** 있습니다. 심지어 유언이 있다 하더라도 상속인들이 자유로운 의
사에 따라 상속재산분할협의를 이뤘다면 유언과 다르게 나누는 것도 가능합니다.

협의가 어렵다면 법원에 분할 신청을 합니다. 상속인은 가정법원에 상속재산 분할
조정신청이나 심판 청구를 할 수 있으며, 법원에서는 민법상 법정 지분을 기초로 증여,
기여분 등을 종합적으로 고려하여 분할을 결정하게 됩니다.

상속인은 누구일까?

세법에서도 민법상 상속을 따르고 있습니다. 민법상 상속 순위는 다음과 같습니다.

상속세

09

상속은 순위별 상속인이 나눠 가지는 것이 아닙니다. 우선순위의 상속인이 있다면 다음 순위로 넘어가지 않습니다.

※상속의 순위 (민법 제1000조)

우선순위	피상속인과의 관계	상속인 해당 여부
1순위	직계비속	항상 상속인이 된다
2순위	직계존속	직계비속이 없는 경우에 상속인이 됨
3순위	형제자매	1, 2순위가 없는 경우 상속인이 됨
4순위	4촌 이내의 방계혈족	1, 2, 3순위가 없는 경우 상속인이 됨

1순위 상속인은 자녀입니다. 맞벌이 무자녀 가정(DINK족)이라면 배우자가 사망했을 때 자녀가 없을 테니 2순위인 부모가 상속인이 됩니다.

배우자는 동순위입니다. 1순위 자녀가 있으면 자녀와 동순위, 자녀가 없으면 2순위 부모와 동순위입니다. 1, 2순위가 모두 없을 때는 단독 상속인이 됩니다.

배우자도 없고, 1, 2순위도 없다면 3순위인 형제자매가 상속인이 되고, 3순위도 없다면 4순위 4촌 이내의 방계혈족이 상속인이 됩니다.

민법상 법정 상속지분은?

법정 상속지분은 동 순위 간에는 모두 동일합니다. 다만 1, 2순위 상속인에 배우자가 포함되면 배우자는 본래의 지분에 50%를 가산합니다.

민법 제1009조【법정상속분】
① 동순위의 상속인이 수인인 때에는 그 상속분은 균분으로 한다.
② 피상속인의 배우자의 상속분은 직계비속과 공동으로 상속하는 때에는 직계비속의 상속분의 5할을 가산하고, 직계존속과 공동으로 상속하는 때에는 직계존속의 상속분의 5할을 가산한다.

자녀 수와 배우자의 유무에 따라 민법상 상속지분을 정리하면 아래와 같습니다.

※법정 상속지분 예시

구 분	상속인	상속분	비 율
자녀 및 배우자가 있는 피상속인의 경우	장남, 배우자만 있는 경우	장남 1	2/5
		배우자 1.5	3/5
	남매(장남, 장녀), 배우자만 있는 경우	장남 1	2/7
		장녀 1	2/7
		배우자 1.5	3/7
	사 남매(장남, 장녀, 2남, 2녀) 배우자가 있는 경우	장남 1	2/11
		장녀 1	2/11
		2남 1	2/11
		2녀 1	2/11
		배우자 1.5	3/11
자녀는 없고 배우자 및 직계존속(부 · 모)이 있는 피상속인의 경우		부 1	2/7
		모 1	2/7
		배우자 1.5	3/7

등기사항전부증명서를 발급했을 때 소유자가 여러 명이고, **소유 지분이 2/7, 2/11** 등으로 표시되어 있다면 이는 민법상 지분대로 **상속받은 물건임을 예측**해볼 수 있습니다.

03 상속세는 어떻게 계산할까요?

상속세는 우리나라의 재산 세금 중 계산이나 신고절차가
가장 복잡합니다. 그렇기에 상속인이 직접 신고를 하는 경우는
거의 없으며 대부분 세무대리인(회계사, 세무사)를 통해 신고합니다.

상속인이 직접 신고를 하지 않는다고 해도 상속세가 어떻게 계산되는지는 알고 있
어야 합니다. 그래야 상속이 발생되기 전에 절세 계획을 세워볼 수 있고, 상속이
발생했을 때도 상속인의 의사를 충분히 반영하면서도 상속세를 최소화할 수 있기
때문입니다.

해설

우선 상속세 계산구조부터 살펴보면, 아래와 같습니다.

① 순 상속재산가액을 확인하고,

② 사전증여재산을 가산합니다.

③ 각종 상속재산공제를 차감한 후

④ 상속세율을 곱하여 산출세액을 구한 후 세액공제를 차감하고 납부합니다.

※상속세 계산은 어떻게?

순서	계산흐름	비 고
①	총 상속재산가액	• 본래의 상속재산(사망, 유증, 사인증여) • 간주상속재산(보험금, 신탁재산, 퇴직금) • 추정상속재산(사망전 1년내 2억, 2년내 5억 용도불분명 재산 등)
②	(-) 과세 제외 재산	금양임야, 문화재, 공익법인 출연재산 등
③	(-) 채무 등	공과금, 장례비(500~1500만원), 채무(보증금, 대출 등)
④	사전증여재산	상속인-10년 이내, 상속인 외의 자-5년 이내 증여재산 합산
⑤	(-) 상속공제	• 일괄공제(5억) or (기초공제+기타인적공제) • 배우자공제(5억~30억) • 가업상속공제 • 금융재산 상속공제(2천만원~2억) • 동거주택 상속공제(무주택, 직계비속, 10년이상, 6억한도)
⑥	(-) 감정평가수수료	

순서	계산흐름	비 고
⑦	과세표준	
⑧	**X 세율**	
⑨	산출세액	세대생략 상속할증 30%(미성년, 20억 초과 40%)
⑩	(−) 세액공제	신고세액공제 3%
⑪	납부세액	

1. 순 상속재산가액 확인

상속세 계산을 위해 먼저 돌아가신 분의 재산 규모부터 파악합니다. 돌아가신 분이 세법상 거주자라면 상속재산에는 국내 재산뿐 아니라 해외 재산도 포함됩니다. 상속재산을 구체적으로 분류하면 본래의상속재산, 간주(의제)상속재산, 추정상속재산으로 나눌 수 있습니다.

'본래의 상속재산'이란 돌아가신 분이 소유한 재산으로써 부동산, 예금, 주식, 현금과 같이 금전으로 환산할 수 있는 물건부터 특허권, 저작권과 같이 재산적 가치가 있는 모든 권리가 해당됩니다.

'**간주상속재산**'이란 사망하기 전까지는 돌아가신 분의 재산이 아니었지만, **사망과 동시에 확정되는 재산**을 말합니다. 대표적으로 생명보험금, 신탁재산, 퇴직금이 있습니다. 생명보험금은 실질적인 보험료 납입자가 피상속인일 때만 상속재산에 포함됩니다. 피보험자는 돌아가신 분이지만 보험료는 자녀가 낸 경우 생명보험금은 상속재산에 포함되지 않습니다. 또한 재직 중에 돌아가셨다면 사망 시점에 근로관계가 종료되어 퇴직금을 받게 됩니다. 이 또한 상속재산에 포함됩니다.

'**추정상속재산**'은 사망하기 전 **과도하게 현금을 인출하는 것을 막기 위한 것**입니다. 재산 종류별(재산처분대금 또는 현금인출액 또는 채무부담액)로 상속개시 전 1년 이내 2억 원, 2년 이내 5억 원 이상을 인출한 경우 정당한 사용처를 입증하지 못하면 상속재산으로 추정합니다. 실제 돈을 어디에 썼는지는 돌아가신 분만 알고 있음에도 상속재산에 포함되므로 상속인이 가장 억울해하는 부분이기도 합니다. 1년 이내 2억 원, 2년 이내 5억 원에 미달하더라도 상속세를 부과하지 않겠다는 의미는 아닙니다. 상속인의 입증 책임만 없을 뿐이며 사전 증여로 확인되면 상속재산에 포함하여 과세합니다.

상속재산을 합한 금액에서 금융권대출, 개인채무, 세입자의 임차보증금, 세금체납액 등은 상속재산에서 차감됩니다. 장례비도 증빙이 있는 경우 1,000만 원까지 상속재산에서 공제하며, 납골당 등의 봉안시설비용도 500만 원까지 공제됩니다.

2. 사전증여재산 가산

상속세는 재산가액이 높을수록 높은 구간의 세율이 적용됩니다. 이를 피하기 위해 사망하기 전 자녀에게 미리 증여를 할 수 있습니다. 증여한 재산이 상속재산에서 제외된다면 누구나 죽기 전에 모든 재산을 증여하여 상속세를 피하고자 할 것입니다. 이를 막기 위한 취지로 상속인(자녀, 배우자 등)에게 사망일 전 10년 이내에 증여한 재산과 상속인이 아닌 자(사위, 며느리, 손주 등)에게 5년 이내 증여한 재산은 상속재산가액에 가산하여 상속세를 계산하고 있습니다.

3. 각종 상속재산공제 차감

상속세는 증여세와 달리 여러 가지 공제항목이 있습니다. 상속받는 사람은 많지만 실제 상속세를 내는 사람은 적은 이유도 공제항목 덕분입니다.

상속공제에는 기초공제, 그 밖의 인적공제, 일괄공제, 배우자공제 등 상속인에 따라 달라지는 인적공제와 금융재산공제, 동거주택 상속공제, 가업상속공제, 영농상속 공제 등 상속재산에 따라 달라지는 물적공제가 있습니다. 이중 가장 많이 적용되는 것이 일괄공제, 배우자공제입니다.

일괄공제는 상속세 신고기한 내 신고한 경우 기초공제와 인적공제액의 합계액과 비교하여 최소 5억 원을 공제하고 있습니다. 단, 배우자가 단독으로 상속받은 때는 일괄공제를 적용받을 수 없는데, 단독상속이라 함은 자녀나 부모가 없어서 배우자가 단독으로 상속받게 되는 경우를 말합니다.

배우자공제는 최소 5억 원에서 **최대 30억 원까지** 공제받을 수 있습니다. 배우자가 실제 상속받은 금액이 없거나 5억 원 미만인 경우에는 5억 원을 공제받으며, 배우자가 실제 상속받은 금액이 5억 원 이상인 경우에는 30억 원과 배우자 법정상속지분 중 적은 금액을 공제받을 수 있습니다.

배우자가 살아있다면 일괄공제 5억 원과 배우자공제 5억 원을 합치기에 10억 원까지, 배우자가 없다면 5억 원까지 상속세를 납부하지 않습니다.

4. 상속세율을 곱하여 산출세액을 구하고, 세액공제 차감하여 상속세 납부

상속재산과 사전증여재산을 합한 금액에서 각종 상속공제를 차감하면 상속세 과세표준이 계산됩니다. 여기에 증여세와 동일한 10~50%의 세율을 곱하여 산출세액을 계산합니다.

※상속세 세율

과세표준	세율	누진공제	계산식
1억 원 이하	10%	–	과세표준×10%
5억 원 이하	20%	1,000만 원	과세표준×20% - 1천만 원
10억 원 이하	30%	6,000만 원	과세표준×30% - 6천만 원
30억 원 이하	40%	1억 6,000만 원	과세표준×40% - 1억 6천만 원
30억 원 초과	50%	4억 6,000만원	과세표준×40% - 4억 6천만 원

세대를 건너뛰어 자녀가 아닌 손주에게 상속을 한다면 산출세액에 30%를 할증해서 계산합니다. 미성년 상속인에게 20억 원 초과 금액을 상속할 시엔 40%를 할증합니다.

상속재산가액에 사전증여재산이 포함되었다면 기 납부한 증여세를 상속세 산출세액에서 공제하여 줍니다. 이를 증여세액공제라고 합니다. 10년 내에 사전증여재산을 상속재산에 포함하긴 하지만 이중과세를 막기 위해 당시 증여세를 기납부세액으로 빼주는 것입니다.

상속을 완료한 상속인이 단기간에 사망하면 상속인의 재산에 대해 또 상속세를 내야 합니다. 같은 재산에 상속세가 2번 부과되는 셈입니다. 이를 막기 위해 단기상속공제라고 하여 10년 이내 재상속재산에 대해서는 1년마다 10%씩 차감하며 공제해줍니다. 상속받은 지 1년 이내라면 재상속재산에 대한 상속세 100%를 공제해주고, 9년이 지나 사망했다면 10%를 공제해줍니다.

마지막으로 상속세 신고기한 내에 자진 신고를 할 시 각종 세액공제를 적용해 계산된 상속세액의 3%를 신고세액공제로 차감하여 상속세를 납부하게 됩니다.

상속세

09

04 납부할 세금이 없어도 상속세 신고를 해야 하는 이유?

2023년 발표된 국세통계에 따르면 상속세 납부 비율은 사망 인원의 6%입니다. 반대로 얘기하면 돌아가신 분 100명 중 94명은 상속세를 내지 않는다는 의미입니다. 상속재산이 10억 원 이하로 내야 할 상속세가 없기 때문에 대부분 상속세 신고도 하지 않습니다.

해설

상속인 입장에서는 납부할 세금이 없으니 신고를 하지 않아도 가산세가 없습니다. 상속세 절세도 없습니다. 그럼에도 굳이 세무대리인에게 상속세 신고수수료를 줘가면서 신고할 필요가 있을까 싶은 겁니다. 하지만 꼭 기억해야 할 1가지가 있습니다. 상속 이후 양도입니다.

상속세 신고는 양도로 완성된다

상속인이 상속받은 재산을 제3자에게 팔 때 돌아가신 분이 언제, 얼마에 샀는지는 전혀 고려되지 않습니다. 세법에서는 상속재산을 상속인이 상속개시일(사망일)에 취득한 것으로 봅니다. 취득가격은 상속개시일 당시 시가를 기준으로 하되, 시가가 없다면 보충적 평가 방법에 따라 취득한 것으로 봅니다.

시가는 해당 물건의 매매가격, 감정평가액, 수용가격, 경공매 가격 등이며, 보충적 평가 방법은 공시가격입니다. 통상 공시가격은 시가의 30~60% 사이에서 책정됩니다. 만약 상속인이 시가가 확실하지 않은 상가, 토지, 빌라 등을 상속받으면서 상속세 신고를 하지 않았다면 조사관은 보충적 평가 방법인 공시가격으로 결정을 합니다.

예를 들어 보겠습니다.

공시가격 2억 원, 시세 4억 원 전후인 서울 소재 빌라를 자녀가 상속받았습니다. 자녀는 이외 상속재산이 없기 때문에 상속세 신고를 하지 않았습니다. 상속받은 후 2년이

지나 부동산중개업소를 통해 해당 빌라를 5억 원에 매수하겠다는 사람이 나타났습니다. 이때 상속세 신고를 하지 않은 경우와 상속 당시 감정평가를 받아서 4억 원으로 신고한 경우의 세금 차이는 얼마나 나게 될까요?

※상속세 신고에 따른 양도세 차익 예시

순서	상속세 미신고	상속세 신고 (감정평가 4억)
양도가액	5억	5억
(−) **취**득가액	2억	4억
양도**차**익	3억	1억
(−) 취득가액	250만	250만
과세표준	2,975억	9750만
X세율	38%	35%
납부세액(지방세 포함)	**1억 242만**	**2055만**

상속세를 신고하지 않은 경우와 감정평가를 받아 적극적으로 신고를 했을 때의 양도세는 8,000만 원이 넘게 차이가 납니다.

상속세 신고 기간 내에 감정평가를 받았다면 해당 감정가는 시가로 인정이 됩니다. 감정평가수수료는 정해진 요율표에 따르지만 10억 원까지는 대략 1억 원당 10만 원 수준입니다. 상속세 신고기한 내에 40만 원 전후의 감정평가수수료와 200만 원 전후의 상속세신고수수료(재산가액의 0.3~0.6% 가정)를 내고 상속세 신고를 했다면 자그마치 8천만 원이 넘는 양도소득세를 절세할 수 있었던 것입니다. 만약 팔 당시 시세가 떨어져서 상속 당시 감정평가액인 4억 원보다 싸게 파는 경우에는 양도차손에 해당하므로 양도세는 전혀 납부하지 않습니다.

그러므로 상속세가 전혀 나오지 않는다고 하더라도 적극적으로 상속세를 신고하는 것을 검토해봐야 합니다. 특히 몇 년 내에 양도계획이 있는 경우는 감정평가를 통해 취득가액을 상승시키는 것이 절세에 유리할 수 있다는 점을 반드시 기억해두시기 바랍니다.

05 상속받기 유리한 자산이 있다?

20억 원 상당의 아파트를 소유한 A씨와
비슷한 금액대의 토지를 보유한 B씨가 비슷한 시기에
사망하였습니다.

남은 가족은 정신없이 장례식을 치르고 난 후 상속세를 알아보기 위해 부동산 전문 회계사를 찾아갔습니다. 상담 결과 A 가족은 상속세를 2.3억 원을 납부해야 하는 반면, B의 가족은 2,900만 원만 납부하면 된다는 얘기를 들었습니다. 상속재산은 비슷한데, 왜 이렇게 세금 차이가 많이 나게 된 걸까요?

해설

문제는 실제 상속재산 평가 시 현금, 예금, 상장주식과 같은 자산이 아니라면 시가를 확인하기가 쉽지 않다는 데에 있습니다. 부동산도 비교적 거래가 많은 아파트를 제외하면 시가 확인이 어렵고, 비상장주식처럼 거래가 힘든 자산은 더욱더 그렇습니다. 이 때문에 세법에서는 시가를 원칙으로 하되, 시가를 산정하기 어려운 때에는 보충적인 방법을 통해 상속재산을 평가하도록 규정하고 있습니다.

상속재산의 시가란?

해당 물건을 사거나 팔았다면 그 금액이 정확한 시가입니다. 이 외 시가로 인정되는 금액은 감정가액, 보상가액, 경매가액, 공매가액, 유사매매사례가액이 있습니다. 기간은 상속개시일(사망일) 전후 6개월 내에 있어야 합니다. 평가 기간 내 시가로 인정되는 금액이 둘 이상이 있다면 상속개시일에 가까운 날에 해당하는 금액을 시가로 봅니다.

아파트처럼 상대적으로 거래가 많은 공동주택은 동일한 평형대가 사고 팔리는 금액을 참고하여 시가를 추정할 수 있습니다. 이를 유사매매사례가액이라고 합니다. 유사매매사례가액은 **상속개시일 전 6개월부터 상속세 신고일까지 거래가액을 시가로 인정**합니다. 상속세 신고일까지로 한정한 이유는 상속세 신고 전까지 납세자가 알 수 없었던 매매거래로 인해 부당하게 상속세액이 변동되는 것을 막기 위함입니다.

유사매매사례가액 3가지 기준

① 동일한 공동주택 단지 내에 있을 것
② 주거전용면적 차이가 5% 이내일 것
③ 공동주택가격 차이가 5% 이내일 것

하지만 부동산 실거래는 매매계약 체결 이후 30일 이내에 신고하게 됩니다. 상속세 신고서 제출 시점 이전에 매매계약이 체결되었어도 실거래 신고 전이라면 국토부 실거래가 사이트에서 확인되지 않을 수 있습니다. 때문에 유사매매사례가액으로 평가했다면 상속세 신고 후 30일이 지날 때까지 실거래가 사이트를 확인해봐야 하는 번거로움이 있습니다.

한편, 코스피상장주식 또는 코스닥상장주식은 상속개시일 전후 2개월간 최종시세가격 평균액으로 시가를 평가합니다. 비상장주식도 상속개시일 전후 6개월 사이에 객관적인 거래가액이나 경매·공매가액이 있다면 이를 시가로 보고 있습니다.

시가가 없을 때 활용하는 보충적 평가 방법은?

시가 확인이 어려울 땐 세법에서 정해둔 방법대로 상속재산을 평가합니다.

- 토지 : 개별공시지가
- 건물 : 국세청 기준시가
- 주택 : 개별주택가격(단독주택, 다가구주택) 및 공동주택가격(아파트, 연립주택, 다세대)
- 임대차계약이 체결된 재산 : 토지＋건물 공시가격 합계와 임대보증금 환산가액 중 큰 금액

임대보증금 환산가액 ＝ 임대보증금 ＋ (월세×100)

- **비상장주식** : 순손익가치 60%, 순자산가치 40%로 가중평균하여 평가. 부동산 및 부동산에 관한 권리의 가액이 50% 이상일 땐 순손익가치 40%, 순자산가치 60%로 평가하며, 휴폐업 등으로 순손익가치 측정이 어렵다면 순자산가치로만 평가함.

09

상속세 계산 시 유리한 자산은?

사례에서 보듯 20억 원의 자산을 가지고 있더라도 종류에 따라서 상속세는 큰 차이가 날 수 있습니다. A씨가 가진 아파트는 유사매매사례가액을 기준으로 상속세가 과세되는 반면 B씨가 가진 토지는 시가인정액이 없어 시가의 절반 수준인 개별공시지가로 과세되기 때문입니다.

취득한 지 오래되었고 매매가 빈번하지 않은 토지, 상가, 단독주택 등은 개별공시지가 및 국세청 기준시가로 평가하여 시가와의 차액만큼 상속세 절세효과를 볼 수 있습니다. 당장은 상속세가 줄어들어 좋겠지만 추후 부동산을 매각할 때 양도소득세를 더 많이 내게 됩니다. 상속인은 상속세 신고 당시 신고한 금액으로 해당 부동산을 취득한 것으로 보기 때문입니다. 상속세를 줄이는 것이 좋을지, 향후 양도소득세를 줄이는 것이 좋을지는 매각계획 및 각자 상황에 따라 다를 수 있으므로 세무 전문가와 상의하여 결정하는 것이 좋습니다.

한편, 금융재산은 화폐가치 그대로 상속세가 과세되므로 재산 형태에 따른 절세효과가 없습니다. 금융재산이라 함은 금융기관이 취급하는 예금, 적금, 부금, 출자금, 보험금, 채권 등이 해당됩니다. 세법에서는 다른 자산과의 형평성을 고려하여 금융재산에서 금융채무를 차감한 순 금융재산의 20%를 2억 원 한도로 공제해주고 있습니다.

- 금융재산 2천만 원 이하 : 전액 공제
- 금융재산 2천만 원 ~ 1억 원 이하 : 2천만 원 공제
- 금융재산 1억 원 ~ 10억 원 이하 : 20% 공제
- 금융재산 10억 원 초과 : 2억 원 공제

상속개시일 후 6개월이 지나면 재산평가 이슈는 없을까?

상속재산 평가기간(상속개시일 전후 6개월) 동안 시가인정액이 없다면 보충적 평가방법으로 상속세를 신고하게 됩니다. 만약 평가기간이 지나면 상속재산 평가 문제는 걱정하지 않아도 되는 걸까요?

최근 몇 년간 평가 이슈로 납세자와 과세 관청 사이에 소송이 벌어지는 경우가 많습니다. 평가심의위원회 제도, 속칭 '**꼬마빌딩 감정평가사업**' 때문입니다. 2020년 1월에

개정된 상증세법 49조 1항에 따르면 상속세 신고기한이 지나더라도 법정결정기한(신고기한 후 9개월) 내에 관할 세무서장 등이 평가심의위원회의 심의를 신청한다면 해당 물건의 매매가액, 감정평가액으로 상속 평가액을 결정할 수 있습니다.

평가심의대상은 공시가격으로 평가한 꼬마빌딩, 토지 등 비주거용 자산입니다. 과세 관청은 신고기간 후 9개월 내에 평가심의위원회를 통해 비주거용부동산 감정평가를 의뢰합니다. 5개 이상의 감정평가법인에 의뢰하여 최대값과 최소값을 제외한 가액의 평균값으로 상속재산 평가액을 결정합니다. 감정평가금액은 공시가격보다 훨씬 크기 때문에 상속인이 상속세를 2배 이상 내야 하는 경우도 발생하게 됩니다.

국세청은 조세회피 목적으로 악용될 수 있다는 이유로 감정평가대상 선정기준을 공개하지 않다가 2023년 9월 상증세법 사무처리규정을 통해 그 일부를 다음과 같이 공개하였습니다.

비주거용부동산 감정평가 대상선정기준

① 추정시가와 보충적 평가액 차이가 10억 원 이상
② 추정시가와 보충적 평가액 차이 비율이 10% 이상[(추정시가 – 보충적평가액) / 추정시가]

시가 산정이 어려워 공시가격으로 평가해야 하는 비주거용 자산이 있고, 시가와 차이가 10억 원, 10% 기준에 해당한다면 상속세 신고 이후에도 세무 당국이 감정평가 대상으로 선정할 수 있음을 염두에 두도록 합시다.

06 부모님과 함께 살던 아파트 물려받으면 6억 원까지 공제된다

 최근 혼인율과 출산율이 급격히 감소하고 있습니다. 가장 큰 이유 중 하나로 주택 가격 상승을 꼽습니다. 결혼도, 출산도 하지 않은 자녀는 부모님과 함께 사는 경우가 많습니다. 독립하지 않는 자녀를 지켜보는 부모님 마음이야 저마다 다르겠지만, 자녀로 인해 상속세는 확실히 줄어들 수도 있습니다.

해설

동거주택은 6억 원까지 공제가 가능하다

동거주택 상속공제는 돌아가신 부모님(피상속인)과 자녀가 함께 살던 집을 최대 6억 원까지 상속공제 해주는 제도입니다. 다른 상속공제와 중복해서 받을 수 있기 때문에 상속세 절감 효과가 큽니다. **동거주택 상속공제**는 2019년 말까지는 집값의 80%를 5억 원 한도로 공제해 주었으나, **2020년부터는 집값의 100%를 6억 원 한도로 공제**해 주고 있습니다. 집값은 해당 주택에 담보된 부모님(피상속인)의 주택담보대출을 빼고 계산합니다.

동거주택 상속공제 3가지 요건

동거주택 상속공제를 받기 위해서는 3가지 요건이 충족되어야 합니다. 요건이 생각보다 까다로우니 꼼꼼하게 확인해봐야 합니다.

첫째, 돌아가신 부모님(피상속인)과 자녀가 상속개시일(사망일) 이전 10년 이상 '계속해서' 같이 살았어야 합니다. 이는 '동거 10년 요건'이라고도 합니다. '동거 10년'에는 자녀가 미성년이었던 기간은 제외합니다. 자녀가 성인이 된 후 부모님과 10년 이상 계속해서 같이 살았어야 합니다. 자녀가 군 입대, 취학, 근무상 형편, 질병 요양으로 부득이하게 같이 살지 못한 때는 '계속해서' 거주한 것으로는 간주하되, 10년 기간에서는 제외합니다. 부득이한 사정이 아닌 이유로 자녀와 부모님이 별도세대였던 기간이 있다면 이전 동거 기간과 무관하게, 주소를 합쳐 1세대가 된 시점부터 다시 10년을 기산합니다.

동거 기간은 주민등록 여부와 관계없이 실제 같이 산 기간을 의미합니다. 주민등록상 자녀 주소가 돌아가신 부모님의 주소와 다르더라도 휴대폰 사용 내역, 카드 사용 내역, 우편물, 택배 등의 수령 내역을 통해 실제 같이 살았다는 것을 증명한다면 동거 기간으로 인정받을 수 있습니다. 반대로 주소만 부모님 집으로 옮겨뒀어도 같이 살지 않았다면 동거 기간으로 인정받을 수 없습니다.

이사를 몇 번 하는 바람에 부모님(피상속인)이 사망할 때 해당 주택에서 거주한 기간이 10년이 되지 않을 수도 있습니다. 10년 이상 계속해서 같이 살기만 했다면 부모님이 사망하기 직전에 주택을 취득했더라도 가능하며, 부모님 소유 주택이 재개발 재건축으로 멸실되어 다른 집에 전세로 살고 있어도 동거주택 상속공제 혜택을 받을 수 있습니다.

둘째, 돌아가신 부모님(피상속인)과 자녀는 상속개시일 전 10년 이상 1세대 1주택이었어야 합니다. 10년 이상 1세대 '1주택' 기간을 산정할 때는 무주택이었던 기간도 포함하며, 아래와 같이 예외적으로 2주택이었던 기간도 '1주택'으로 봅니다.

1. 부모님(피상속인)이 일시적 2주택인 경우(2년 이내 종전 주택 매도)

2. 자녀가 상속개시일 이전에 1주택을 소유한 배우자와 혼인한 경우(혼인한 날부터 5년 이내에 배우자 주택 매도)

3. 부모님(피상속인)이 1주택을 소유한 배우자와 혼인함으로써 일시적으로 2주택이 된 경우(혼인한 날부터 5년 이내에 배우자 주택 매도)

4. 1주택인 자녀가 1주택인 만 60세 이상인 부모님(피상속인)을 봉양하기 위해 일시적으로 2주택이 된 경우(세대를 합친 날부터 5년 이내에 자녀 주택 매도)

5. 부모님(피상속인)이 국가등록문화재 주택, 이농주택, 귀농주택 등을 보유한 경우

6. 부모님(피상속인) 또는 상속인(자녀)이 공동상속을 받은 경우(해당 주택의 최대 상속 지분인 경우는 제외)

상속세

09

셋째, 상속개시일 현재 무주택자 자녀 또는 부모님(피상속인)과 공동으로 주택을 보유하고 있던 자녀가 주택을 상속받아야 합니다. 배우자가 상속받는 경우는 해당되지 않습니다. 만약 상속주택을 자녀 2명이 공동으로 상속받는 경우 자녀 중 1인이 동거주택 상속공제 요건을 갖췄다면 해당 지분만큼만 동거주택 상속공제를 받을 수 있습니다.

동거주택 상속공제는 요건이 까다로워 적용받기 쉽지 않습니다. 예를 들어 돌아가신 아버지와 자녀는 10년 동안 주택을 산 적이 없지만 어머니가 투자 목적 등으로 주택이나 주거용 오피스텔을 산 적이 있다면 2번 요건에 충족되지 않아 동거주택 상속공제를 받을 수 없습니다. 자녀가 주택을 취득한 경우도 마찬가지입니다.

하지만 동거주택 상속공제를 적용받는다면 일괄공제 5억 원, 배우자공제 5억 원과 합쳐 최대 16억 원까지 세금 없이 상속을 받을 수 있으니 아주 좋은 절세법이 될 수 있습니다.

07 인연을 끊고 사는 제수씨와 조카도 상속을 받을 수 있다?

A씨의 어머님은 오랜 지병으로 최근에 돌아가셨습니다. A씨는 몸이 불편한 어머님을 모시며 오랜 기간 함께 살았는데, 어머님께선 생전에 본인이 살던 아파트는 A씨에게 주겠노라 여러 차례 말씀하셨습니다. 한편, A씨에겐 먼저 세상을 떠난 동생이 1명 있었는데, 동생이 죽고 난 후 제수씨와 조카와는 10년째 왕래가 없는 상태였습니다. 상속세 신고를 위해 회계사에게 상담을 받은 A씨는 10년 넘게 연락이 없던 제수씨와 조카에게도 상속을 해줘야 한다는 것을 알게 되었습니다.

해설

　베이버부머 세대(1955~1963년 출생)는 세계에서 유례를 찾기 힘들 정도로 극적인 '한강의 기적'을 이끈 주역입니다. 이들은 국가 경제의 성장과 함께 내 집 마련, 투자를 통해 개인의 부도 함께 축적할 수 있었던 세대이기도 합니다. 하지만 베이비부머 세대도 세월의 흐름을 비껴갈 순 없기에 이들이 사망함과 동시에 상속 분쟁도 자연스레 늘고 있습니다. 대법원 사법연감에 따르면 상속 관련 소송은 2014년 771건에서 2022년 2,776건으로 3배 이상 증가하였습니다.

상속받을 수 있는 최소한의 권리, 유류분

　유류분이란 상속인의 최소 상속금액을 의미합니다. 남아선호사상과 제사를 모신다는 명분으로 장남에게만 대부분의 상속을 해주던 사회 분위기 속에, 증여 또는 유언상속을 받지 못한 배우자, 자녀 등에게 최소한의 생계를 보장해주고자 1977년 민법에 신설된 개념입니다. 이에 따라 상속인이 배우자와 자녀일 때는 법정상속분의 1/2, 부모님과 형제자매일 때는 법정상속분의 1/3만큼 보장을 받을 수 있습니다.

　사례처럼 형제가 두 명만 있었다면 민법상 법정 지분은 각각 1/2입니다. 유류분은 각자 원래 받을 상속금액의 1/2이므로 총 상속재산 기준으로는 1/4이 유류분이 됩니다. 아파트 가액이 10억 원이라면 2.5억 원이 유류분에 해당되는 것입니다. 만약 이보

> **민법 제1112조(유류분의 권리자와 유류분)** 상속인의 유류분은 다음 각호에 의한다.
>
> 1. 피상속인의 직계비속은 그 법정상속분의 2분의 1
> 2. 피상속인의 배우자는 그 법정상속분의 2분의 1
> 3. 피상속인의 직계존속은 그 법정상속분의 3분의 1
> 4. 피상속인의 형제자매는 그 법정상속분의 3분의 1

다 적게 상속을 받았다면, 증여나 유언으로 대부분의 재산을 상속받은 상속인을 상대로 유류분 반환 청구를 할 수 있습니다.

동생이 먼저 세상을 떠났다면 상속을 받을 수 있는 권리는 동생의 상속인에게 넘어갑니다. 이를 대습상속이라고 합니다. 동생의 상속인은 제수씨와 조카입니다. 만약 제수씨가 재혼을 했다면 인척 관계가 소멸되기 때문에 상속인에서 제외되며, 동생의 직계비속인 조카만 상속인이 됩니다.

유류분은 피상속인과의 관계가 중요할 뿐 효자라고 유리하거나 불효자라고 불리하지 않습니다. 오랫동안 왕래가 없었음에도 불구하고 제수씨와 조카에게는 동생의 법정 지분을 상속받을 수 있는 권리가 있는 것입니다. 더구나 어머니께서 별도의 유언을 남기지 않았다면 상속재산분할 협의를 해야 하는데 이땐 유류분(1/4)이 아니라 법정 지분(1/2)까지 제수씨와 조카가 받아갈 수 있습니다. 상속재산분할 협의가 원만하지 않아 법원에 재산분할 청구를 하게 되면 어머님을 오랫동안 부양했음을 입증하여 상속 지분을 좀 더 인정받을 수 있을 뿐입니다.

참고로 유류분 제도는 시대의 변화상을 제대로 반영하지 못한다고 하여 2023년 5월 헌법재판소에서 위헌 여부에 대한 첫 공개 변론이 열린 바 있습니다. 향후 어떤 방향으로 개정이 되는지 관심을 가지고 지켜볼 필요가 있습니다.

유류분은 언제까지 청구할 수 있나?

유류분은 유언으로 상속받은 재산뿐 아니라 자녀에게 사전에 증여한 재산까지 포함하여 청구할 수 있으며, 청구 기한은 10년 또는 1년인데, 각 경우를 함께 살펴보도록 합시다.

첫째, 10년 기준입니다. 상속개시일(사망일)로부터 10년 이내에만 유류분을 청구할 수 있습니다. 10년이 지나면 아무리 불평등하게 상속을 받았다고 하더라도 바로 잡을 수 없습니다. 앞선 사례에서 형이 유언을 통해 단독상속을 받았고, 왕래가 전혀 없어 제수씨와 조카가 어머님이 돌아가신 후 10년 이내 이 사실을 알지 못했다면 유류분을 청구할 수 없습니다.

둘째, 부모님(피상속인) 사망 후 1년 이내 또는 다른 상속인이 사전 증여받았다는 사실을 '안 후 1년 이내'에 청구할 수 있습니다. 수십 년 전에 다른 자녀에게 증여한 자산에 대해서도 부모님 사망 후 1년 이내에 유류분을 청구할 수 있으며, 부모님 사망 후 1년이 지나더라도 대상 재산을 물려준 사실을 알지 못했다면 '알게 된 때'부터 1년 이내에 유류분을 청구할 수 있습니다. 이때도 첫 번째 기준인 상속개시일로부터 10년이 지났다면 청구할 수 없습니다.

유류분 청구 시 상속세 등의 세금 처리는?

유류분 소송과 상속세 신고는 별개입니다. 유류분 청구소송이 진행되어도 상속세는 신고 기한 내에 해야 합니다. 유류분 확정판결로 추후 상속재산이 변경된다면 6개월 내에 다시 상속세를 신고해야 하며, 이때 과소신고 가산세 또는 납부불성실 가산세는 부과되지 않습니다.

자녀 일부가 생전에 증여받은 재산을 법원의 유류분 확정판결로 반환할 때는 당초부터 증여가 없었던 것으로 봅니다. 기 납부한 증여세는 환급받을 수 있고, 해당 재산은 자녀가 상속개시일에 다시 상속받은 것으로 봅니다.

10년 이내에 자녀에게 증여한 재산을 유류분으로 반환했다면 당초 상속세 신고 시에는 이를 사전증여재산으로 보아 사전증여 시점의 재산가액으로 신고하였을 것입니다. 유류분으로 반환하는 해당 자산은 더 이상 사전증여재산이 아닌 상속재산으로 분류되기 때문에 상속개시일의 시가로 평가하여 상속세를 다시 신고해야 합니다.

상속개시일로부터 10년 전에 증여한 재산은 상속세 신고 시에는 사전증여재산에 포함되지 않았을 것입니다. 하지만 유류분으로 반환한다면 당초 증여를 무효로 하기 때문에 상속재산에 포함하여 다시 상속세 신고를 해야 합니다.

사전증여재산을 이미 자녀가 팔았다면 현물이 아닌 현금으로 반환하게 됩니다. 이때는 유류분을 반환받는 자녀가 상속받은 후 양도한 것으로 보아 양도세 신고를 해야 합니다. 유류분을 반환하는 자녀가 양도소득세를 이미 신고·납부했다면 경정청구를 통해 환급을 받을 수 있습니다.

08 상속세 외에 부가세, 소득세도 신고해야 한다고?

 가족이 사망하면 대부분 상속세만 내면 된다고 생각합니다. 하지만 **피상속인이 사망하기 전까지 소득이 있었다면 부가가치세와 종합소득세도 신고해야** 하며, 경우에 따라 미처 신고하지 못한 증여세도 납부해야 할 수 있습니다. 많은 분이 이를 간과하여 가산세를 납부하는 경우가 종종 있습니다.

해설

부가가치세 납부

돌아가신 분이 개인사업자였다면 사업 종류에 따라서 상속인이 승계할 수도 있고 폐업할 수도 있습니다. 우선 가족 중 누군가가 사업을 승계할 때는 세무서에 사업자등록 정정 신고를 통해 사업자등록증 명의를 변경합니다. 개인사업자의 부가가치세는 사업자등록번호별로 관리됩니다. 상속인 중 1명으로 사업자등록증 명의가 변경되었지만 사업자등록번호 자체는 동일합니다. 부가세 신고도 기존대로 1기(1~6월)분은 7월 25일까지, 2기(7~12월)분은 다음 해 1월 25일까지 신고를 하면 됩니다.

>
>
> **부가가치세법 제14조 【사업자등록 사항의 변경】**
> ① 사업자가 다음 각 호의 어느 하나에 해당하는 경우에는 지체 없이 사업자의 인적사항, 사업자등록의 변경 사항 및 그 밖의 필요한 사항을 적은 사업자등록 정정신고서를 관할 세무서장이나 그 밖에 신고인의 편의에 따라 선택한 세무서장에게 제출(국세정보통신망에 따른 제출을 포함한다)해야 한다.
> 5. 상속으로 사업자의 명의가 변경되는 경우
>

돌아가신 분의 사업을 남은 가족이 더 이상 이어가지 않는다면 폐업신고를 해야 합니다. 폐업일은 사망일이 됩니다. 폐업일이 속한 달의 다음 달 25일까지 폐업신고를 하면서 과세기간 동안 발생한 부가세도 함께 납부합니다.

종합소득세 납부

개인의 종합소득세 과세기간은 1월 1일부터 12월 31일까지입니다. 하지만 거주자가 사망한 경우 과세기간은 1월 1일부터 사망한 날까지로 합니다. 상속인은 상속개시일(사망일)이 속하는 달의 말일부터 6개월까지 돌아가신 분의 소득에 대한 소득세를 신고해야 합니다. **신고기한이 상속세 신고기한과 동일**하기 때문에 통상 상속세 업무를 수임한 **세무대리인이 상속세와 소득세를 함께 신고**합니다.

만약 1월 1일에서 5월 31일 사이에 사망하였다면 돌아가신 분은 직전연도에 대한 소득세 신고도 하지 못했을 것입니다. 이때는 과세표준확정신고 특례에 따라 직전연도 소득세 신고도 사망일이 속한 달의 말일로부터 6개월까지 하면 됩니다.

한편, 돌아가신 분이 냈어야 할 부가가치세, 소득세는 상속채무로 재산가액에서 공제됩니다.